Arendt und Benjamin

Texte, Briefe, Dokumente

Herausgegeben von
Detlev Schöttker und
Erdmut Wizisla

Suhrkamp

Die Quellennachweise finden sich jeweils
nach den einzelnen Texten.
Die Rechtenachweise finden sich
am Ende des Bandes.

Bibliografische Information der Deutschen Nationalbibliothek
Die Deutsche Nationalbibliothek verzeichnet diese Publikation
in der Deutschen Nationalbibliografie; detaillierte Daten
sind im Internet über http://dnb.d-nb.de abrufbar.

4. Auflage 2021

Erste Auflage 2006
suhrkamp taschenbuch wissenschaft 1795

Umschlag nach Entwürfen
von Willy Fleckhaus und Rolf Staudt
Satz: TypoForum GmbH, Seelbach
Druck: C. H. Beck, Nördlingen
Printed in Germany
ISBN 978-3-518-29395-9

Inhalt

Vorwort

Hannah Arendt, die im Pariser Exil eine Vertraute Walter Benjamins wurde, hat die Rezeption seiner Schriften wie wenige andere geprägt. 1968 veröffentlichte sie in der Zeitschrift *Merkur* einen Aufsatz, in dem sie biographische, literarische und politische Aspekte des Werkes in den Mittelpunkt stellte. Zuvor hatten Gershom Scholem und Theodor W. Adorno, Benjamins langjährige Freunde, die philosophische und die theologische Perspektive betont. Arendt warf beiden eine Verdrängung der materialistischen Positionen Benjamins vor. Dieser Vorwurf wurde Teil einer Kontroverse um die Edition und Interpretation der Schriften Benjamins, die die Forschung bis heute beschäftigt.

Soweit scheint alles klar zu sein. Schaut man jedoch näher hin, wird der Sachverhalt komplexer. Denn hier ging es nicht nur um Fragen der Interpretation; vielmehr verband sich Exegese mit Leidenschaft und Geltungsdrang: Philologie als Wiedergutmachung. Arendt wollte nicht nur eine vernachlässigte Dimension in Benjamins Denken darstellen, sondern sich auch für Verletzungen revanchieren, die ihrem Schutzbefohlenen zugefügt worden waren. Sie erinnerte deshalb an finanzielle Abhängigkeiten und intellektuelle Maßregelungen, die Benjamin im Exil hinnehmen mußte. Zugleich versuchte sie, Benjamin und Heidegger, dem sie sich ebenfalls verbunden fühlte, zu geistesverwandten Denkern zu erklären. Der Aufsatz hat insofern auf verschiedenen Ebenen zu Irritationen geführt, die in den öffentlichen Reaktionen nur teilweise sichtbar wurden.

Der vorliegende Band dokumentiert die publizistischen und brieflichen Auseinandersetzungen zu Arendts Bemühungen um Benjamin und seine Arbeiten. Neben dem Essay enthält er den Briefwechsel zwischen ihr und Benjamin im Pariser Exil, das ihr überlassene Manuskript der Thesen »Über den Begriff der Geschichte« sowie Dokumente zur Sicherung des Nachlasses und zur Edition der Schriften. Die Geschichtsthesen und ihre Überlieferung nehmen dabei eine zentrale Rolle ein. Die Einleitung der Herausgeber basiert auf einem Beitrag für das Hannah-Arendt-Heft der Zeitschrift *Text + Kritik* (Nr. 166/167). Da hier längst nicht alle Aspekte berücksichtigt werden konnten und inzwischen neue Briefe zugänglich wurden, ist nun auch die Darstellung erheblich erweitert.

Möglich wurde der Band durch das Entgegenkommen zahlreicher Personen und Institutionen, denen wir hier danken. Druckgenehmigungen erteilten: The Hannah Arendt Bluecher Literary Trust, die Erben von Hans Paeschke, die Nachlaßverwaltung von Friedrich Pollock (Universitätsbibliothek Frankfurt/M.), der Piper Verlag, Rainer Just (Stiftung Merkur Stuttgart), Joachim Kersten und Jan Philipp Reemtsma (Hamburger Stiftung zur Förderung von Wissenschaft und Kultur) sowie Jochen Meyer (Deutsches Literaturarchiv Marbach). Bei der Beschaffung und Einrichtung der Texte halfen: Barbara Hahn (Vanderbilt University Nashville/Tenn.), Jeff Katz (Bard College Annandale-on-Hudson/NY), Patrick Kerwin (Library of Congress Washington), Marie Luise Knott (Berlin), Steffen Haug (Berlin), Ursula Marx, Gudrun Schwarz und Michael Schwarz (Walter Benjamin Archiv Berlin), Rivka Plesser (The Jewish National and University Library Jerusalem), Itta Shedletzky (Franz Rosenzweig Research Center Jerusalem), Thomas Wild (Berlin), Ynon Wygoda (Schocken Institute for Jewish Research Jerusalem). Hilfreiche Hinweise gaben: Momme Brodersen (Palermo), Ruth Florack (Göttingen), Chryssoula Kambas (Hannover), Ursula Ludz (München), Carolina Rehrmann (New York), Klaus Täubert (Berlin), Katrin T. Tenenbaum (Rom), Barbara Wolff (Einstein Archive Jerusalem).

Berlin, im März 2006
Detlev Schöttker/Erdmut Wizisla

I.

Detlev Schöttker/Erdmut Wizisla
Hannah Arendt und Walter Benjamin
Konstellationen, Debatten, Vermittlungen*

* Die Texte des vorliegenden Bandes werden wie folgt zitiert: Arendts *Merkur*-Essay (Arendt mit Seitenangabe), der Briefwechsel zwischen Arendt und Benjamin (Briefwechsel mit Nr.) und die Dokumente 1-31 (Dok. mit Nr.). – Benjamins Werke und Briefe zitieren wir mit Band- und Seitenzahl nach folgenden Ausgaben (mit Siglen): Walter Benjamin, *Gesammelte Schriften*. Hg. von Rolf Tiedemann und Hermann Schweppenhäuser. 7 Bde. Frankfurt/M. 1972-1989 (GS); Walter Benjamin, *Gesammelte Briefe*. Hg. von Christoph Gödde und Henri Lonitz. 6 Bde. Frankfurt/M. 1995-2000 (GB).

Walter Benjamin spielte mit Freunden gern Schach. Daß er dabei eine ungewöhnliche Strategie verfolgte, wußte man aus Briefen und einem vierzeiligen Gedicht, das Bertolt Brecht 1941 verfaßte, als er vom Tod seines langjährigen Gesprächspartners gehört hatte: »Ermattungstaktik wars, was dir behagte / Am Schachtisch sitzend in des Birnbaums Schatten / Der Feind, der dich von deinen Büchern jagte / Läßt sich von unsereinem nicht ermatten.«[1] Brecht muß die Spielweise gefallen haben, denn in Briefen versuchte er immer wieder, Benjamin in sein dänisches Domizil zu locken, wo dieser sich bereits im Sommer 1934 aufgehalten hatte. »Wie ist es mit einer Nordlandfahrt?«, heißt es in einem Brief vom Dezember 1936, und Brecht fügt hinzu: »Das Schachbrett liegt verwaist, alle halben Stunden geht ein Zittern der Erinnerung durch es: da wurde immer von Ihnen gezogen«.[2]

Bei Hannah Arendt scheint Benjamin eine ganz andere Taktik verfolgt zu haben, wie eine Karte zeigt, die er im August 1937 vor der Rückkehr nach Paris an seine Gesprächspartnerin schickte: »Meine Springer wiehern bereits vor Ungeduld, sich mit den Ihren herumzubeißen« (Briefwechsel 4). Auch in diesem Falle scheint Einvernehmen über die Spielweise geherrscht zu haben. Denn in einem Brief über die letzten Begegnungen mit Benjamin, den sie meist Benji nannte, schreibt Arendt am 17. Oktober 1941 an Gershom Scholem über die gemeinsame Zeit in Lourdes, wo sich beide nach der Flucht aus Paris seit Juni 1940 aufhielten: »Als ich Mitte Juni aus Gurs rauskam [einem Internierungslager für Ausländer, DS/EW], kam ich zufällig gleichfalls nach Lourdes und blieb dann mehrere Wochen auf seine Veranlassung dort. [...] Benji und ich spielten von morgens bis abends Schach und lasen in den Pausen Zeitungen, sofern es welche gab« (Dok. 5).

Daß beide Spielgemeinschaften mehr als Spaßgemeinschaften waren, zeigen die Themen, die in Briefen angesprochen und in Ar-

1 Zit. nach Erdmut Wizisla/Michael Opitz (Hg.), *Glückloser Engel. Dichtungen zu Walter Benjamin*. Frankfurt/M. 1992, S. 88.

2 Bertolt Brecht, *Werke. Große kommentierte Berliner und Frankfurter Ausgabe*. Hg. von Werner Hecht u. a. 30 Bde. und ein Registerbd. Berlin, Weimar, Frankfurt/M. 1988-2000, Bd. 28, S. 568.

beiten dargestellt werden. Während Benjamin von 1930 bis zu seinem Tod über zehn Beiträge zu Brechts Schriften verfaßt hat und Brecht die Aufsätze Benjamins kritisch kommentierte, veröffentlichte Arendt 1950 und 1966 zwei Aufsätze, in denen es um das Verhältnis von Dichtung und Politik in Brechts Werk geht – und damit um Fragen, die auch Thema der Gespräche zwischen ihr und Benjamin sowie zwischen Benjamin und Brecht waren.[3] 1967 begann Arendt darüber hinaus einen alten Plan in die Tat umzusetzen, den sie Brecht bereits im Oktober 1946 in einem Brief vorgestellt hatte (Dok. 12): Sie bereitete eine Ausgabe mit Essays Benjamins vor, die 1968 unter dem Titel *Illuminations* im New Yorker Verlag Harcourt, Brace & World erschien.

Die Einleitung zu dieser Ausgabe basierte auf einem Vortrag, den Arendt im Juli 1967 in Freiburg in Anwesenheit Martin Heideggers hielt. Wenige Monate zuvor setzte in Deutschland eine Auseinandersetzung über die Edition und Interpretation der Arbeiten Benjamins ein, die Theodor W. Adorno seit 1950 veröffentlicht hatte. Arendt wurde mit dieser Debatte bei der Niederschrift ihres Vortrags durch die Lektüre einer Besprechung von Helmut Heißenbüttel zufällig konfrontiert, bezog sich darauf und nahm in den Kontroversen bald eine maßgebliche Rolle ein, nachdem sie die erweiterte Fassung ihres Vortrags von Januar bis April 1968 in drei Teilen im *Merkur* veröffentlicht hatte, die drei Jahre später zusammen mit einem Essay über Brecht Teil eines Buches wurde.[4]

3 Vgl. Erdmut Wizisla, *Benjamin und Brecht. Die Geschichte einer Freundschaft*. Frankfurt/M. 2004 (st 3454).

4 Hannah Arendt, »Walter Benjamin«. In: *Merkur* 22 (1968), H. 1-2/Nr. 238, S. 50-65; H. 3/Nr. 239, S. 209-223 und H. 4/Nr. 240, S. 305-315. Übernommen ist der Text mit geringen Abweichungen in: Hannah Arendt, *Walter Benjamin – Bertolt Brecht. Zwei Essays*. München 1971 (Serie Piper), S. 7-62. Verändert sind hier vor allem einige Fußnoten, die durch den Wegfall der ersten Fn. eine neue Zählung bekommen (in den Fnn. 1 und 10 wird ein neuer Kenntnisstand mitgeteilt, in Fn. 3 ist eine lange Polemik gegen Rolf Tiedemann gestrichen). Da der Text von Arendt redigiert wurde, also die letzte deutsche Fassung bildet, und darüber hinaus in dieser Form die meisten Leser fand, war er Grundlage für den Abdruck in diesem Band. Vgl. zu weiteren Fassungen bzw. Nachdrucken die Angaben in Anm. 70.

1. Exil-Briefe und ihre Folgen: der *Merkur*-Essay

Ausgangspunkt der Benjamin-Debatte war die zweibändige Edition der *Briefe* Benjamins, die 1966 im Suhrkamp Verlag erschien und von Theodor W. Adorno und Gershom Scholem herausgegeben wurde.[5] Helmut Heißenbüttel hat dazu eine umfangreiche Besprechung verfaßt, die 1967 im März-Heft des *Merkur* erschien.[6] Er versuchte hier aus den wenigen Antwortbriefen, die die Herausgeber ergänzend in den Band aufgenommen hatten, die Debatten zu rekonstruieren, die Benjamin mit ihnen seit Mitte der zwanziger Jahre über die Rolle des Marxismus geführt hatte. Dabei konnte er deutlich machen, daß beide den gemeinsamen Freund von der Hinwendung zur materialistischen Theorie und – im Falle Adornos – auch von einer Zusammenarbeit mit Bertolt Brecht abzubringen versuchten. Arendt, die seit 1958 Beiträge im *Merkur* publiziert hatte, kannte Heißenbüttels Rezension, obwohl sie diese nicht erwähnt.[7]

Die Ausgabe der Benjamin-Briefe war Hans Paeschke, dem Herausgeber des *Merkur*, offenbar so wichtig, daß er neben Heißenbüttels Rezension eine zweite bei Benjamins ehemaligem Gesprächspartner Werner Kraft in Auftrag gab, die im selben Heft gedruckt wurde und auch von Arendt zitiert wird (Arendt, S. 67).[8] Paeschke kannte Benjamins Arbeiten spätestens seit Ende der dreißiger Jahre. 1941 veröffentlichte er als Redakteur der *Neuen Rundschau* den Artikel »Magie des Erzählens«, in dem längere Passagen aus Benjamins Aufsatz »Der Erzähler« (1936) fast wörtlich wiedergegeben sind.[9]

5 Walter Benjamin, *Briefe*. Hg. und mit Anmerkungen versehen von Gershom Scholem und Theodor W. Adorno. 2 Bde. Frankfurt/M. 1966 [Neuausgabe Frankfurt/M. 1978 (es 930)].

6 Helmut Heißenbüttel, »Vom Zeugnis des Fortlebens in Briefen«. In: *Merkur* 21 (1967), H. 3/Nr. 228, S. 232-244.

7 Das Heft befindet sich in der Nachlaß-Bibliothek Arendts, die in der Bibliothek des Bard College (Annandale-on-Hudson/NY) aufbewahrt wird; es weist im Beitrag von Heißenbüttel Anstreichungen von Arendts Hand auf.

8 Werner Kraft, »Walter Benjamin hinter seinen Briefen«. In: *Merkur* 21 (1967), H. 3/Nr. 228, S. 226-232. Vgl. zu den biographischen Voraussetzungen Volker Kahmen, »Walter Benjamin und Werner Kraft«. In: Ingrid und Konrad Scheurmann (Hg.), *Für Walter Benjamin. Dokumente, Essays und ein Entwurf.* Frankfurt/M. 1992, S. 34-55.

9 Hans Paeschke, »Magie des Erzählens«. In: *Die neue Rundschau* 52 (1941), H. 6,

Nachdem er 1947 den *Merkur* gegründet hatte, publizierte er hier immer wieder Beiträge zu Werk und Biographie Benjamins von unterschiedlichen Autoren (wie Max Bense, Jürgen Habermas, Gershom Scholem u. a.). Arendt hat Benjamin erstmals 1964 in einem Brief an Paeschke erwähnt, in dem sie begründete, warum sie das Angebot zur Besprechung von Hans Magnus Enzensbergers Buch *Politik und Verbrechen* (1964) nicht übernehmen wolle. »Enzensberger«, so schreibt sie, »hat in seiner Verwendung des Details vor allem, auch stilistisch, bei Benjamin gelernt – ich meine gelernt, nicht etwa nachgemacht! Das hat große Vorteile, kann aber auch zu gefährlichen Mißverständnissen führen«.[10]

Heißenbüttels Besprechung gipfelt in einer Kritik an Adornos Benjamin-Arbeiten, neigt aber ebenfalls zu Einseitigkeiten. Dennoch sprachen einige Fakten für ihn. Denn im Gegensatz zu Scholem versuchte Adorno schon zu Lebzeiten direkten Einfluß auf Benjamins Arbeiten zu nehmen, entschied über ihre Publikation in der *Zeitschrift für Sozialforschung* mit und ergänzte die verschiedenen Nachlaß-Editionen seit 1950 durch Interpretationen, in denen die politische und die soziologische Dimension kaum berücksichtigt wurde.[11] Über diese »marxistisch-materialistische Komponente« in Benjamins Arbeiten und ihre Verdrängung schreibt Heißenbüttel: »Tatsächlich bleibt in allem, was Adorno für das Werk Benjamins getan hat, diese Seite gelöscht. In der zweibändigen Werkauswahl von 1955 kommt der Name Brechts nur einmal (in der Vita von Friedrich Podszus) beiläufig vor; die materialistische Methode wird im Vorwort umgedeutet in eine vage Bildkategorie, die Unverbindlichkeit einer aphoristischen Interpretation des Werks wird in Kauf genommen, die historisch-politische Thematik unaufgelöst in eine frühe theologische zurückgedeutet usw. Das Werk erscheint in einer Uminterpretation, in der der überlebende kontroverse Briefpartner seine Auffas-

S. 353-357. – Benjamins Aufsatz ist im letzten, 1937 ausgelieferten Heft der Schweizer Zeitschrift *Orient und Occident* erschienen. Vgl. Detlev Schöttker, »Der Erzähler«. In: Burkhardt Lindner (Hg.), *Benjamin-Handbuch*. Stuttgart 2006.

10 Zusammen mit einer Antwort Enzensbergers und einer ergänzenden Reaktion Arendts wurden die Briefe im April 1965 im *Merkur* veröffentlicht und später mehrfach nachgedruckt. Vgl. zuletzt Hannah Arendt/Hans Magnus Enzensberger, »Ein Briefwechsel«. In: Reinhold Grimm (Hg.), *Hans Magnus Enzensberger*. Frankfurt/M. 1984 (stm 2040), S. 82-89, hier S. 82.

11 Vgl. Detlev Schöttker, *Konstruktiver Fragmentarismus. Form und Rezeption der Schriften Walter Benjamins*. Frankfurt/M. 1999 (stw 1428), S. 54-91 und 109-118.

sung durchsetzt. Das geht weiter bis in die seitdem edierten Nachfolge-Auswahl-Ausgaben hinein.«[12]

Da bis 1966 keine Biographie zu Benjamin vorlag, übernahm die Brief-Ausgabe eine Ersatzfunktion, und sie informierte auch darüber, daß Benjamin mit Hannah Arendt während seiner Pariser Exilzeit in Verbindung stand. Aus einem Brief Benjamins an Scholem vom 8. April 1939 ging hervor, daß Arendt mit dem Plan seiner Übersiedelung in die USA und dessen finanziellen Schwierigkeiten vertraut war. Benjamin schreibt: »Eben die Umstände, die meine europäische Situation so sehr bedrohen, werden meine Übersiedlung nach den U.S.A. wohl unmöglich machen. [...] Auf ein hilfreiches Interesse bin ich hier in Paris bei Hannah Arendt gestoßen. Ob ihre Bemühungen zu irgend etwas führen, steht dahin« (GB VI, 252). Die hier markierten Auslassungen entsprechen den Kürzungen in der Briefausgabe von 1966, die die Herausgeber, insbesondere wohl Adorno, an den Stellen vorgenommen haben, wo Benjamin über seine finanzielle Situation und die Auseinandersetzungen mit dem Institut für Sozialforschung berichtet.

Das Institut, das 1933 nach New York emigriert war und der Columbia University angegliedert wurde, hatte Benjamin seit 1935 ein Stipendium für seine Mitarbeit an der *Zeitschrift für Sozialforschung* und die Arbeit an den »Pariser Passagen«, seinem späten Hauptwerk, gewährt. Doch kündigte Max Horkheimer, der seit 1928 Direktor des Instituts war, 1938 die mögliche Einstellung der Zahlungen wegen wirtschaftlicher Schwierigkeiten an. Benjamins Existenz in Paris war damit akut bedroht, da er außer wenigen Honoraren und Zuwendungen seiner Freunde keine anderen Einnahmequellen hatte. Für die Kosten der Übersiedelung in die USA wollte das Institut nicht aufkommen, so daß Benjamin unter anderem erwog, das Geld durch den Verkauf des *Angelus Novus* von Paul Klee, eines seiner wenigen Besitztümer, zu beschaffen. Das Bild spielt in den Thesen »Über den Begriff der Geschichte«, zu deren Überlieferung Arendt maßgeblich beigetragen hat, eine zentrale

12 Heißenbüttel, »Vom Zeugnis des Fortlebens in Briefen« (Anm. 6), S. 240. – Heißenbüttel bezieht sich auf die folgende Ausgabe: Walter Benjamin, *Schriften*. Hg. von Theodor W. und Gretel Adorno. 2 Bde. Frankfurt/M. 1955. Die Aussage, der Name Brecht komme hier nur einmal in der Vita vor, stimmt nicht, da im zweiten Band u. a. die Beiträge »Was ist das epische Theater?« und »Kommentare zu Gedichten von Brecht« enthalten sind.

Rolle. Doch hätte auch diese Summe nicht gereicht, um die Reise zu finanzieren, wie aus einem Brief an den Kunstmäzen und Schriftsteller Stephan Lackner vom 6. August 1939 hervorgeht, der in der Briefausgabe von 1966 nicht enthalten war (vgl. GB VI, 323).

In den gekürzten Passagen des oben zitierten Briefes vom 8. April 1939 an Scholem geht Benjamin auf die Übersiedelung in die USA und deren Hindernisse ein: »Eine solche wäre nur auf Grund einer Berufung, eine Berufung nur auf Betreiben des Instituts möglich. Daß die Quote auf vier bis fünf Jahre vorbelegt ist, wirst Du ja wissen. Ich halte es nun für sehr fraglich, ob das Institut, vorausgesetzt das läge in seiner Macht, meine Berufung derzeit würde veranlassen wollen«. Über die finanzielle Situation heißt es im selben Brief weiter (was in der Ausgabe von 1966 ebenfalls weggelassen wurde): »Für den Augenblick bekomme ich mein Stipendium noch – aber jede Gewähr ist nun dahin« (GB VI, 252).

Während Heißenbüttel die Spannungen zwischen Benjamin und dem Institut für Sozialforschung aus den Briefen erschlossen hatte, war Arendt über seine Situation im Exil persönlich informiert, so daß ihren Ausführungen Zeugnischarakter zukam. Im ersten Teil ihres Essays (mit der Überschrift »Der Bucklige«) hat sie darüber berichtet und – wie Heißenbüttel – die Freundschaft zwischen Benjamin und Brecht betont, deren Bedeutung aber deutlich verstärkt: »Die Freundschaft Benjamin-Brecht ist einzigartig, weil in ihr der größte lebende deutsche Dichter mit dem bedeutendsten Kritiker der Zeit zusammentraf. Es spricht für beide, daß sie dies wußten [...], und es ist seltsam und traurig, daß die Einzigartigkeit dieser Begegnung den alten Freunden niemals, auch als beide, Benjamin und Brecht, längst tot waren, eingeleuchtet hat« (Arendt, S. 60).

Doch bleibt Arendt bei dieser biographischen Darstellung nicht stehen, sondern deutet sie als Ausdruck einer Schreibweise, deren Gegenpart diejenige Brechts gewesen sei. Arendt schreibt: »Was an Benjamin so schwer zu verstehen war, ist, daß er, ohne ein Dichter zu sein, *dichterisch dachte* [...]. Ihn hat offenbar gerade fasziniert, was die anderen als ›vulgärmarxistisches‹, ›undialektisches Denken‹ brandmarkten, und in dieser Faszination sah er sich durch Brecht aufs Schönste bestätigt« (Arendt, S. 61; Hervorh. im Orig.). Auch im zweiten und dritten Teil ihres Essays geht Arendt über Heißenbüttels Darstellung hinaus: der zweite Teil (»Die finsteren Zeiten«) behandelt Benjamins Biographie und seine Beziehung zum Judentum mit Bezug auf Kafka; im dritten Teil (»Der Perlentaucher«) geht sie auf Überschneidungen zwischen den Ideen Heideggers und Benjamins ein, worauf noch zurückzukommen ist.

Paeschke hat die Beiträge Arendts und Heißenbüttels eng miteinander verknüpft, indem er den ersten Teil des Essays auf dem Titelblatt des *Merkur* (Nr. 238) mit einem zweiten Beitrag Heißenbüttels unter eine gemeinsame Überschrift stellte: »Hannah Arendt, Helmut Heißenbüttel, ›Wer war Walter Benjamin?‹«. Heißenbüttel bekräftigte hier nochmals seine Auffassung, daß Adorno auf Benjamins Arbeiten auch inhaltlich Einfluß zu nehmen versuchte, und ging dabei auf die Ablehnung von Benjamins Aufsatz »Das Paris des Second Empire bei Baudelaire« für die *Zeitschrift für Sozialforschung* im Jahr 1938 ein.[13] Der Vorgang war zuvor durch ein Benjamin-Heft der Zeitschrift *Alternative* bekannt geworden, das sich direkt auf Heißenbüttels Rezension im *Merkur* bezog und die Kritik an Adorno durch neue Dokumente aus dem bis dahin unbekannten Potsdamer Benjamin-Nachlaß verschärfte.[14] Zwar erwähnte Arendt weder den ersten noch den zweiten Beitrag Heißenbüttels, war aber über den Vorgang der Ablehnung des Baudelaire-Aufsatzes schon vor der Dokumentation in der *Alternative* informiert, wie ein Brief an Adorno vom 19. Februar 1967 zeigt, der der Vorbereitung der *Illuminations* diente. Mit Bezug auf Adornos zweibändige Ausgabe der *Schriften* von 1955 heißt es hier: »Ich bedauere nur eines, nämlich, dass Sie den ursprünglichen Baudelaire-Essay, den Sie sich damals nicht entschliessen konnten, zu publizieren, nicht in die Ausgabe mit hineingenommen haben« (Dok. 20).

Nachdem Adorno in einem nachfolgenden Brief vom 22. Februar 1967 von einer »Kontroverse« über Benjamin gesprochen hatte, ohne Heißenbüttels Beitrag zu erwähnen (Dok. 21), erläuterte Arendt am 17. März 1967 gegenüber Adorno in vielsagender Weise: »Sie schreiben von einer Kontroverse im Anschluss an die beiden Briefbände,

13 Helmut Heißenbüttel, »Zu Walter Benjamins Spätwerk«. In: *Merkur* 22 (1968), H. 1-2/Nr. 238, S. 179-185.

14 Vgl. *Alternative* 10 (1967), H. 56/57 (Okt./Dez.): *Walter Benjamin*. – Einige Monate später veröffentlichte die Zeitschrift ein zweites Benjamin-Heft mit weiteren Dokumenten zum Nachlaß und zur Diskussion. Im Vorwort beruft sich die Redaktion auch auf den Essay von Arendt, der – wie es heißt – ein »vernichtendes Zeugnis« für Adorno sei. Vgl. *Alternative* 11 (1968), H. 59/60 (April/Juni): *Walter Benjamin II.*

von der ich hier natürlich nichts weiss. Ich schrieb wohl, dass ich selber im Begriff bin, zum ersten Mal etwas über Benjamin zu schreiben, wobei ich natürlich auch die Briefbände benutze. Ich hoffe sehr, dass ich nicht mit in eine Kontroverse, gleich auf welcher Seite, gerate. Ich schätze Ihre Einleitung zu den ›Schriften‹ sehr hoch, habe aber trotzdem nicht dasselbe Bild von Benjamin wie Sie. Es könnte schon passieren, dass weder Sie noch Scholem mit mir zufrieden sein werden« (Dok. 22).[15] Der Schluß eines Briefes an Paeschke vom 11. Dezember 1967, der die Rücksendung der korrigierten Fahnen des Benjamin-Essays begleitete, zeigt, daß Arendt den provokativen Charakter ihrer Darstellung gut einschätzen konnte: »Nun lassen Sie uns gelassen dem kommenden Sturm entgegensehen!« (Dok. 25)

Adorno, der seit 1959 Direktor des 1949 neu gegründeten Frankfurter Instituts geworden war, nahm zu der Benjamin-Kontroverse öffentlich nur einmal in einem Artikel Stellung, der am 6. März 1968 in der *Frankfurter Rundschau* unter dem Titel »Interimsbescheid« erschien. Er ging hier auf die Beiträge der Zeitschrift *Alternative* ein und kündigte eine Auseinandersetzung mit Heißenbüttel und Arendt an, sobald der Essay vollständig vorliege.[16] Doch kam es nicht dazu. Adorno hatte die Entgegnung zwar begonnen, aber nicht abgeschlossen.[17] Statt dessen schickte Friedrich Pollock, der in New York neben Horkheimer Kodirektor des Instituts für Sozialforschung war, eine »Zuschrift« an den *Merkur*, die im Juni-Heft von 1968 abgedruckt wurde. Darin weist er auf Adornos Bemühungen

15 In Arendts Nachlaß-Bibliothek (vgl. Anm. 7) befinden sich sowohl die zweibändige Ausgabe der *Schriften* von 1955 (Anm. 12) als auch die zweibändige Ausgabe der *Briefe* von 1966 (Anm. 5); beide weisen Anstreichungen ihrer Hand auf.

16 Theodor W. Adorno, »Interimsbescheid«. In: Ders., *Über Walter Benjamin. Aufsätze, Artikel, Briefe*. Rev. und erw. Ausgabe. Hg. und mit Anm. vers. von Rolf Tiedemann. Frankfurt/M. 1990, S. 91-96.

17 Vgl. Theodor W. Adorno, »Zur Interpretation Benjamins. Aufzeichnungen zu einem geplanten Aufsatz«. In: Adorno, *Über Walter Benjamin* (Anm. 16), S. 97-100. – An Heißenbüttel schrieb Adorno bereits nach Erscheinen der Rezension am 14. März 1967 u. a.: »Sie scheinen zu argwöhnen, ich hätte Benjamins marxistische Intentionen, aus welchen Gründen auch immer, coupieren wollen. Mein Motiv in der Kontroverse war aber viel komplexer. Während ich nämlich einerseits die metaphysischen Impulse von Benjamin gegen ihn selbst verteidigte, wollte ich ebenso den dialektischen Materialismus gegen ihn verteidigen, den er mir auf eine kurzschlüssige Weise zu mißdeuten schien. Nicht allein er, sondern ebenso Brecht« (zit. nach Ralf Bentz u. a., *Protest! Literatur um 1968*. Ausstellungskatalog. Marbach 1998, S. 132 f.).

zur Unterstützung Benjamins und die finanzielle Gewährleistung seiner Übersiedelung in die USA hin (Dok. 29).

Daß die Angaben in dieser Form nicht stimmten, Benjamin sich existentiell bedroht fühlte und das Institut nur eine Bürgschaft für die Einwanderung, nicht aber die Reisekosten übernehmen wollte, hat Arendt in ihrer Antwort auf Pollocks Stellungnahme betont, die im Oktober-Heft des *Merkur* erschien (Dok. 30). Die Quellen ihrer Kenntnis teilte Arendt Paeschke in einem Brief vom 11. Dezember 1967 mit: »Ich kenne die Konflikte mit Adorno und Horkheimer sehr gut, weil mir Benjamin in seiner Verzweiflung die New Yorker Briefe zeigte und mich mehrmals bat, ihm bei der Formulierung der Antwortbriefe behilflich zu sein. Ausserdem war damals in der französischen Zweigstelle des Instituts eine sehr nahe Freundin von mir Sekretärin bei Horkheimer« (Dok. 25).

2. Zwei Freiburger Reden: Arendt, Heidegger und Benjamin

Arendts Benjamin-Essay hatte noch eine zweite Seite, die sie persönlich betraf, aber nicht weniger politisch war. Denn vor der Publikation im *Merkur* verwendete sie Teile des Textes in einem Vortrag, den sie auf Einladung des Instituts für Atlantische Studien der University of Massachusetts am 26. Juli 1967 an der Universität Freiburg hielt.[18] Der Ort hatte zwar auch für Benjamin, vor allem aber für sie selbst Bedeutung, weil sich hier viele Wege ihrer Vergangenheit kreuzten. Während Benjamin im Sommersemester 1912 und 1913 in Freiburg Philosophie studierte, setzte Arendt hier ab 1925 ihr Philosophie-Studium fort, das sie 1924 in Marburg begonnen hatte. Hier begann ihre Liebesbeziehung mit Martin Heidegger, der 1928 von Marburg nach Freiburg berufen worden war.[19] Am 21. April 1933 wurde er zum Rektor der Universität gewählt, trat am 1. Mai 1933 der NSDAP bei und bekannte sich am 27. Mai 1933 in seiner

18 Vgl. auch die Ausführungen in Clemens Albrecht u. a., *Die intellektuelle Gründung der Bundesrepublik. Eine Wirkungsgeschichte der Frankfurter Schule.* Frankfurt/M. 1999, S. 362-367.

19 Vgl. Hannah Arendt/Martin Heidegger, *Briefe 1925 bis 1975 und andere Zeugnisse.* Aus dem Nachlaß hg. von Ursula Ludz. 3., durchges. und erw. Aufl., Frankfurt/M. 2002 [1. Aufl. ebd. 1998].

Rektoratsrede *Die Selbstbehauptung der deutschen Universität* zum Nationalsozialismus und zu Adolf Hitler.[20]

Den Emigranten in Paris war Heideggers Einstellung nicht nur durch mutmaßliche Kolportage bekannt. Hugo Marx hat Heideggers Rektoratsrede, die 1933 als selbständige Publikation erschienen war, im Rahmen einer Sammelbesprechung nationalsozialistischer Schriften behandelt, die 1934 in der *Zeitschrift für Sozialforschung* veröffentlicht wurde. Das Heft enthält auch Benjamins Aufsatz »Zum gegenwärtigen gesellschaftlichen Standort des französischen Schriftstellers« (GS II, 54ff.). Über Heidegger schreibt Marx: »Die Philosophie der Deutschheit ist auch die der Hochschule. Ein so repräsentativer Philosoph wie Heidegger verkündet in seiner Rektoratsrede: Wir wollen uns selbst. Wissenschaft ist Wissen um das Volk und seinen Auftrag. Die Aufgabe der Studenten wie der Lehrer ist Dienst am Volk in der dreifachen Form des Arbeitsdienstes, des Wehrdienstes und des Wissensdienstes. So erhalten sie die geistige Welt, die einem Volke die Größe verbürgt. Die geistige Welt aber bedeutet Macht der tiefsten Bewahrung seiner erd- und bluthaften Kräfte als Macht der innersten Erregung und weitesten Erschütterung des Daseins.«[21]

In einem Aufsatz von Herbert Marcuse, der unter dem Titel »Der Kampf gegen den Liberalismus in der totalitären Staatsauffassung« ebenfalls 1934 in der *Zeitschrift für Sozialforschung* erschien und Marx' Sammelbesprechung verarbeitet, wird Heideggers faschistische Auffassung nochmals referiert. Marcuse, der 1932 bei ihm und Husserl in Freiburg studiert hatte, zitiert hier neben der Rektoratsrede auch eine Äußerung Heideggers aus der *Freiburger Studentenzeitung* vom 10. November 1933: »Der Führer selbst und allein ist die heutige und künftige deutsche Wirklichkeit und ihr Gesetz.«[22]

20 Vgl. Victor Farías, *Heidegger und der Nationalsozialismus*. Frankfurt/M. 1989; Hugo Ott, *Martin Heidegger. Unterwegs zu seiner Biographie*. Frankfurt/M. 1992, S. 133ff. – Während Farías nur kurz auf Arendt eingeht (126f.), hat Ott die Beziehung Heideggers zu Arendt ausdrücklich ausgespart, da der Briefwechsel, der 1998 publiziert wurde (vgl. Anm. 19), für ihn nicht einsehbar war. Auf einer Kenntnis der Briefe basieren die Ausführungen von Elzbieta Ettinger, die auch auf Heideggers Hinwendung zum Nationalsozialismus eingeht. Vgl. E.E., *Hannah Arendt – Martin Heidegger. Eine Geschichte*. 2. Aufl. München, Zürich 1996 [zuerst 1995].

21 Hugo Marx, [Sammelbesprechung nationalsozialistischer Schriften]. In: *Zeitschrift für Sozialforschung* 3 (1934), H. 1, S. 137-142, hier S. 139.

22 Herbert Marcuse, »Der Kampf gegen den Liberalismus in der totalitären Staatsauf-

Arendt selbst dürfte auch durch Dolf Sternberger über Heideggers Aktivitäten informiert gewesen sein. Beide waren befreundet, seitdem sie gemeinsam bei Karl Jaspers in Heidelberg studierten, wo Sternberger 1932, einige Jahre nach Arendt, mit einer Arbeit über Heidegger promoviert hatte. Die Arbeit erschien 1934 unter dem Titel *Der verstandene Tod. Eine Untersuchung zu Martin Heideggers Existential-Ontologie* und war auch Benjamin bekannt. Nachdem er das Buch von Sternberger, der als Redakteur der *Frankfurter Zeitung* in Deutschland geblieben war, erhalten und sich in einem Brief vom 10. Januar 1934 beim Verfasser bedankt hatte (GB IV, 332f.), schrieb er wenige Tage später an Gretel Adorno, daß die Arbeit »– im Flüsterton – mit Heidegger« abrechne (ebd., 341).[23]

Ob Heideggers Aktivitäten und Schriften ein Gesprächsthema zwischen Arendt und Benjamin waren, ist unbekannt. Vermutlich gehörten sie zu den brisanten Seiten der Freundschaft. Zwar hatte Arendt zu Heidegger keinen persönlichen oder brieflichen Kontakt mehr, seitdem sie Deutschland 1933 verlassen hatte, äußerte sich aber – zumindest in Texten – auch nicht negativ über ihn. In ihrem 1951 erschienenen Buch *The Origins of Totalitarianism* taucht der Name Heidegger nicht auf, obwohl seine Reden zur deutschen Universität totalitäre Parolen enthalten, deren »Ursprüngen« Arendt nachgeht. Bereits 1950 besuchte sie Heidegger, der zwischen 1946 und 1951 Lehrverbot hatte, in Freiburg, als sie sich in Basel bei Jaspers aufhielt, der inzwischen ihr Vertrauter und Freund geworden war.[24] Bis 1952 gab es wiederum einen intensiven Briefwechsel, der sich in den Jahren 1953 und 1954 abschwächte und erst 1965 wiederaufgenommen wurde. Zu einer persönlichen Begegnung kam es jedoch nach 1952 nicht mehr, so daß beide sich erst 1967 aus Anlaß des Benjamin-Vortrags in Freiburg wiedersahen.

Ihre Ausführungen begann Arendt nach einer Begrüßung unter Einschluß Heideggers mit dem Hinweis auf die Benjamin-Debatte:

fassung«. In: *Zeitschrift für Sozialforschung* 3 (1934), H. 2, S. 161-194; zu Heidegger S. 188-194; das Zitat S. 194.

23 Sternbergers Heidegger-Buch ist enthalten in: Dolf Sternberger, *Über den Tod.* Frankfurt/M. 1981 (st 719), S. 69-264. Zusammen mit biographischen Hinweisen finden sich Sternbergers Artikel zu Heidegger, Benjamin, Arendt u.a. in seinem Buch *Gang zwischen den Meistern*. Frankfurt/M. 1987 (*Schriften*, Bd. VIII).

24 Vgl. Hannah Arendt/Karl Jaspers, *Briefwechsel 1926-1969*. Hg. von Lotte Köhler und Hans Saner. München, Zürich 1993.

»Als ich für einen Vortrag in Freiburg vorschlug, über Benjamin zu sprechen, sagte man mir, dass ich voraussetzen dürfe, dass Sie oder viele unter Ihnen mit seinen Schriften vertraut wären, und ich hoffe, dass Sie auch die kürzlich erschienene Briefausgabe kennen, an die sich, wie mir Adorno mitteilte, eine Kontroverse geknüpft hat. Ich nehme an, diese Kontroverse betrifft den ursprünglichen Konflikt, in den Benjamin im letzten Jahrzehnt seines Lebens mit den beiden Freunden geriet, die dann seinen Nachlaß betreuten und herausgaben, mit Theodor W. Adorno und Gerhard Scholem. Und von diesem Konflikt möchte ich hier ausgehen.«[25] Der weitere Text umfaßt etwa die Hälfte des späteren *Merkur*-Essays. Nicht im Vortrag enthalten sind Ausführungen zu Werk und Biographie Benjamins, die Arendt im ersten Kapitel des Essays ausgeführt hat, und Darstellungen zu Benjamins Existenz als freier Schriftsteller in der Weimarer Republik sowie zum Spannungsverhältnis zwischen Zionismus und Kommunismus, die sie später am Anfang und am Ende des zweiten Kapitels hinzufügte. Das dritte Kapitel des *Merkur*-Essays entspricht dagegen weitgehend dem Vortragstext. Doch hat Arendt hier viele Änderungen im Detail vorgenommen. Offenbar war ihr dieser Teil besonders wichtig.[26]

25 Hannah Arendt, »Walter Benjamin« (Vortrag in Freiburg, 26. Juli 1967), Manuskript, Library of Congress Washington 0022689, S. 1.

26 Über Heideggers Bekenntnis zum Nationalsozialismus äußerte sich Arendt weder im Freiburger Vortrag noch im *Merkur*-Essay. In einer Fußnote ihres 1948 erschienenen Essays »Was ist Existenz-Philosophie?« heißt es ohne konkreten Bezug: »Heidegger jedenfalls hat in seiner politischen Handlungsweise alles dazu beigetragen, uns davor zu warnen, ihn ernst zu nehmen. Angesichts der realen Komik dieser Entwicklung und angesichts des nicht weniger realen Tiefstandes politischen Denkens auf den deutschen Universitäten liegt es natürlich nahe, sich um die ganze Geschichte überhaupt nicht zu kümmern. Dagegen spricht unter anderem, daß diese ganze Art des Sich-Verhaltens so genaue Parallelen in der deutschen Romantik hat, daß man an zufällige Koinzidenz rein personal bedingter Charakterlosigkeit schwer glauben kann. Heidegger ist faktisch (hoffentlich) letzter Romantiker – gleichfalls ein gigantisch begabter Friedrich Schlegel oder Adam Müller, deren komplette Verantwortungslosigkeit bereits jener Verspieltheit geschuldet war, die teils aus Geniewahn und teils aus der Verzweiflung stammt« (Frankfurt/M. 1990, S. 28). Urteile werden hier nur indirekt und durch Verweis auf geistesgeschichtliche Parallelen gefällt. Vgl. dagegen Dieter Thomä, »Heidegger und Hannah Arendt«. In: Ders. (Hg.), *Heidegger-Handbuch. Leben, Werk, Wirkung*. Stuttgart 2003, S. 397-402, hier S. 399. Direkter ist Arendt auf Heideggers Verhalten in einer längeren Fußnote ihrer Würdigung »Martin Heidegger ist achtzig Jahre alt« eingegangen, die im Oktober 1969 im *Merkur* erschien und mit einer

In der Tat handelt es sich hier um eine heikle intellektuelle Gradwanderung, da Arendt eine Parallele zwischen Heidegger und Benjamin herstellt. Sie geht dabei von Benjamins Überlegungen zum Sammeln als archivarischer Tätigkeit aus, weist dann auf seine Idee der Geschichte als »Trümmerhaufen« sowie seine Konzeption der Zusammenfügung von »Bruchstücken« hin, um von hier aus eine Brücke zu Heidegger zu schlagen. Mit Bezug auf dessen Schrift *Kants These über das Sein* (1962) heißt es zunächst: »Diese erstaunliche Belebung vor allem auch der Antike [...] hatte in Europa in den zwanziger Jahren begonnen. Und sie wurde dort von denen in die Wege geleitet, die sich der Unheilbarkeit des Traditionsbruchs am klarsten bewußt waren – also in Deutschland, und nicht nur in Deutschland, vor allem von Martin Heidegger, dessen außerordentlicher und außerordentlich früher Erfolg zu einem wesentlichen Teil auch einem ›Hören auf die Überlieferung‹ geschuldet ist, ›das nicht Vergangenem nachhängt, sondern das Gegenwärtige bedenkt‹.« Diese Idee der Verknüpfung von Vergangenheit und Gegenwart nutzt sie, um auf Überschneidungen mit Überlegungen Benjamins hinzuweisen: »Mit Heideggers großem Spürsinn für das, was aus lebendigem Auge und lebendigem Gebein Perle und Koralle geworden und als solches nur durch die ›Gewaltsamkeit‹ der Interpretation, nämlich ›die tödliche Stoßkraft‹ neuer Gedanken zu retten und in die Gegenwart zu heben ist, hatte Benjamin, ohne es zu wissen, im Grunde erheblich mehr gemein als mit den dialektischen Subtilitäten seiner marxistischen Freunde« (Arendt, S. 92f.).

Adorno, der hier eher gemeint war als Brecht (wie die Ausführungen zeigen), hat zu diesem Vergleich nie öffentlich Stellung bezogen, sich seit Beginn der fünfziger Jahre aber in Vorlesungen und Beiträgen deutlich von Heidegger distanziert, wie Arendt zweifellos wußte.[27] In seinem Buch *Jargon der Eigentlichkeit* (1964) unterzog er

veränderten Fassung des Benjamin-Essays in den Aufsatzband *Men in Dark Times* (New York 1968) bzw. *Menschen in finsteren Zeiten* (München 1989) übernommen wurde. Hier spricht sie von einer »Eskapade«, die sie mit den Zeitumständen zu rechtfertigen versucht (vgl. ebd., S. 352f.). – Bemerkenswert ist, daß der *Merkur* am Schluß des Heftes, in dem der erste Teil von Arendts Benjamin-Essay gedruckt wurde, einen Beitrag zu Heideggers Verhältnis zum Nationalsozialismus publizierte, der auf eine aktuelle Debatte in Frankreich rekurrierte. Vgl. François Bondy, »Zum Thema ›Heidegger und die Politik‹«. In: *Merkur* 22 (1968), H. 1-2/Nr. 238, S. 189-192.

27 Vgl. Hermann Mörchen, *Adorno und Heidegger. Untersuchung einer philosophischen*

Heideggers Sprache – mit Bezug auf Benjamins Begriff der Aura – einer scharfen Kritik, die wie keine andere Darstellung zum negativen Bild des Philosophen in der Nachkriegszeit beigetragen hat.[28] Arendt dagegen fand mit ihrer Benjamin-Darstellung Heideggers Wohlwollen. Vierzehn Tage später lobte er den Vortrag in einem Brief und machte sich sogar die Mühe, ein Zitat Mallarmés in Benjamins Aufsatz »Die Aufgabe des Übersetzers« nachzuweisen, das Arendt in ihrem Vortrag verwendet hatte. Am 10. August 1967 schreibt er:

»Liebe Hannah, / am Tag nach unserem Zusammensein, am Freitag, d. 28. Juli, fand ich die Stelle, an die das Mallarmé-Zitat bei Benjamin gehört. Ich folgte dabei früheren Notizen, die Stellen über Denken und Dichten bei Mallarmé verzeichnen. [...] Als Du Deinen Vortrag mit der Anrede begannst, befürchtete ich sogleich eine ungute Reaktion. Sie kam dann auch und wird Dich freilich nicht berühren. Seit Jahren ermahne ich junge Leute, sie möchten, falls sie vorankommen wollten, es vermeiden, Heidegger zustimmend zu zitieren. / Aber Dein Vortrag hat bei den Einsichtigen einfach schon durch das Niveau und den Aufbau gewirkt. Dergleichen verschwindet immer mehr aus unseren Universitäten, aber auch der Mut, die Sachen zu sagen, wie sie sind«.[29]

Kommunikationsverweigerung. Stuttgart 1981. – In den Aufzeichnungen zu einem Aufsatz, der als Entgegnung auf Heißenbüttel und Arendt geplant war, schreibt Adorno allerdings: »H.As Hauptthese: W.B. war kein Philosoph. Was ist das für ein Begriff von Philosophie. Es ist der des Herrn Heidegger, dem H.A. eben jene Adulation erweist, die sie Tiedemann in seinem Verhältnis zu mir zu Unrecht vorwirft« (Th.W.A., »Zur Interpretation Benjamins« [Anm. 17], S. 97).

28 Vgl. Stefan Müller-Doohm, *Adorno. Eine Biographie.* Frankfurt/M. 2003, S. 652-657. – Im *Jargon der Eigentlichkeit* schreibt Adorno mit Bezug auf Benjamin: »Daß die Jargonworte, unabhängig vom Kontext wie vom begrifflichen Inhalt, klingen, wie wenn sie ein Höheres sagten, als was sie bedeuten, wäre mit dem Terminus Aura zu bezeichnen. Kaum zufällig hat Benjamin ihn eingeführt im gleichen Augenblick, da, was er darunter dachte, seiner eigenen Theorie zufolge der Erfahrung zerging. Sakral ohne sakralen Gehalt, gefrorene Emanationen, sind die Stichwörter des Jargons der Eigentlichkeit Verfallsprodukte der Aura« (in: Adorno, *Gesammelte Schriften.* 20 Bde. Hg. von Rolf Tiedemann. Frankfurt/M. 1997, Bd. 6, S. 413-526, hier S. 419).

29 Arendt/Heidegger, *Briefe 1925 bis 1975 und andere Zeugnisse* (Anm. 19), S. 155f. – Das Zitat Mallarmés aus dem Übersetzer-Aufsatz (vgl. GS IV, 17) findet sich auch in der Druckfassung des Benjamin-Essays (Arendt, S. 96f.).

Auch wenn Heidegger Zufriedenheit bekundete, war Arendts Vergleich in der vorliegenden Form unangemessen. Denn Benjamin hat seine Idee der Geschichtsaneignung von jeher deutlich von der Heideggers abzugrenzen versucht. Schon im November 1916 schreibt er an Scholem über Heideggers Freiburger Antrittsvorlesung, die unter dem Titel »Der Zeitbegriff in der Geschichtswissenschaft« in der *Zeitschrift für Philosophie und philosophische Kritik* erschienen war, der Beitrag dokumentiere »in exakter Weise«, wie »man die Sache *nicht* machen soll«, was er wie folgt erläutert: »Eine furchtbare Arbeit, in die Sie aber vielleicht einmal hineinsehen, wenn auch nur um meine Vermutung zu bestätigen, daß nämlich nicht nur das was der Verfasser über die historische Zeit sagt (und was ich beurteilen kann) Unsinn ist, sondern auch seine Ausführungen über die mechanische Zeit schief sind, wie ich vermute« (GB I, 344).[30] In der Tat entwickelt Heidegger hier eine Idee der Geschichtsaneignung, die die Quelle mit der historischen Wirklichkeit gleichsetzt, ohne Vermittlungsformen zu reflektieren. »Die ›Quelle‹«, so schreibt er, »ermöglicht also den wissenschaftlichen Zugang zur historischen Wirklichkeit. Aus ihr heraus wird diese Wirklichkeit allererst aufgebaut. Das ist aber nur möglich, wenn die Quelle in ihrem Wert als Quelle gesichert, d. h. ihre Echtheit nachgewiesen ist.«[31]

Es blieb nicht bei diesem Urteil Benjamins. Nach Erscheinen von *Sein und Zeit* (1927) faßte er im April 1930 den Plan, »in einer ganz engen kritischen Lesegemeinschaft unter Führung von Brecht und mir im Sommer den Heidegger zu zertrümmern«, wie er in einem

30 Auch Heißenbüttel hat auf diesen Brief in seiner Rezension hingewiesen und sie als Benjamins »erste Polemik gegen Heidegger« charakterisiert (»Vom Zeugnis des Fortlebens in Briefen« [Anm. 6], S. 234). Die zweite Polemik betrifft Heideggers Habilitationsschrift *Die Kategorien- und Bedeutungslehre des Duns Scotus* (Tübingen 1916). Benjamin erwog nach seiner Promotion ebenfalls eine Habilitation über den Philosophen und schrieb Anfang Dezember 1920 an Scholem: »Ich habe das Buch von Heidegger über Duns Scotus gelesen. Es ist unglaublich, daß sich mit so einer Arbeit, zu deren Abfassung *nichts* als großer Fleiß und Beherrschung des scholastischen Lateins erforderlich ist und die trotz aller philosophischen Aufmachung im Grund nur ein Stück guter Übersetzungsarbeit ist, jemand habilitieren kann« (GB I, 108; Hervorh. im Orig.). Der Brief findet sich auch in der Ausgabe der *Briefe* von 1966 (Anm. 5, S. 246).

31 Martin Heidegger, »Der Zeitbegriff in der Geschichtswissenschaft« (1916). In: Ders., *Frühe Schriften*. Hg. von Friedrich-Wilhelm Hermann. Frankfurt/M. 1978 (Gesamtausgabe, I. Abt., Bd. 1), S. 413-433, hier S. 429.

Brief an Scholem schreibt (GB III, 522). Man kann davon ausgehen, daß Benjamin Werke von Heidegger seither genauer gelesen hat.[32] Schon im Januar 1930 schreibt er in einem auf französisch verfaßten Brief mit Bezug auf seine Überlegungen zur »Theorie der historischen Erkenntnis« an Scholem: »So werde ich auf meinem Weg Heidegger begegnen und erwarte einige Funken des Aufeinanderprallens unserer sehr verschiedenen Arten, die Geschichte zu betrachten.«[33] Benjamins Konzeption einer Rettung der Vergangenheit durch Destruktion ihrer Überlieferung, die in den erkenntnistheoretischen Notizen des Passagen-Werks skizziert ist (vgl. GS V, 594ff.) und in den Thesen »Über den Begriff der Geschichte« weitergeführt wird, orientiert sich durchaus an der Idee der Destruktion in § 6 von *Sein und Zeit*, verändert sie aber, wie noch zu zeigen ist. Heidegger schreibt hier unter anderem: »Negierend verhält sich die Destruktion nicht zur Vergangenheit, ihre Kritik trifft das ›Heute‹ und die herrschende Behandlungsart der Geschichte der Ontologie, mag sie doxographisch, geistesgeschichtlich oder problemgeschichtlich angelegt sein«.[34]

Auch Arendt hat in einem ihrer ersten Aufsätze, der 1930 unter dem Titel »Philosophie und Soziologie« in der Zeitschrift *Die Gesellschaft* erschien, den Begriff der Destruktion verwendet, um auf der Grundlage von Karl Mannheims Buch *Ideologie und Utopie* (1929) den wissenschaftlichen Status der Soziologie zu skizzieren. »Destruktion«, so Arendt, »meint hier nicht Zerstörung schlechthin, sondern Reduktion des Geltungsanspruchs auf die jeweilige Situation, aus der er entsprungen ist. [...] Indem Soziologie ihre wesentlichste Aufgabe in der Destruktion auf Geschichtliches sieht, wird sie zur historischen Wissenschaft.«[35] Parallel zu Heideggers Histori-

32 Vgl. Ludger Heidbrink, »Kritik der Moderne im Zeichen der Melancholie. Walter Benjamin und Martin Heidegger«. In: Klaus Garber/Ludger Rehm (Hg.): *global benjamin. Internationaler Benjamin-Kongreß 1992*. 3 Bde. München 1999, Bd. 3, S. 1206-1228; Willem van Reijen, *Der Schwarzwald und Paris. Heidegger und Benjamin*. München 1998.

33 Die Stelle lautet: »C'est là que je trouverai sur mon chemin Heidegger et j'attends quelque scintillement de l'entre-choc de nos deux manières, très différentes, d'envisager l'histoire« (GB III, 503).

34 Martin Heidegger, *Sein und Zeit*. 16. Aufl. Tübingen 1986, S. 22f.

35 Hannah Arendt, »Philosophie und Soziologie« (1930). In: Volker Meja/Nico Stehr (Hg.), *Der Streit um die Wissenssoziologie*. 2 Bde. Frankfurt/M. 1982 (stw 361), Bd. 2, S. 515-531, hier S. 520.

sierung der Ontologie will Arendt hier die Soziologie zu einer historischen Wissenschaft machen.

Es ist nicht auszuschließen, daß Benjamin den Aufsatz gelesen hat. Denn im selben Jahrgang der *Gesellschaft* sind gleich drei Arbeiten von ihm erschienen, die von einem Buch ausgehen und zugleich Grundfragen der hier behandelten Thematik erörtern: die Besprechung von Siegfried Kracauers *Die Angestellten* unter dem Titel »Politisierung der Intelligenz« (GS III, 219-225), die Besprechung von Alfred Döblins *Berlin Alexanderplatz* unter dem Titel »Krisis des Romans« (GS III, 230-236) und die Besprechung von Ernst Jüngers Sammelband *Krieg und Krieger* unter der Überschrift »Theorien des deutschen Faschismus« (GS III, 238-250). Wie Arendts Aufsatz gehört insbesondere die Kracauer-Besprechung in den Kontext einer Debatte über den Status des Intellektuellen, die Mannheim mit seinem Buch *Ideologie und Utopie* ausgelöst hatte.[36] Die Protokolle der Gespräche zu einer geplanten Zeitschrift mit dem Titel »Krise und Kritik«, die Benjamin ab 1930 zusammen mit Brecht, Bernard von Brentano und Herbert Ihering herausgeben wollte, zeigen, daß er die Debatte intensiv verfolgt hat.[37]

Doch hat sich Benjamin erst im Passagen-Werk wieder mit Fragen der historischen Erkenntnis beschäftigt. In einer Aufzeichnung kommt die Abgrenzung von Heidegger deutlich zum Ausdruck. Während dieser versuche, so Benjamin, »die Geschichte für die Phänomenologie abstrakt, durch die ›Geschichtlichkeit‹ zu retten«, ziele seine Konzeption auf das »Jetzt der Erkennbarkeit«. Es ging Benjamin im Gegensatz zu Heidegger und Arendt um die Erkenntnis der Gegenwart. Er skizziert diese Intention unmittelbar nach dem Heidegger-Hinweis wie folgt: »Nicht so ist es, daß das Vergangene sein Licht auf das Gegenwärtige oder das Gegenwärtige sein Licht auf das Vergangene wirft, sondern Bild ist dasjenige, worin das Gewesene mit dem Jetzt blitzhaft zu einer Konstellation zusammentritt« (GS V, 577f.). In der VI. These »Über den Begriff der Geschichte« verwendet Benjamin diese Stelle: »Vergangenes historisch artikulieren heißt nicht, es erkennen ›wie es denn eigentlich gewesen ist‹. Es heißt, sich einer Erinnerung bemächtigen, wie sie im Augenblick

36 Dokumentiert in Meja/Stehr (Hg.), *Der Streit* (Anm. 35). – Benjamins Kracauer-Beitrag ist hier nicht nachgedruckt. Arendt erwähnt die *Gesellschaft* in ihrem Brief an Scholem vom 19. März 1947, ohne jedoch Benjamin zu erwähnen (Dok. 16).

37 Vgl. Wizisla, *Benjamin und Brecht* (Anm. 3), S. 115-163, bes. 140ff.

einer Gefahr aufblitzt. Dem historischen Materialismus geht es darum, ein Bild der Vergangenheit festzuhalten, wie es sich im Augenblick der Gefahr dem historischen Subjekt unversehens einstellt« (GS I, 695).

Arendt hat den Unterschied zwischen der gegenwartsbezogenen Intention Benjamins und der historischen Intention Heideggers in ihrem *Merkur*-Essay eliminiert, obwohl sie sich Anfang der fünfziger Jahre mit Benjamins Überlegungen vertraut gemacht hatte. Dies zeigt eine Notiz, die sie im Juni 1951 in ihr *Denktagebuch* schrieb. Sie bezieht sich auf ihr Buch *The Origins of Totalitarianism,* das im Druck oder gerade erschienen war: »*Methode in der Geschichtswissenschaft*: Alle Kausalität vergessen. An die Stelle: Analyse der Elemente des Ereignisses. Zentral ist das Ereignis, in dem sich die *Elemente* jäh kristallisiert haben. Titel meines Buches grundfalsch, hätte heißen müssen: The Elements of Totalitarianism«.[38] Die Notiz hat einen Hintergrund, den die Verfasserin selbst nicht zu erkennen gibt. Zurückzuführen ist sie auf die erneute Lektüre von Benjamins Geschichtsthesen, die 1950 im vierten Heft der *Neuen Rundschau* erschienen sind und durch Adornos Essay »Charakteristik Walter Benjamins« ergänzt wurden. Im ersten Heft desselben Jahrgangs hatte Arendt einen Aufsatz über Brecht veröffentlicht.[39]

Zwar hat Arendt in ihren Totalitarismus-Buch Benjamins IX. These über den »Engel der Geschichte« im Zusammenhang mit Überlegungen zum Begriff des Fortschritts zitiert, ist aber auf die methodischen Implikationen nicht eingegangen.[40] Dies aber tat Adorno in seinem Beitrag. »Unbeirrt«, so heißt es zur Methode Benjamins, »stand er zu seinem Grundsatz, die kleinste Zelle angeschauter Wirklichkeit wiege den Rest der ganzen Welt auf. Ihm hieß, Phänomene materialistisch interpretieren, weniger sie aus dem gesellschaftlichen Ganzen erklären, als sie unmittelbar, in ihrer Vereinzelung, auf materielle Tendenzen und soziale Kämpfe beziehen.« Zu Benjamins

38 Hannah Arendt, *Denktagebuch*. Hg. von Ursula Ludz und Ingeborg Nordmann. 2 Bde. München, Zürich 2002, Bd. 1, S. 96f. (Hervorh. im Orig.).

39 Vgl. Hannah Arendt, »Der Dichter Bertolt Brecht«. In: *Neue Rundschau* 61 (1950), H. 1, S. 53-67; Walter Benjamin, »Über den Begriff der Geschichte«. In: *Neue Rundschau* 61 (1950), H. 4, S. 560-570; Theodor W. Adorno, »Charakteristik Walter Benjamins«. In: ebd., S. 571-584.

40 Hannah Arendt, *Elemente und Ursprünge totaler Herrschaft. Antisemitismus, Imperialismus, Totalitarismus*. 8. Aufl. München, Zürich 2001, S. 324f.

Idee der Bilder, die eng mit der monadologischen Methode verbunden ist, schreibt Adorno: »Er verstand unter ihnen objektive Kristallisationen der geschichtlichen Bewegung und belegte sie mit dem Namen dialektische Bilder.«[41] Tatsächlich stellt Adorno Benjamins Theorie der historischen Erkenntnis hier erstmals im Zusammenhang dar, wie Arendt nicht entgangen sein dürfte.[42]

In einer der erkenntnistheoretischen Aufzeichnungen des Passagen-Werks verwendete Benjamin sogar die von Adorno und Arendt benutzte Kristallmetapher, wenn er auf die Frage, wie es »möglich« sei, »gesteigerte Anschaulichkeit mit der marxistischen Methode zu verbinden«, die Antwort gibt, daß es dabei nötig sei, in der »Analyse des kleinen Einzelmoments den Kristall des Totalgeschehens zu entdecken« (GS V, 575). Was immer also Arendt zu ihrer Notiz im *Denktagebuch* inspiriert haben mag: die Geschichtsthesen, Adornos »Charakteristik« oder Erinnerungen an Gespräche mit Benjamin – in der 1955 erschienenen deutschen Übersetzung des Totalitarismus-Buches hat sie den vier Jahre zuvor formulierten Einwand berücksichtigt und den Titel entsprechend verändert. Er heißt nun: *Elemente und Ursprünge totaler Herrschaft.*

3. Biographien und Editionen: Berlin, Paris, New York

Die Frage, ob sich Arendt und Benjamin vor 1933 kannten, läßt sich nur indirekt beantworten. In einem Brief an Paeschke schreibt Arendt am 11. Dezember 1967, daß Benjamin und sie dazu unter-

41 Theodor W. Adorno, »Charakteristik Walter Benjamins« (1950). In: Ders., *Über Walter Benjamin* (Anm. 16), S. 9-26, hier S. 19 und S. 21.

42 Auch Günther Anders hat Adorno nach der Lektüre am 5. März 1951 aus Wien geschrieben: »Lieber Herr Adorno, vor einigen Tagen las ich Ihren Benjamin-Aufsatz; und ich bin froh, daß Sie durch dieses Portrait das Andenken an ihn, mindestens (da ja das Andenken wohl kaum noch existiert) seine Züge aufbewahrt haben« (als Faksimile in: Theodor W. Adorno Archiv [Hg.], *Adorno. Eine Bildmonographie.* Frankfurt/M. 2003, S. 283). – Gewiß haben Arendt wie Anders auch Adornos Seitenhieb auf Heidegger bemerkt: »Die Herausforderung, ein Aufsatz über Pariser Passagen enthalte mehr an Philosophie als Betrachtungen über das Sein des Seienden, schlägt genauer in den Sinn von Benjamins Werk als die Suche nach jenem sich selbst gleichbleibenden Begriffsskelett, das er in die Rumpelkammer verbannte« (»Charakteristik Walter Benjamins« [Anm. 41], S. 13).

schiedliche Auffassungen hatten: »Ich kannte Benjamin in Paris. Er hat immer behauptet, wir hätten uns bereits in Deutschland gekannt, was gut möglich ist, da er der Cousin meines ersten Mannes war. Ich jedenfalls besinne mich darauf nicht. In Paris aber waren wir nahe Freunde, zumindest seit 1934 oder 35« (Dok. 25). Auch in einem Brief an Scholem vom 19. März 1947 betont sie, daß es keine früheren Kontakte gab (Dok. 16). Scholem, der Arendt 1932 in Berlin kennengelernt hatte, meinte allerdings in seinem Freundschaftsbuch von 1975, Benjamin sei für Arendt schon damals »eine gewichtige geistige Instanz« gewesen.[43]

Für frühe Kontakte spricht, daß Arendt – wie von ihr erwähnt – 1929 Benjamins Großcousin Günther Stern geheiratet hat, der sich als Publizist Günther Anders nannte. Seither lebten beide in Berlin und Frankfurt. Noch im Exil besaß Anders eine Fotografie des 13jährigen Benjamin, die er Arendt gab (Dok. 16). Auf Berührungen in Berlin deutet ebenfalls eine briefliche Kontroverse zwischen Anders und Adorno aus dem Jahr 1963 hin. Anders verwahrte sich am 27. August gegen Adornos Behauptung, er habe Benjamin in Berlin als »Caféhauslitteraten« [sic!] bezeichnet: »Das scheint mir, obwohl ich nach so langer Zeit natürlich nichts Bestimmtes aussagen kann, absolut unmöglich«. Adorno beharrt in seinem Antwortbrief vom 31. Oktober jedoch auf seiner Auffassung und bezieht Arendt ein: »Hartnäckig sein muß ich in der Sache Benjamin. Ich weiß, mit einem leider bis dato allzu guten Gedächtnis, ganz bestimmt, daß Sie und ebenso Frau Arendt Benjamin damals als einen Caféhausliteraten bezeichneten, und nicht etwa unter der Klausel des relata refero; zu tief hat sich das mir eingeprägt.«[44]

43 Gershom Scholem, *Walter Benjamin – die Geschichte einer Freundschaft*. Frankfurt/M. 1975, S. 238f.

44 Der Briefwechsel ist abgedruckt in: Adorno Archiv (Hg.), *Adorno* (Anm. 42), S. 276-284, hier S. 279 und S. 284. – Das Scharmützel überschneidet sich mit einem anderen, da Anders der Auffassung war, daß Adorno 1932 an der Vereitelung seines Habilitationsversuchs an der Universität Frankfurt beteiligt gewesen sei. Anders schreibt dazu am 27. August 1963 an Adorno: »Was mir die Beziehung zu Ihnen unmöglich machte, war ihr Monokratismus. Als monokratisch hatte ich, als ich, long ago, nach Frankfurt kam, um mich zu habilitieren, Ihre Attitüde gegenüber meinem Plan und Ihre Schritte gegen diesen empfunden«. Adorno antwortet darauf am 31. Oktober 1963: »Auch, daß mir seinerzeit Ihre Habilitationsschrift nicht gefiel, hat mit dem Motiv, die eigene Position als ausschließlich zu setzen, nicht das mindeste zu tun« (in: ebd., S. 276 und 280). Inwieweit Arendt in die-

In Paris haben sich Arendt und Benjamin Mitte der dreißiger Jahre bei Diskussionen deutscher Emigranten getroffen, die zum Teil in Benjamins Wohnung in der rue Dombasle Nr. 10 stattfanden. Zu dieser Gruppe gehörte auch Heinrich Blücher, den Arendt 1940 nach ihrer (drei Jahre zuvor vollzogenen) Scheidung von Günther Anders geheiratet hat.[45] Die erhaltenen Briefe und Karten zeigen, daß die Beziehung zwischen Arendt und Benjamin herzlich und vertrauensvoll war. Leider sind von den wenigen Schreiben nicht alle erhalten geblieben. Bei ihnen handelt es sich vor allem um Urlaubsgrüße, Geburtstagswünsche und Unterstützungsangebote (vgl. Briefwechsel). Daneben bemühte sich Arendt darum, Benjamins finanzielle Situation zu verbessern, um seine Arbeit zu unterstützen. Ende Mai 1939 schreibt sie an Scholem: »Benjis wegen bin ich in großen Sorgen. Ich hatte versucht, ihm hier etwas zu vermitteln und bin ganz kläglich gescheitert. Dabei bin ich mehr als je von der Wichtigkeit überzeugt, ihn für seine weiteren Arbeiten ganz sicherzustellen. Seine Produktion hat sich für mein Gefühl bis in stilistische Einzelheiten hinein gewandelt. Es kommt alles viel bestimmter, viel weniger zögernd hinaus. Es scheint mir oft, als käme er jetzt erst an die für ihn entscheidenden Dinge heran. Es wäre abscheulich, wenn er da nun gehindert würde«.[46] Benjamin selbst drängte Arendt, ihr Buch über Rahel Varnhagen zu vollenden.[47] Ein Brief an Scholem vom 20. Februar 1939 gibt einen Hinweis auf das

sen Vorgang involviert war, bleibt unklar. Weitgehend unberücksichtigt sind biographische Aspekte in Dirk Auer u. a. (Hg.), *Arendt und Adorno.* Frankfurt/M. 2003 (stw 1635).

45 Vgl. Elisabeth Young-Bruehl, *Hannah Arendt. Leben, Werk, Zeit.* Frankfurt/M. 1991, S. 184f. – In einem Brief an Benjamin vom 16. Februar 1937 bezieht sich Blücher auf solche Debatten, wenn er zu einer verhinderten Verabredung mit Bezug auf Benjamins *Deutsche Menschen* (1936) schreibt: »Dennoch habe ich Sie nicht ganz zu entbehren brauchen, weil ich die Zeit fand, Ihr Buch zu lesen und mich daran kräftig zu erfreuen. Denn es tut wohl, nach den Schreien der erhitzten Dummheit, die unsere politischen Diskussionen hier beherrschen, endlich einmal wieder die ruhige und darum durchdringende Stimme der Vernunft zu vernehmen, die nicht davon ablässt, zu argumentieren, während die Barbaren gestikulieren. / Kommentare wie der zweite zum Goethebrief gehören wohl zum Besten was die deutsche Literaturwissenschaft hervorgebracht hat und brauchen den Vergleich mit einigen Meisterstücken Schopenhauers nicht zu scheuen« (unveröffentlicht, Walter Benjamin Archiv Berlin, WBA 25).

46 Zit. nach Scholem, *Walter Benjamin* (Anm. 43), S. 274.

47 Vgl. Arendt/Jaspers, *Briefwechsel 1926-1969* (Anm. 24), S. 233.

Motiv: »Ich habe Hannah Arendt nahegelegt, Dir das Manuscript ihres Buches über Rahel Varnhagen zugänglich zu machen. Es soll in den nächsten Tagen an Dich abgehen. / Auf mich hat dieses Buch großen Eindruck gemacht. Es schwimmt mit starken Stößen wider den Strom erbaulicher und apologetischer Judaistik« (GB VI, 222).

Eines der wichtigsten Themen der Gespräche waren die politische Unterdrückung und die Mißachtung der Menschenrechte in Faschismus und Stalinismus. Man kann vermuten, daß die Pariser Debatten zwischen Arendt, Blücher und Benjamin eine der Keimzellen für das Totalitarismus-Buch gewesen sind. Deutlich zeigt dies ein Gespräch, das Benjamin Ende 1938 oder Anfang 1939 mit Blücher über Brecht geführt hat.[48] Folgt man Benjamins Tagebuch-Notiz, dann hat Blücher hier auf Überschneidungen zwischen der Gedichtsammlung *Aus einem Lesebuch für Städtebewohner* und den Aktivitäten der sowjetischen Geheimpolizei hingewiesen, woraus Benjamin wiederum Schlußfolgerungen über strukturelle Ähnlichkeiten zwischen kommunistischer und nationalsozialistischer Herrschaftspraxis ableitete. Benjamin schreibt:

»Blücher wies sehr mit Recht darauf hin, daß bestimmte Momente des ›Lesebuchs für Städtebewohner‹ nichts sind als eine Formulierung der GPU-Praxis. Das würde den prophetischen Charakter dieser Gedichte, auf den ich anspiele, von einer meiner Betrachtungsweise entgegengesetzten her, bestätigen. In Wahrheit schlägt sich in den gedachten Partien dieser Gedichte in der Tat eben diejenige Verfahrensweise nieder, in der die schlechtesten Elemente der KP mit den skrupellosesten des Nationalsozialismus kommunizieren. Blücher hat recht, wenn er gegen meinen Kommentar zum dritten Gedicht des ›Lesebuch für Städtebewohner‹ einwendet, nicht erst Hitler habe in die hier dargestellte Praxis das sadistische Element hineingetragen indem er sie statt auf die Ausbeuter auf die Juden übertragen habe; sondern dieses sadistische Element sei schon von

48 Vgl. dazu Erdmut Wizisla, »Jetzt die Wahrheit über die Wahrheit. Der Mann, mit dem Hannah Arendt politisch denken und historisch sehen konnte: Heinrich Blücher zum 100. Geburtstag«. In: *Frankfurter Allgemeine Zeitung*, Nr. 289 vom 11. Dezember 1999 (Bilder und Zeiten), S. IV; Ders., »Verzicht auf Traumproduktion? Politischer Messianismus bei Benjamin und Brecht«. In: Sebastian Kleinschmidt/Therese Hörnigk (Hg.), *Brechts Glaube. Brecht Dialog 2002. Religionskritik. Wissenschaftsfrömmigkeit, Politische Theologie*. Berlin 2002, S. 133-144.

Hause aus in der ›Expropriierung der Expropriateure‹ zugunsten des Proletariats wie sie von Brecht beschrieben wird.« (GS VI, 540; der erwähnte Kommentar zu Brechts Gedicht: GS II, 557f.).

Seit 1940 hat sich Arendt um die Sicherung von Benjamins Arbeiten bemüht. Welche Texte sie von ihm zu welchem Zeitpunkt bekam, ist unbekannt. Wichtig ist vor allem, daß sie ein Manuskript der Thesen »Über den Begriff der Geschichte« überliefert hat, an denen Benjamin in den Monaten vor seinem Tod arbeitete (vgl. Arendt-Manuskript). Das Exemplar hatte sowohl für Arendt als auch für die spätere Publikation der Thesen große Bedeutung. Sie hat das Manuskript Adorno zur Abschrift übergeben, als sie im Frühjahr 1941 zusammen mit Blücher in New York eintraf, und dann wieder zurückerhalten (vgl. Dok. 18).[49] Im Gegensatz zu Benjamin waren Arendt und Blücher erst zu Beginn des Jahres 1941 aus Südfrankreich über Port Bou nach Spanien geflohen, von wo sie über Lissabon in die USA gelangten.

Noch in Südfrankreich erfuhren sie vom Tod Benjamins. In einem Brief vom 21. Oktober 1940 hat Arendt Scholem darüber informiert (Dok. 1) und später in einem ausführlichen Brief vom 17. Oktober 1941 weitere Informationen über ihre letzten Begegnungen mit Benjamin geliefert (Dok. 5). Aus diesem Brief hatte Scholem in seinem Freundschaftsbuch ohne Datumsangabe einige Sätze zitiert, in denen Arendt über den Friedhof berichtet. Neben dem Hinweis, daß Benjamins Grab anonym sei (»nirgends stand sein Name«), lauten diese Sätze: »Der Friedhof geht auf die kleine Bucht, direkt auf das Mittelmeer; er ist in Terrassen in Stein gehauen; in solche Steinwälle werden auch die Särge geschoben. Es ist bei weitem eine der phantastischsten und schönsten Stellen, die ich je in meinem Leben gesehen.«[50] Die Formulierungen haben dazu beigetragen, daß sich Port Bou zum Kultort für Anhänger Benjamins entwickelte. Nach einer Gedenkplatte, die wenige Jahre nach Erscheinen des Buches an

49 Vgl. dazu auch die Ausführungen in GS I, 780f. Die Angaben, die Young-Bruehl in ihrer Arendt-Biographie zu den Unterlagen macht (Anm. 45, S. 236ff.), sind zum Teil falsch. So hat Arendt an Adorno in New York sicher keinen »Koffer« mit »Manuskripten« übergeben (ebd., S. 241). – Vgl. zu den einzelnen Teilen des Nachlasses und seiner Geschichte Schöttker, *Konstruktiver Fragmentarismus* (Anm. 11), S. 102-109.

50 Scholem, *Walter Benjamin* (Anm. 43), S. 281 (vgl. Dok. 5).

der Friedhofsmauer angebracht wurde, ist ein Grabstein im Innern des Friedhofs aufgestellt worden, bis schließlich ein – inzwischen berühmt gewordenes – Denkmal bei Dani Karavan in Auftrag gegeben wurde, das 1994 fertiggestellt wurde und durch eine unterirdische Passage zwischen Land und Meer Benjamins letztes unvollendetes Werk sowie seinen Tod symbolisch repräsentiert.[51]

Arendts Exemplar der Thesen »Über den Begriff der Geschichte« war eine der Textgrundlagen für die erste Veröffentlichung in einer Gedenkschrift zum Tod Benjamins, die das Institut für Sozialforschung im Jahre 1942 unter dem Titel *Walter Benjamin zum Gedächtnis* veröffentlicht hat (vgl. Dok. 18). Doch gelangte der mimeographierte Band nicht in den Buchhandel, so daß die Thesen erst 1950 durch den oben erwähnten Abdruck in der *Neuen Rundschau* bekanntgeworden sind. Auch Scholem bekam erst nach Ende des Krieges ein Exemplar der Gedenkschrift von Adorno, nachdem ihm Arendt, die offenbar die treibende Kraft war, die Übersendung angekündigt hatte, wie ein Brief Scholems an Adorno vom 4. Juli 1945 zeigt. Scholem schreibt hier: »Mein lieber Herr Adorno, / nachdem ich wohl an die drei Jahre nichts von Ihnen gehört habe, erhielt ich heute früh zu meiner großen Freude die, mir vor kurzem übrigens von Hanna [sic!] Arendt in Aussicht gestellte, Nummer der ›Zeitschrift‹ zu Walter Benjamins Gedächtnis. Ich deute den kargen beiliegenden Zettel mit Grüßen von A. als von Ihnen herrührend.«[52]

Ein Motiv für Arendts Bemühungen um die Thesen und ihre Publikation lag in starken Vorbehalten gegenüber Adorno. Schon bald nach Übergabe des Manuskripts vermutete sie, daß das Institut den Text nicht veröffentlichen wolle, wie ein erregter Brief vom 2. August 1941 an Blücher zeigt, dem ein nicht überlieferter Brief von Anders vorausging. Arendt schreibt hier unter anderem: »Heute früh bekam ich den beiliegenden Unglücksbrief. Ich bin ganz verstört über die Chuzpe und die naive Unverschämtheit, mir das auch noch zu schreiben. Aber das ist ja das mindeste daran. Ich nehme an, daß die Schweinebande der gleichen Meinung ist und sie das Manuskript einfach unterschlagen werden. Es ist noch ein Glück im Unglück, daß ich es habe. Ich war schließlich verpflichtet, es ihnen zu

51 Vgl. Ingrid und Konrad Scheurmann (Hg.), *Dani Karavan: Hommage an Walter Benjamin. Der Gedenkort »Passagen« in Port Bou.* Mainz 1995.

52 Gershom Scholem, *Briefe*. Hg. von Itta Shedletzky und Thomas Sparr. 3 Bde. München 1994-1999, Bd. I, S. 299 f.

geben, wissend, daß Benji ihnen ein Exemplar geschickt hatte, das nur nicht angekommen ist« (Dok. 2).[53]

In einem Brief vom 7. August 1941 reagierte Arendt auf den (verschollenen) Brief von Anders: »Ueber Benjamin werden wir uns schwerlich einigen koennen. Aber davon abgesehen: es scheint mir ganz einfach eine Pflicht der Loyalität gegen den toten Freund und Mitarbeiter, der ja schliesslich nicht mehr in der Lage ist, mit den Herren zu diskutieren, jede von ihm zur Veroeffentlichung bestimmte Sache zu publizieren« (Dok. 4).[54] Die nachhaltige Betroffenheit über Benjamins Tod, die in den Bemühungen über die Thesen zum Ausdruck kommt, läßt sich auch an einem Gedicht ablesen, das Arendt vermutlich 1942 geschrieben hat. Es handelt sich um ein allegorisches Schlaflied mit dem Titel *W.B.*, in dem der tote Freund als Vorhut erscheint (Dok. 6).

Adornos eigenes Interesse an Benjamins Thesen bezeugt ein Brief an Horkheimer vom 12. Juni 1941. Seine Ausführungen entkräften zwar Arendts Argwohn in der Frage der Publikation, bestätigen ihn aber in der hier zum Ausdruck gebrachten Verbindung von Abwertung und Verwertungsanspruch. Adorno schreibt:

»Hannah Arendt, die frühere Frau von Günther Stern, hat uns eine Kopie der geschichtsphilosophischen Thesen von Benjamin gegeben. Gretel hat sie abgeschrieben, und hier erhalten Sie sie. / Benjamin hatte in Briefen die Arbeit – als einen Entwurf – mehrfach erwähnt. Sie ist aber, nach meiner Kenntnis, niemals ans Institut gelangt. Ich habe sie erst aus dem Arendtschen Exemplar kennen ge-

53 Anders hat sich in dem erwähnten »Unglücksbrief« entweder selbst negativ über die Thesen geäußert oder mitgeteilt, er wolle sich bei Adorno nicht für eine Publikation einsetzen. Seine Vorbehalte gegen den Text ergeben sich aus einer Notiz, die Brecht am 9. August 1941 in sein *Journal* schrieb. Hier heißt es u. a.: »Walter Benjamin hat sich in einem kleinen spanischen Grenzort vergiftet. [...] Ich lese die letzte Arbeit, die er dem Institut für Sozialforschung eingeschickt hat. Günther Stern gibt sie mir mit der Bemerkung, sie sei dunkel und verworren, ich glaube, auch das Wort ›schon‹ kam darin vor« (Brecht, *Werke* [Anm. 2], Bd. 27, S. 12).

54 Nach Aussage von Bernd Neumann soll Anders Arendt später sogar gedrängt haben, über Benjamin zu schreiben. Vgl. B.N., »Noch einmal: Hannah Arendt, Martin Heidegger und Günther Stern/Anders – mit Bezug auf den jüngst komplettierten Briefwechsel zwischen Arendt und Stern«. In: Bernd Neumann u. a. [Hg.], *»The Angel of History is looking back«. Hannah Arendts Werk unter politischem, ästhetischem und historischem Aspekt.* Würzburg 2001, S. 107-126, hier 126.

lernt. / An eine Veröffentlichung hatte Benjamin *nicht* gedacht. In einem Brief an Gretel vom Frühjahr 1940 spricht er sich ausdrücklich dagegen aus. Das Unfertige, Entwurfhafte des Ganzen liegt auf der Hand. Eine gewisse Naivetät in den Partien, in denen von Marxismus und Politik die Rede ist, läßt sich auch diesmal nicht verkennen. / Trotzdem meine ich, wir sollten das Manuskript publizieren. Leo [Löwenthal, DS/EW] schlägt vor, es an den Anfang des mimeographierten Heftes zu stellen, und ich stimme dem zu. / Es handelt sich um Benjamins letzte Konzeption. Sein Tod macht die Bedenken wegen der Vorläufigkeit hinfällig. An dem großen Zug des Ganzen kann kein Zweifel sein. Dazu kommt: daß keine von Benjamins Arbeiten ihn näher bei unseren eigenen Intentionen zeigt. Das bezieht sich vor allem auf die Vorstellung der Geschichte als permanenter Katastrophe, die Kritik an Fortschritt und Naturbeherrschung und die Stellung zur Kultur«.[55]

Seit 1945 hat sich Arendt um die Publikation von Benjamins Arbeiten bemüht. Schon im November 1943 trug sie Scholem die Idee in einen Brief vor (Dok. 8). Nachdem sie ihm am 31. März 1945 ihre Absicht erneut mitgeteilt hatte (Dok. 9), schrieb sie im August 1945 an Kurt Blumenfeld, sie wolle Salman Schocken »verführen, Benjamin herauszugeben«.[56] Eine Gelegenheit bot sich, als Arendt im Juli 1946 Mitarbeiterin des Schocken Verlags in New York wurde. Am 9. September teilte sie Hermann Broch das Projekt mit.[57] Und am 25. September stellte sie Scholem die Konzeption der Ausgabe vor – verbunden mit der Frage, ob er den »einleitenden Essay schreiben« wolle (Dok. 11).

Am 15. Oktober informierte Arendt auch Brecht über das Vorhaben und skizzierte ebenfalls den Editionsplan, ließ aber die Scholem übermittelten Kommentare zu einigen Arbeiten weg (Dok. 12). Ob Brecht auf ihre eindringliche Bitte um »Kritik« und »zusätzliche

55 Theodor W. Adorno/Max Horkheimer, *Briefwechsel 1927-1969*, Band II: 1938-1944. Hg. v. Christoph Gödde u. Henri Lonitz, Frankfurt am Main 2004, S. 144 f. (Hervorh. im Orig.). – Vgl. dazu auch Arendts Brief an Scholem vom 4. November 1943 (Dok. 8).

56 Hannah Arendt/Kurt Blumenfeld, *»›... in keinem Besitz verwurzelt‹. Die Korrespondenz«*. Hg. von Inge Nordmann und Iris Pilling, Hamburg 1995, S. 25.

57 Hannah Arendt/Hermann Broch, *Briefwechsel 1946 bis 1951*. Hg. von Paul Michael Lützeler. Frankfurt/M. 1996, S. 14.

Vorschläge« geantwortet hat, ist unbekannt. Mit Scholem, der Benjamins Schriften seit den zwanziger Jahren gesammelt hatte und nach 1945 ein umfangreiches Archiv mit Zeugnissen zu Leben und Werk aufbaute, entstand ein reger Briefkontakt zur Edition.[58] Am 7. Januar 1947 teilte Arendt Scholem mit, daß der Verlag einen Vertrag mit Benjamins Sohn über die Ausgabe gemacht habe. Im Laufe des März schickte sie ihm die Kopie eines Briefes von Adorno, der sich am 1. März 1947 in einem Brief für eine begleitende Darstellung im Rahmen der geplanten Ausgabe angeboten hatte. Er habe, so Adorno, »von mehreren Seiten« von dem Plan gehört (Dok. 14). Am 16. März hat Scholem auf die Übersendung dieses Schreibens geantwortet und von »the curious wording of Adorno's letter« gesprochen. Er riet Arendt, die Einleitung selbst zu schreiben und Adorno nur dann zu fragen, wenn sie dies nicht wolle oder Manuskripte in anderer Form nicht zugänglich seien (Dok. 15). Arendt antwortet am 19. März: »Sie koennen mir schwerlich vor Adorno miesser machen als mir ohnehin ist« (Dok. 16). Nachdem sie in weiteren Briefen an Scholem die Befürchtung geäußert hatte, daß Schocken den Plan wieder fallen lassen wolle, teilte sie ihm am 26. Januar 1948 mit, daß »Schocken nun endgültig beschlossen« habe, »Benjamin *nicht* zu drucken« (Dok. 17).

Im weiteren Briefwechsel zwischen Arendt und Scholem ging es nicht mehr um die Benjamin-Ausgabe. Zwar teilte er ihr am 28. November 1960 noch mit, daß er einen »Briefband mit Walter Benjamins Briefen« vorbereite, doch verzögerte sich das Vorhaben, bis 1966 die zweibändige Ausgabe erschien. Im Vordergrund des Briefwechsels standen nun Fragen des Judentums.[59] Nachdem Arendt ihr Buch *Eichmann in Jerusalem* (1963, dt. 1964) veröffentlicht hatte, wurde die briefliche Diskussion allerdings so kontrovers, daß Scholem den Kontakt abbrach, nachdem der Briefwechsel 1963 in der *Neuen Zürcher Zeitung* gedruckt worden war.[60] Aus diesem

58 Die im folgenden erwähnten und in diesem Band nicht gedruckten Briefe finden sich in Scholems Sammlung: The Jewish National and University Library Jerusalem, Scholem Archive. Vgl. die Darstellung und Beschreibung der Sammlung von Klaus Garber, *Zum Bilde Benjamins. Studien, Porträts, Kritiken*. München 1992, S. 137-179.

59 Vgl. Scholem, *Briefe* (Anm. 52), Bd. II.

60 Vgl. ebd., S. 95-111. – Vgl. dazu neben den detaillierten Kommentaren der Herausgeberin Itta Shedletzky auch Stéphane Mosès, »Das Recht zu urteilen: Hannah

Grund gab es auch keinen Kontakt mit Arendt, als Scholem die Briefausgabe zusammen mit Adorno vorbereitete. Am 30. Dezember 1975 schreibt Scholem an Kurt H. Wolff über Arendt: »Ihr Buch über Eichmann hat leider jede menschliche Beziehung zu ihr zerstört und ich habe seit 1962 keinerlei Beziehungen zu ihr aufrecht erhalten können.«[61]

Scholems ablehnende Haltung verstärkte sich nach Erscheinen des *Merkur*-Essays. In einem Brief an Adorno vom 29. Februar 1968 kritisierte er bereits nach der Lektüre des ersten Teils, der im Januar/Februar-Heft erschienen war, »Originalitätssucht« und »Missverständnisse«, bescheinigte der Verfasserin aber »auch diskutable Behauptungen, über die man jedenfalls reden« könne.[62] Eindeutig negativ aber wurde sein Urteil nach Erscheinen des dritten Teils. Am 24. März 1968 schrieb er an Paeschke: »Es ist das totale Sich-Vergreifen im Ton, durch das saubere und vielleicht auch (oft genug) aufregende oder ergreifende Umstände zu Gemeinheiten umgeformt werden, welches seit dem Arendt'schen Eichmannbuch, in dem diese Methode der arroganten und forschen Frechheit ad nauseam geübt wurde, die mich von ihr entfernt hat.«[63] In Scholems Buch *Walter Benjamin – die Geschichte einer Freundschaft* (1975) ist von dieser Distanzierung zwar nichts zu spüren, doch wirkte die Verärgerung dauerhaft nach. Noch zwei Jahre vor seinem Tod heißt es in einem Brief an Leo Löwenthal vom 8. Oktober 1980, der zugleich Scholems persönliches Resümee der Benjamin-Kontroverse darstellt:

»Dass Hannah Arendt die unverschämten Lügen der Alternative [sic!] in ihrem Aufsatz über Benjamin im ›Merkur‹ nachgeschrieben hat, stimmt. Ich habe den Artikel. Was das mit mir zu tun hat, weiss ich nicht. Ich habe mit Hannah Arendt seit 1963 niemals mehr ein Wort gewechselt. Nur stimmt leider eines, nämlich, dass in der Tat in einem Briefe Horkheimers an Benjamin, der in meinem Buch über Walter Benjamin (S. 271) in einem Brief Benjamins an mich erwähnt und besprochen ist, Horkheimer ihn Anfang März 1939 auf

Arendt, Gershom Scholem und der Eichmann-Prozeß«. In: Gary Smith (Hg.), *Hannah Arendt Revisited: »Eichmann in Jerusalem« und die Folgen.* Frankfurt/M. 2000 (es 2135), S. 78-92.

61 Scholem, *Briefe* (Anm. 52), Bd. III, S. 124.

62 Ebd., Bd. II, S. 206 (Dok. 26).

63 Ebd., Bd. II, S. 210 (Dok. 28).

die Einstellung des Stipendiums, also dessen Verlust, vorbereitet hat. Die These von der Erpressung ist eine kommunistische Erfindung der Zeitschrift ›Alternative‹, und nichts weiter.«[64]

4. Ein Beitrag zur Ruhmbildung: die Übersetzung

In ihren späteren Publikationen hat Arendt weitgehend auf eine Auseinandersetzung mit Benjamins Arbeiten und Ideen verzichtet, und zwar selbst dort, wo dies nahegelegen hätte. Letztlich konnte sie mit Benjamins politischer Metaphysik und Ästhetik nichts anfangen, da im Mittelpunkt ihrer Arbeiten die Ethik und die politische Ideengeschichte standen, für die Benjamin weniger Interesse aufbrachte. So fehlt in Arendts Darstellung *Macht und Gewalt* (1970) jeder Hinweis auf Benjamin, obwohl sie sich hier mit Fragen und Texten beschäftigt, denen auch er zentrale Überlegungen gewidmet hatte: im ersten Teil geht es um den Begriff des Fortschritts, der im Mittelpunkt der Thesen »Über den Begriff der Geschichte« steht, und im zweiten Teil bezieht sich Arendt auf Georges Sorels Schrift *Über die Gewalt*, auf die Benjamin in seinem Aufsatz »Zur Kritik der Gewalt« (1921) eingeht.[65] In den Ausführungen, die Arendt dem Leben und Werk Franz Kafkas in ihrem letzten, unabgeschlossen gebliebenen Buch *Vom Leben des Geistes* (1979) gewidmet hat, wird Benjamins Kafka-Essay von 1934 nicht genannt, während sie Heideggers Nietzsche-Buch ausführlich zitiert.[66] Und auch in dem postum veröffentlichten *Denktagebuch* (2002) sind die Hinweise auf Benjamins Schriften eher beiläufig.[67] Selbst in den beiden Aufsätzen, die Arendt 1950 und 1966 Brechts Werk gewidmet hat, werden

64 Ebd., Bd. III, S. 211.

65 Vgl. Hannah Arendt, *Macht und Gewalt*. 3. Aufl., München 1998 [zuerst 1970]. Vgl. zum Fortschrittsbegriff bei Benjamin Detlev Schöttker, »Fortschritt als ewige Wiederkehr des Neuen. Benjamins Überlegungen zu Ursprung und Folgen des Kapitalismus«. In: Harald Hillgärtner/Thomas Küpper (Hg.), *Medien und Ästhetik. Festschrift für Burkhardt Lindner*. Bielefeld 2003, S. 103-118; vgl. zu Benjamins Auseinandersetzung mit Sorels Schrift Chryssoula Kambas, »Walter Benjamin liest Georges Sorel«. In: Michael Opitz/Erdmut Wizisla (Hg.), *»Aber ein Sturm weht vom Paradiese her«. Texte zu Walter Benjamin*. Leipzig 1992, S. 250-269.

66 Hannah Arendt, *Vom Leben des Geistes*. 2 Bde. München 1979; vgl. zu Kafka den ersten Band mit dem Untertitel »Das Denken«, S. 198 ff.

67 Vgl. Arendt, *Denktagebuch* (Anm. 38), S. 669, 704 und 773. Arendt kommt hier

Benjamins Beiträge nicht erwähnt, obwohl sie die Zusammenstellung kannte, die Rolf Tiedemann 1966 unter dem Titel *Versuche über Brecht* veröffentlicht hatte.[68]

Dagegen hat Arendts Ausgabe der *Illuminations* dazu beigetragen, daß Benjamins Arbeiten in den angelsächsischen Ländern bekanntgeworden sind.[69] Zu Beginn der »Introduction« hat sie Folgerungen aus der Benjamin-Kontroverse gezogen, die sie in einem Vortrag im New Yorker Goethe-Institut am 16. Januar 1968 nochmals erweiterte. Es handelt sich dabei um Überlegungen zu einer Theorie des Ruhms als Nachruhm (Dok. 31).[70] Benjamin selbst hatte entspre-

auf bekannte Überlegungen zurück (Fortschrittskritik, Traditionsbezug, metaphorisches Schreiben).

68 Walter Benjamin, *Versuche über Brecht.* Hg. und mit einem Nachwort versehen von Rolf Tiedemann. Frankfurt/M. 1966 (es 172) [Erw. Ausgabe seit der 5. Aufl. 1978]. – Hannah Arendt besaß den Band und hat ihn gelesen, wie Anstreichungen von ihrer Hand zeigen (Nachlaß-Bibliothek Arendt, Bard College, Annandale-on-Hudson/NY).

69 Das gilt auch für die zweite, vermutlich ebenfalls noch von Arendt vorbereitete Benjamin-Auswahl: Walter Benjamin, *Reflections. Essays, aphorisms, autobiographical writings.* Ed. and with an Introd. by Peter Demetz. New York 1978. – Nach Aussage von Young-Bruehl befaßte sich Arendt unmittelbar vor ihrem Tod mit dieser Ausgabe (*Hannah Arendt* [Anm. 45], S. 243). – Vgl. zur Rezeption Jeffrey Grossman, »The reception of Walter Benjamin in the Anglo-American literary institutions«. In: *German Quarterly* 65 (1992), S. 414-428.

70 Der Text der »Introduction« erschien 1968 zugleich als Aufsatz in der Zeitschrift *The New Yorker.* Im Vergleich mit der *Merkur*-Fassung ist hier vor allem das I. Kapitel stärker gekürzt. Arendt hat die Fassung der »Introduction« bzw. des *New Yorker* in ihren Band *Men in Dark Times* (1968) übernommen, der erst 1989 in deutscher Übersetzung unter dem Titel *Menschen in finsteren Zeiten* erschien. Die Vorbemerkungen zum Ruhm Benjamins sind in dieser Ausgabe von der Herausgeberin Ursula Ludz gesondert als »Einleitung« ausgewiesen worden, also anders als in der englischen Fassung vom I. Kapitel abgesetzt. Doch handelt es sich bei dieser »Einleitung« nicht um eine bloße Übersetzung der englischen »Introduction«. Ursula Ludz hat vielmehr auf eine weitere deutsche Vortragsfassung zurückgegriffen. Es handelt sich um das Manuskript des Vortrags im New Yorker Goethe-Institut mit dem Titel »Hinweis auf Walter Benjamin«, das im Nachlaß Arendts in der Library of Congress (Washington) vorhanden ist. Die deutsche Fassung des Benjamin-Aufsatzes in *Menschen in finsteren Zeiten* (1989) mit der »Einleitung« zum Ruhm hat Arendt jedoch nicht autorisiert, da sie 1975 starb. Wir drucken die »Einleitung« deshalb getrennt vom Text des Essays nach der Edition von Ursula Ludz (Dok. 31). Vgl. zu den Fassungen außerdem die Hinweise in Hannah Arendt, »Ich will verstehen. Selbstauskünfte zu Leben und Werk«. Hg. von Ursula Ludz. 3. Aufl. München 1998, S. 255-327, hier S. 307f. (Nr. 218-220).

chende Überlegungen in verschiedenen Schriften und Notizen entworfen. Dazu gehören der Essay »Die Aufgabe des Übersetzers« (1923), der Artikel »Der Weg zum Erfolg in dreizehn Thesen« (1928) und ein Fragment gebliebener Text mit der Überschrift »Gegen die Theorie des ›verkannten Genies‹«, der ebenfalls Ende der zwanziger Jahre geschrieben wurde.[71] Benjamin vertritt hier die Auffassung, daß »von der Nachwelt nichts zu erhoffen hat, wer nicht den Besten der Mitwelt genug tat« (GS VI, 196).

Arendt folgt dieser Auffassung, wenn sie schreibt, daß es »keine Art von Nachruhm« gäbe, »dem nicht die höchste Anerkennung vorausgegangen« sei. Zugleich erinnert sie daran, daß Benjamin »von den Besten der zeitgenössischen Autoren« geschätzt worden sei: »von Hofmannsthal und Brecht« sowie »von Adorno zum Beispiel und von Gershom Scholem, dem Jugendfreund«. Schließlich verallgemeinert sie Hofmannsthals Urteil, daß Benjamins Abhandlung über *Goethes Wahlverwandtschaften* (1923/24) »schlechthin unvergleichlich« sei und erklärt, daß »alles«, was Benjamin gemacht habe, unter diese Kategorie falle. Mit einem langen Zitat aus dem Wahlverwandtschaften-Essay versucht sie darüber hinaus ihre These zu illustrieren, daß Benjamin Philosophie und Dichtung zu einer Einheit verschmolzen habe. Daß er hier zugleich die Auffassung vertrat, durch »Kritik« und »Kommentar« würden »Dauer« und »Unsterblichkeit« der Werke gewährleistet, war sicher ein gesuchter Nebeneffekt des Zitats.

Ob Arendt wußte, daß Benjamin Bruchstücke zu einer Theorie des Ruhms formuliert hat, läßt sich nicht eindeutig sagen. Allerdings hatte sie sich in ihrem Buch *Vita activa oder Vom tätigen Leben* (1958) bereits mit dem Phänomen der Unsterblichkeit beschäftigt.[72] Und nicht zuletzt könnte sie über das Mallarmé-Zitat im Übersetzer-Essay, das Heidegger nachgewiesen hatte, wie er Arendt in seinem – oben zitierten – Brief vom 10. August 1967 mitteilte, auf Benjamins Überlegungen zum Ruhm gestoßen sein. Denn in diesem Essay geht es um das »Fortleben der Werke«, das gerade durch Übersetzungen deutlich werde. Benjamin schreibt: »Übersetzungen, die

71 Vgl. Detlev Schöttker, »Theorien literarischer Rezeption«. In: Heinz-Ludwig Arnold/Heinrich Detering (Hg.), *Grundzüge der Literaturwissenschaft.* 7. Aufl. München 2005, S. 537-554, hier S. 548-552.

72 Hannah Arendt, *Vita activa oder Vom tätigen Leben.* 3. Aufl. München, Zürich 2005, S. 28-32, 68-72 und 400-401.

mehr als bloße Vermittlungen sind, entstehen, wenn im Fortleben ein Werk das Zeitalter seines Ruhms erreicht hat« (GS IV, 11). Die Feststellung berührte damit Arendts Arbeit im Kern. Schon Hans Paeschke hat dies gespürt, als er Hannah Arendt den Erhalt und die Lektüre des Benjamin-Manuskripts am 27. Oktober 1967 mit den Worten bestätigte: »Liebe gnädige Frau, / es fällt mir schwer, nicht pathetisch zu werden. Aus 21 ›Merkur‹-Jahren wüßte ich nur ganz wenige Beispiele zu nennen, die sich dieser magistralen und Maßstäbe setzenden Deutung an die Seite stellen lassen [...] – und nicht eine einzige, die auf dem Felde deutscher Literatur Ähnliches leistete. Das ist die Heimholung eines großen Geistes unserer Sprache in unser Bewußtsein« (Dok. 24).

II.
Hannah Arendt
Walter Benjamin
(Essay, 1968/71)

I. Der Bucklige

> Will ich in mein' Keller gehn,
> Will mein Weinlein zapfen;
> Steht ein bucklicht Männlein da,
> Tät mir'n Krug wegschnappen.
>
> Will ich in mein Küchel gehn,
> Will mein Süpplein kochen;
> Steht ein bucklicht Männlein da,
> Hat mein Töpflein brochen.

Sehr früh, schon als Kind beim Lesen in einem Kinderbuch, hat Benjamin mit dem »Buckligen«, wie er ihn nannte, Bekanntschaft gemacht. Verse aus diesem vielleicht unheimlichsten Gedicht der an Unheimlichem so reichen Volksliedersammlung *Des Knaben Wunderhorn* hat er in den Schriften wie im Gespräch immer wieder zitiert; aber nur einmal – am Ende der *Berliner Kindheit um Neunzehnhundert,* als er den eigenen Tod antizipierend »jenes ›ganze Leben‹« in den Griff bekommen möchte, »von dem man sich erzählt, daß es vorm Blick der Sterbenden vorbeizieht« – hat er klar ausgesprochen, wer der »Bucklige« war, der ihn ein Leben lang bis in den Tod begleiten sollte und vor dem es ihm so früh schon gegraust hat. Die Mutter hätte es ihm verraten. »Ungeschickt läßt grüßen«, hatte sie wie Millionen anderer Mütter immer gesagt, wenn sich eine der unzähligen kleinen Katastrophen, welche die Kindheit durchziehen, ereignet hatte. Und das Kind weiß natürlich, was es mit diesem seltsamen Ungeschick auf sich hat und daß die Mutter vom »bucklichten Männlein« spricht, von dieser personifizierten Tücke des Objekts, die einem das Bein stellt, wenn man hinfällt, und die Gegenstände aus der Hand schlägt, wenn man etwas zerbricht. Aber erst der Erwachsene weiß, daß nicht er das Männlein – als sei er der Knabe, der auszog, das Gruseln zu lernen –, sondern das Männlein ihn »angesehen hatte« und daß das Ungeschick ein Mißgeschick war. Denn »wen dieses Männlein ansieht, gibt nicht acht. Nicht auf sich selbst und auf das Männlein auch nicht. Er steht verstört vor einem Scherbenhaufen.«

Benjamins Leben, das jetzt auf Grund der zweibändigen Briefausgabe in großen Zügen übersehbar ist, könnte man ohne Schwierigkeiten als eine Folge von solchen Scherbenhaufen erzählen, und es ist kaum eine Frage, daß er selbst es so gesehen hat. Gerade dadurch ist es trotz mancher Absonderlichkeit im Einzelnen ein so reines Zeugnis für die finsteren Zeiten und Länder des Jahrhunderts, wie das Werk, das mit so viel Verzweiflung diesem Leben abgezwungen wurde, paradigmatisch bleiben wird für die geistige Situation der Zeit. Gewiß, nicht zu Unrecht sagen die Glücklichen: »Wie sich Verdienst und Glück verketten, das fällt den Toren niemals ein«; nur vergessen sie hinzuzufügen, daß den Toren auch noch niemals eingefallen ist, daß sich Verdienst, Ungeschick und Mißgeschick so eng verketten können, als hätten sie einen dreistimmigen Wechselgesang angestimmt, dessen Refrain dann um des Verdienstes willen nicht anders lauten kann als die letzten beiden Zeilen des alten Liedes, mit denen Benjamin denn auch die Erinnerungen an die Kindheit beschließt:

»Liebes Kindlein, ach, ich bitt,
Bet fürs bucklicht Männlein mit.«

Niemand hat dies Zusammenspiel, den Ort, »wo Schwäche und Genie [...] nur noch eins sind«, besser gekannt als Benjamin, der ihn so meisterhaft in Proust diagnostizierte. Wer ihn gekannt hat, wird sich schwer des Eindrucks erwehren können, daß er von sich selbst sprach, als er mit so tiefem Einverständnis Jacques Rivière zitierend von Proust sagte, er sei »an derselben Unerfahrenheit gestorben, die ihm erlaubt hat, sein Werk zu schreiben. Er ist gestorben aus Weltfremdheit [...], weil er nicht wußte, wie man Feuer macht, wie man ein Fenster öffnet.« Auch Benjamin verstand sich auf nichts weniger als darauf, »Lebensbedingungen, die für ihn vernichtend geworden waren«, zu ändern, und sein Ungeschick leitete ihn mit einer nachtwandlerisch anmutenden Präzision jeweils an den Ort, an dem das Zentrum eines Mißgeschicks sich befand oder doch wenigstens befinden konnte. So beschloß er z. B. im Winter 1939/40 wegen der Bombengefahr sich aus Paris in Sicherheit zu bringen. Nun ist bekanntlich auf Paris nie eine Bombe gefallen; aber Meaux, der Ort, an den er sich begab, war ein Truppensammelplatz und wohl einer der sehr wenigen Plätze in Frankreich, die in jenen Monaten des »drôle de guerre« ernsthaft gefährdet waren.

Wie eng sich Verdienst und Begabung mit solchem Un- und Mißgeschick von vornherein verketteten, läßt sich vielleicht am besten an dem ersten reinen Glücksfall illustrieren, mit dem Benjamins öffentliche Laufbahn als Schriftsteller ihren Anfang nahm. Dies war die Veröffentlichung des Essays *Goethes Wahlverwandtschaften* in Hofmannsthals *Neuen Deutschen Beiträgen* im Jahre 1924/25, die durch die Vermittlung eines Freundes zustande kam. Diese Studie, ein Meisterwerk deutscher Prosa und innerhalb der deutschen Literaturkritik wie der einschlägigen Goetheliteratur bis heute von einzigartigem Rang, war bereits mehrere Male abgelehnt worden, und die begeisterte Anerkennung durch Hofmannsthal kam in einem Augenblick, da Benjamin schon fast daran verzweifelte, »sie an den Mann zu bringen«. Sie kam zudem im Jahre 1923, als die Inflation, welche das deutsche Bürgertum enteignete, ihren Höhepunkt erreicht hatte und Benjamin zum ersten Male mit dem finanziellen Elend sich konfrontiert sah, das dann für sein gesamtes weiteres Leben entscheidend bleiben sollte. »Manchmal denke ich«, schrieb er damals einem Freund, »die ›Nacht, da niemand wirken kann‹, ist schon eingebrochen.« Wäre es damals in Deutschland mit rechten Dingen zugegangen, so hätte ihn die Arbeit berühmt machen und ihm überall, in den Universitäten, den Zeitschriften und Verlagen, Tür und Tor öffnen müssen; und das Wenige, was er damals erreichte, die Publikation der *Einbahnstraße* und des *Ursprung des deutschen Trauerspiels* (von dem Hofmannsthal einen Teilabdruck gebracht hatte) im Rowohlt-Verlag, hat er auch indirekt diesem Glücksfall verdankt. Verdankt hat er der Veröffentlichung vor allem auch, daß er immerhin dem kleinen deutschen und deutsch-jüdischen Lesepublikum bekannt wurde, das, ohne an Cliquen gebunden zu sein, von Literatur wirklich etwas verstand und dem die *Neuen Deutschen Beiträge*, diese in der Tat »bei weitem exklusivste der hiesigen Zeitschriften«, etwas zu bieten hatten. Wie erschrekkend klein der Kreis war, kommt einem erneut zu Bewußtsein, wenn man jetzt erfährt, daß selbst Erwin Panofsky, dem Hofmannsthal ein Exemplar mit Benjamins Beitrag zugeschickt hatte, mit einem »kühlen, ressentimentgeladenen Antwortbrief« reagierte. Dennoch scheint mir dieser Ruf doch etwas mehr zu sein, etwas solider als »die esoterische Flüsterkampagne« der Freunde, von der Gerhard Scholem spricht (in der *Leo Baeck Memorial Lecture*, 1965, S. 5); solider auch als der von Benjamin selbst und seiner Neigung zur Geheimniskrämerei erzeugte Nimbus um seinen Namen.

Wesentlicher als all dies, vor allem charakteristischer für die seltsame Konfiguration von »Schicksal und Charakter« (über die er sich in einem sehr frühen Aufsatz ausgesprochen hatte) in diesem Leben ist das offenbar undurchschaute Mißgeschick, das diesem einzigen Glücksfall anhaftete und unter den damaligen Umständen unweigerlich anhaften mußte. Die einzige materielle Sicherheit, zu der dieser erste Durchbruch in die Öffentlichkeit hätte führen können, war die Habilitation, die Benjamin auch bereits anstrebte. Sie hätte ihm zwar unmittelbar auch kein Auskommen gesichert, aber sie hätte seinen Vater wohl dazu bewogen, ihn, wie dies damals üblich war, bis zur Erlangung der Professur zu unterstützen. (Daß er eine solche Professur mit all den damit verbundenen Verpflichtungen nicht wirklich wollte – »Vor fast allem, was mit dem glücklichen Ausgang gegeben wäre, graut mir«, »die altfränkische Postreise über die Stationen der hiesigen Universität ist nicht mein Weg« – steht auf einem anderen Blatt. Er hatte schon sehr unwillig sich zur Dissertation entschlossen, da er das Doktorat für einen Zweck hielt, »der fürwahr die Mittel *nicht* heiligt«.) Es ist im Nachhinein schwer zu verstehen, wie er und seine Freunde je daran haben zweifeln können, daß eine Habilitation bei einem »normalen« Universitätsprofessor nur mit einer Katastrophe enden konnte. Wenn die zuständigen Herren später erklärten, sie hätten von der eingereichten Arbeit über das deutsche Trauerspiel im Barock nicht ein Wort verstanden, so darf man ihnen das getrost glauben. Wie hätten sie denn einen Autor verstehen können, dessen größter Stolz es war, daß das »Geschriebene fast ganz aus Zitaten besteht« – »die tollste Mosaiktechnik, die man sich denken kann« –, und der das größte Gewicht auf die der Arbeit vorangestellten sechs Mottos legte, »wie sie kostbarer und rarer [...] keiner versammeln könnte«. Es war, als ob ein wirklicher Meister einen einzigartigen Gegenstand angefertigt hätte, um ihn dann im nächsten Einheitspreisgeschäft zum Verkauf anzubieten. Da brauchten nun wahrlich weder Antisemitismus noch schlechter Wille gegenüber dem Zugereisten – Benjamin hatte in der Schweiz während des Krieges promoviert und war keines Mannes Schüler – noch schließlich das übliche akademische Mißtrauen gegen alles, was nicht garantiert mittelmäßig ist, im Spiele gewesen zu sein; wenn ich nicht irre, ist die Arbeit bis auf den heutigen Tag in keiner deutschen Fachzeitschrift besprochen worden. Auch die Empfehlung Hofmannsthals, dem die Wiener Universität ebenfalls einen

Universitätsgrad verweigert hatte, dürfte auf diese Herren keinen großen Eindruck gemacht haben; gerade mit ihrer Bildung, auf die man sich natürlich viel einbildete, war es nun schon seit langem nicht sehr weit her.

Nun gab es aber, und hier kommt das Un- und Mißgeschick ins Spiel, im damaligen Deutschland eine andere Möglichkeit, und um diese einzige Chance für eine Universitätskarriere hat sich Benjamin gerade durch den Wahlverwandtschaftsaufsatz gebracht. Dieser nämlich ist, wie das oft bei ihm der Fall war, von einer Polemik inspiriert, deren Objekt das Goethe-Buch von Gundolf war. Benjamins Kritik war endgültig, und sie wäre vernichtend gewesen, wenn in der »abscheulichen Öde dieses offiziellen und inoffiziellen Betriebs« sich überhaupt noch etwas hätte zur Geltung bringen können. Dennoch hätte gerade er bei Gundolf und anderen Mitgliedern des George-Kreises, dessen Vorstellungswelt ihm zudem aus seiner Jugend sehr vertraut war, auf mehr Verständnis rechnen können als bei den »Offiziellen«; und um sich bei einem von ihnen, die damals gerade anfingen, sich in der akademischen Welt halbwegs häuslich einzurichten, zu habilitieren, hätte er wohl auch nicht zum Kreise zu gehören brauchen. Er hätte nur nicht den prominentesten und damals auch fähigsten Vertreter Georges an den Universitäten so fulminant angreifen dürfen, daß ein jeder wissen mußte: Benjamin hatte – wie er später rückblickend erklärte – von eh und je »mit dem was die akademische Richtung geleistet hat, [...] genau so wenig zu schaffen wie mit den Monumenten, die ein Gundolf oder Bertram aufgerichtet haben«. Ja, so war es. Und sein Ungeschick oder Mißgeschick war es, dies *vor* der Habilitation aller Welt bekanntgegeben zu haben.

Dabei kann man durchaus nicht sagen, daß er es bewußt an der gebührenden Vorsicht habe fehlen lassen. Im Gegenteil. Er wußte, »Ungeschickt läßt grüßen«, und ergriff mehr Vorsichtsmaßnahmen als irgendein anderer Mensch, den ich kenne, war auch durchaus zum Nachgeben selbst in für ihn sehr wichtigen Fragen immer bereit. (Dafür geben die Briefe zahlreiche Anhaltspunkte: von dem Verhalten zu seiner Familie bis zu den letzten, für ihn tödlich ernsten Konflikten mit dem Institut für Sozialforschung, von dem sein Lebensunterhalt in dauernder Ungewißheit abhing. Wenn er im April 1939 schreibt, er lebe »in Erwartung einer über mich hereinbrechenden Unglücksbotschaft«, so meinte er damit nicht den kommenden Krieg, sondern die Nachricht, das Institut würde ihm die monatliche Rente nicht mehr zahlen. Ernst Bloch ist sehr zu recht bei der Nachricht von Benjamins Selbstmord ein Satz von ihm eingefallen: »Über einen Toten erst recht hat niemand Gewalt!«) Aber sein System von Vorsichtsmaßnahmen, zu dem auch die von Scholem erwähnte »chinesische Höflichkeit« gehörte, ging auf eine merkwürdige und geheimnisvolle Weise an den wirklichen Gefahren immer vorbei. Denn so wie er aus dem sicheren Paris zu Beginn des Krieges nach vorne in das gefährdete Meaux, gleichsam an die Front, flüchtete, so machte er sich bei dem Wahlverwandtschaftsaufsatz die völlig überflüssige Sorge, Hofmannsthal könnte ihm eine sehr vorsichtige kritische Bemerkung über Rudolf Borchardt, einen Hauptmitarbeiter der Zeitschrift, verübeln, versprach sich aber nur Gutes davon, für den »Angriff auf die Ideologie der Schule von George [...] diesen einzigen Ort« gefunden zu haben, an dem »es ihr schwer fallen sollte, die Invektive zu ignorieren«.

Es fiel ihr gar nicht schwer. Denn wenn es je einen ganz und gar Vereinzelten gegeben hat, so war es Benjamin. Daran konnte auch die Autorität Hofmannsthals, des »neuen Patrons«, wie er ihn im ersten Glücksrausch nannte, nichts ändern. Sie fiel kaum ins Gewicht, wenn man sich mit einem »Kreis«, also mit einer Machtgruppe, angelegt hatte, in der wie bei allen solchen Gebilden nichts als die weltanschauliche Bindung den Ausschlag gibt, da ja nur das Ideologische, nicht aber Rang und Qualität, eine Gruppe zusammenhalten kann. Das Einmaleins der Literaturpolitik war den George-Jüngern bei aller Vornehmtuerei gegenüber der Tagespolitik ebenso vertraut wie den Professoren das Einmaleins der Universitätspolitik und den Literaten und Journalisten das Abc des »Eine Hand wäscht die andere«.

Benjamin aber wußte gar nicht Bescheid. Er hat sich in diesen Dingen nie ausgekannt, hat sich unter diesen Menschen nie bewegen können, auch nicht, als »die Widrigkeiten des äußern Lebens, die manchmal wie Wölfe von allen Seiten kommen«, ihm bereits einige Einsicht in den sogenannten Lauf der Welt vermittelt hatten. Sein Engagement für den Marxismus, das ihn Mitte der zwanziger Jahre um ein Haar in die kommunistische Partei geführt hätte, hatte zweifellos einiges mit dieser Einsicht zu tun; und noch zweifelloser ist, daß die wenigen Erfolge, »die Siege im Kleinen«, denen »die Niederlagen im Großen« immer entsprachen, diesem Engagement geschuldet waren. Gewiß, da war kaum etwas, was ihn zu der Hoffnung auf die »Stellung als einziger echter Kritiker der deutschen Literatur« (wie Scholem in einem der wenigen veröffentlichten und sehr schönen Briefe an den Freund meinte)[1] berechtigen konnte; aber es brachte ihm immerhin die Mitarbeit an der *Frankfurter Zeitung*, deren Feuilleton damals links gestimmt war, und an der *Literarischen Welt* ein, vor allem natürlich die Freundschaft mit Brecht und die Bindung an das Institut für Sozialforschung, die materiell schließlich ausschlaggebend wurde. Aber auch hier, wo er so viel geistig und menschlich investiert hatte, stellte es sich schnell heraus, daß er es keinem recht machen konnte. Nicht, daß irgend etwas passierte, wenn er offen gegen den Stachel löckte und bewußt aus der Clique heraussprang wie im Fall der entschiedenen Stellungnahme für Max Kommerell, den früh verstorbenen, aus dem Georgekreis stammenden »Widersacher«, der im deutschen Sprachraum bis heute der einzige geblieben ist, dessen »Genauigkeit und Kühnheit des Blicks« man Benjamin an die Seite stellen könnte.[2] Dieser Seitensprung hat ihm nichts geschadet, und die beiden Besprechungen von Kommerells Büchern sind in die erste posthume Ausgabe von Benjamins Schriften, in denen sowohl der große Essay über den Surrealismus wie die erste Baudelaire-Arbeit fehlten, aufgenommen

1 [Die Anmerkungen werden unverändert wiedergegeben. Dies gilt auch für die Zitierweise, die von derjenigen der anderen Texte dieses Bandes abweicht. In eckigen Klammern hinzugefügt werden Hinweise auf hier zitierte Ausgaben, DS/EW.] Es scheint, daß der Briefwechsel zwischen Benjamin und Scholem vollständig erhalten ist. Scholem besitzt natürlich Benjamins Briefe, und Scholems Briefe sollen sich im Archiv in Potsdam befinden. Eine vollständige und gesonderte Veröffentlichung dieser über mehr als drei Jahrzehnte kontinuierlich geführten Korrespondenz wäre sehr zu begrüßen, da sie, nach den veröffentlichten Briefen zu urteilen, wohl zu den in der Literatur sehr seltenen Dokumenten einer wirklichen Männerfreundschaft gehört. [Vgl. Benjamin/Scholem *Briefwechsel 1933-1940*, Suhrkamp 1980].

2 Die Unbestechlichkeit von Benjamins Urteil, die letztlich unantastbare Unabhängigkeit seiner Person sind vielfach zu belegen. Nirgends erweisen sie sich überzeugender und großzügiger als in der Empfehlung eines Autors, von dessen gewissermaßen edelfaschistischer Gesinnung er sich nicht nur »entscheidend geschieden sieht«, sondern der ihm auch in dem oft bombastischen Stil der frühen Werke, die er allein kannte, sehr gegen den Geschmack gegangen sein muß. Dem Freund in den Rücken zu fallen (»Wer nie am Bruder den Fleck für den Dolchstoß ermaß / Wie arm ist sein Leben und wie dünn das Gedachte«, wie George meinte), entsprach durchaus der Stimmung der Zeit; aber den Widersacher zu ehren, das war gerade in Deutschland, wo es eine Solidarität der Geistigen, wie sie etwa die Ecole Normale in Frankreich heranbildet, nie gegeben hat, so gut wie unbekannt.

worden. Aber wenn er etwas recht machen wollte, um irgendwo, irgendwie Boden unter die Füße zu bekommen, so ging es sicher schief.

Eine größere Arbeit »über Goethe vom Standpunkt der marxistischen Doktrin« ist weder zu Lebzeiten (in der Großen Russischen Enzyklopädie, für die sie bestimmt war) gedruckt noch in der Ausgabe der *Schriften* aufgenommen worden. Klaus Mann, der für *Die Sammlung* eine Anzeige von Brechts *Dreigroschenroman* bestellt hatte, schickte das Manuskript zurück, weil Benjamin dafür 250 französische Francs verlangt hatte und er nur 150 zahlen wollte. Die Kommentare zu den Gedichten von Brecht sind zu Lebzeiten nie erschienen. Und mit dem Institut für Sozialforschung kam es zu den größten Schwierigkeiten, weil man dort der Meinung war, daß er »undialektisch« denke. Woraufhin er den ersten Baudelaire-Essay – »Das Paris des Second Empire bei Baudelaire«, der dann das Schicksal so vieler Benjaminscher Arbeiten teilte, nicht veröffentlicht zu werden – erst einmal so schrieb, wie er sich eine dialektisch-materialistische Arbeit vorstellte, indem er nämlich, wie Adorno kritisch bemerkte, »einzelne sinnfällige Züge aus dem Bereich des Überbaus ›materialistisch‹« so wendete, daß man »sie zu entsprechenden Zügen des Unterbaus unvermittelt und wohl gar kausal in Beziehung setzt«. Dies trug ihm von Adorno nicht nur den Vorwurf ein, daß es seiner »Dialektik an [...] der Vermittlung« gebräche, sondern auch, daß er sich seine »kühnsten und fruchtbarsten Gedanken unter einer Art Vorzensur nach materialistischen Kategorien (die keineswegs mit den marxistischen koinzidieren) verboten« habe. Dies nun lief genau auf das hinaus, was Scholem seit Jahren sehr viel allgemeiner und aus der unvergleichlichen Nähe der Freundschaft gegen Benjamin vorgebracht hatte: daß er nämlich einem »selten intensiven Selbstbetrug« zum Opfer falle, wenn er meine, auf dialektisch-materialistische Weise seine Einsichten zu gewinnen; vielmehr seien diese entweder »vollständig unabhängig davon (bestenfalls), oder (schlechtestenfalls ...) durch ein Spielen mit den Zweideutigkeiten und Interferenzerscheinungen dieser Methode« entstanden. Nur daß Scholem Benjamin zurück zur Metaphysik und zum Judentum, Adorno dagegen in die wahre Dialektik des Marxismus zu geleiten wünschte. Und was den Baudelaire-Text anlangt, den Benjamin in »einer Anspannung, der ich nicht leicht eine frühere literarische bei mir vergleichen könnte«, verfaßt und der in ihm ein »Gefühl des Triumphes« hinterlassen hatte, so waren sich die beiden an den entgegengesetzten Polen seiner Existenz stehenden Freunde – der eine Marxist, der andere Zionist – auch einig, und dies leider in einem für Benjamin weder materialistisch noch idealistisch, wohl aber materiell und finanziell katastrophal entscheidenden Augenblick. Sie waren der Meinung, daß Benjamin auf eine ihnen unbegreifliche Weise aufgehört habe, tief zu denken; denn hierauf laufen die natürlich sehr viel komplizierter formulierten Vorwürfe eigentlich hinaus. Dies Abgleiten war nach Scholem dem Marxismus, nach Adorno dem Vulgärmarxismus geschuldet; veranlaßt aber war es, und auch hierin waren die beiden sich auf eine bedrückende Weise einig, von dem schlechten Einfluß, den die Freundschaft mit Brecht auf ihn habe.[3]

Das war ein Mißverständnis in mancherlei Hinsicht. Aber daß der Name Brechts in diesem Zusammenhang überhaupt auftaucht, bzw. die einfache Tatsache zur Sprache kommt, daß Brecht für Benjamin in dem letzten Jahrzehnt seines Lebens, vor allem in der Pariser Emigration, der wichtigste Mensch war, berührt in der Tat das Wesentliche dieses Konflikts. Wie immer die Freunde Brecht einschätzen mochten, er war ein Dichter und kein Philosoph; und wenn Benjamin schrieb, daß »das Einverständnis mit der Produktion von Brecht einen der wichtigsten und bewehrtesten Punkte meiner gesamten Position darstellt«, so wies er deutlich darauf hin,

3 Dies haben beide bestätigt, Scholem in der *Leo Baeck Memorial Lecture* (1965), in der er erklärte: »I am inclined to consider Brecht's influence on Benjamin's output in the thirties baleful, and in some respects disastrous«; und Adorno in einer Äußerung an seinen Schüler Rolf Tiedemann, derzufolge Benjamin ihm zugestanden habe, er hätte »den Kunstwerk-Aufsatz [geschrieben], um Brecht, vor dem er sich fürchtete, an Radikalismus zu überbieten.« (Zitiert bei Tiedemann, *Studien zur Philosophie Walter Benjamins.* Europäische Verlagsanstalt, Frankfurt 1965, S. 89.) Daß Benjamin gesagt hat, er fürchte sich vor Brecht, ist unwahrscheinlich, wohl auch von Adorno nicht behauptet; was aber die übrige Bemerkung angeht, so ist leider nur zu wahrscheinlich, daß Benjamin sie gemacht hat, weil er sich vor Adornos Kritik fürchtete. Denn er hatte zwar eine große Scheu im Umgang mit Menschen, die er nicht seit seiner Jugend kannte, aber gefürchtet hat er sich immer nur vor solchen, von denen er abhängig war. Eine solche Abhängigkeit von Brecht hätte sich nur ergeben, wenn er dessen Anregung, aus Paris nach dem erheblich billigeren Dänemark in seine unmittelbare Nähe überzusiedeln, gefolgt wäre. Gegen ein solches ausschließliches »Angewiesensein auf einen Menschen« im fremden Land mit einer »ganz unbekannten Sprache« hatte er dann in der Tat schwere Bedenken (s. *Briefe*, Bd. II, S. 596, 599 [vgl. GB IV, 324, 346].

daß ihm an jener Philosophie oder Metaphysik oder auch Theologie, welche die Freunde von ihm verlangten und an deren Maßstab sie seine Produktion maßen und verwarfen, nicht sehr viel gelegen war.[4] Und auch was jene Tiefe anlangt, die damals in Deutschland zum guten Ton gehörte und oft mit Geheimniskrämerei eine verzweifelte Ähnlichkeit hatte, dürfte er wohl mit Brecht einverstanden gewesen sein, als er ihm riet, diesen »Unfug [...] beiseite [zu] lassen. Mit der Tiefe kommt man nicht vorwärts. Die Tiefe ist eine Dimension für sich, eben Tiefe – worin dann gar nichts zum Vorschein kommt.«[5]

Das Mißverständnis reicht aber tiefer. Sieht man sich in Benjamins Schriften aus der vormarxistischen Periode um, so fällt bald auf, daß dem sogenannten Einfluß Brechts ein anderer, vermutlich entscheidenderer vorangegangen war: der Einfluß Goethes nämlich, also auch eines Dichters, in dessen Denken die Vorstellung vom »Urphänomen« bekanntlich im Zentrum steht. Das Urphänomen aber ist keine Idee, aus der sich eine philosophische oder theologische Theorie entwickeln ließe. Es ist vielmehr ein konkret und »materiell« Auffindbares, in dem Bedeutung (dies goetheschste aller Worte kehrt bei Benjamin immer wieder) und Aussehen oder Erscheinung, Wort und Ding, Idee und Erfahrung zusammenfallen. Einem solchen Urphänomen war er in dem unvollendet gebliebenen Hauptwerk über das neunzehnte Jahrhundert, in dem er eigentlich zuhause war, auf der Spur. Es ging ihm um das Urphänomen der Geschichte, und wenn er von der »Urgeschichte des neunzehnten Jahrhunderts« spricht, so meint er damit eine Darstellung, in der dieses Jahrhundert als »originäre Form der Urgeschichte« überhaupt sich erweisen, aus ihm »das urgeschichtliche Moment im Vergangenen« herauspräpariert werden sollte. Dies wiederum schien ihm möglich, weil der Zusammenbruch der Tradition die »urgeschichtlichen Momente« in aller Geschichte freigelegt hatte, da sie nun nicht mehr durch Bindung an »Kirche und Familie verdeckt [waren]. Der alte prähistorische Schauer umwittert schon die Umwelt unserer Eltern, weil wir durch Tradition nicht mehr an sie gebunden sind«.[6] *Die Philosophie*

4 Sollte die Strophe in Scholems Kafka-Gedicht: »Schier vollendet bis zum Dache / ist der große Weltbetrug. / Gib denn, Gott, daß der erwache, / den dein Nichts durchschlug«, nicht an Benjamin gerichtet sein? (s. *Briefe*, Bd. II, S. 611 [GB IV, 463]).

5 In Benjamins *Versuche über Brecht*, Suhrkamp 1966, S. 122.

6 Zitiert bei Tiedemann (S. 123) aus dem Passagen-Manuskript.

Walter Benjamins – damit erweist man ihm keine Ehre; er hat, obwohl er Philosophie studiert hatte, von ihr genau so gering gedacht wie Goethe. Unter den vier angefangenen und nie vollendeten Büchern, die er kurz vor der Hitlerkatastrophe aufzählt und schon damals als »die eigentliche Trümmer- oder Katastrophenstätte« bezeichnet, »von der ich keine Grenze absehen kann« – den *Pariser Passagen,* den *Gesammelten Essays zur Literatur,* den *Briefen* und einem Buch *Über das Haschisch* –, ist nicht eines, das in irgendeinem Sinne philosophisch oder theoretisch zu nennen wäre.[7]

Benjamin dürfte wohl der seltsamste Marxist gewesen sein, den diese an Seltsamkeiten nicht arme Bewegung hervorgebracht hat. Was ihn theoretisch daran faszinieren mußte, war die von Marx ja nur flüchtig skizzierte Lehre vom Überbau, die dann eine ganz unverhältnismäßig große Rolle in der Bewegung gespielt hat, weil eine so unverhältnismäßig große Zahl von Intellektuellen, also Leute, die nur am Überbau interessiert waren, sich ihr anschlossen. Wollte man die Sache ernsthaft diskutieren, so müßte man einerseits auf Hegel zurückgehen, andererseits die geschichtlichen Zusammenhänge aufweisen, die bei Marx offensichtlich Modell gestanden haben. Dies ist hier ganz überflüssig; denn für Benjamin, der diese Lehre nur als heuristisch-methodische Anregung benutzte, blieben die historischen wie die sachlich-philosophischen Hintergründe ohne Belang. Was ihn an der Sache faszinierte, war, grob gesprochen, daß das Geistige und seine materielle Erscheinung sich miteinander verschwisterten – und zwar so innig, daß es erlaubt schien, überall Entsprechungen, »correspondances«, zu entdecken, die sich gegenseitig erhellten und illuminierten, wenn man sie nur richtig einander zuordnete, so daß sie schließlich keines deutend-erklärenden Kommentars mehr bedurften. Es ging ihm um das Zusammengehören von einer Straßenszene, einer Börsenspekulation, einem Gedicht,

7 Der einzig streng philosophische Text von Bedeutung – nach den Jugendversuchen – sind die erkenntniskritischen Seiten in der Vorrede zum *Ursprung des deutschen Trauerspiels.* Er spricht dann später, im Jahre 1930, von der Notwendigkeit einer ähnlichen Vorrede für die Passagen-Arbeit, um sie geschichtsphilosophisch abzusichern, und von dem Vorsatz, sich ernstlich mit Marx und Hegel zu beschäftigen. In den Briefen und den veröffentlichten Schriften findet sich keine Spur einer solchen Beschäftigung, es sei denn, man wollte einer flüchtigen Notiz aus dem Jahre 1938, Brecht habe ihn bei der Lektüre des »Kapitals« angetroffen, ernstliche Bedeutung zumessen (*Versuche über Brecht,* S. 132).

einem Gedanken, um den verborgenen Duktus, der sie zusammenhält und an dem der Historiker oder der Philologe erkennt, daß sie alle dem gleichen Zeitraum zuzurechnen sind. Was Adorno kritisch beanstandete, die »staunende Darstellung der Faktizität« – das war es in der Tat, und Benjamin hatte ganz recht, dies als »echt philologische Haltung« zu verteidigen. Echt philologisch, wenn auch natürlich stark vom Surrealismus beeinflußt, war auch der »Versuch, das Bild der Geschichte in den unscheinbarsten Fixierungen des Daseins, seinen Abfällen gleichsam festzuhalten«. Benjamin hatte eine Passion für kleine und kleinste Dinge – Scholem berichtet in der *Leo Baeck Memorial Lecture* (S. 9) von dem Ehrgeiz, hundert Zeilen auf eine normale Notizbuchseite hinzukriegen, und der Bewunderung für die beiden Weizenkörner in der jüdischen Abteilung des Museé Cluny, »on which a kindred soul had inscribed the complete Shema Israel« –, und für ihn stand die Größe eines Gegenstandes in umgekehrtem Verhältnis zu seiner Bedeutung. Aber auch diese Passion ist mehr als eine Schrulle; sie ist der Vorstellung von einem »Urphänomen« nahe verwandt. Hinter beiden steht keine »Idee«, sondern das durch die Reflexion gegangene Staunen vor der Faktizität des Samenkornes, diesem Winzigsten, aus dem alles entsteht und mit dessen konzentriertester »Bedeutung« nichts es aufnehmen kann, was aus ihm sich entwickelt.

In der »Erkenntniskritischen Vorrede« zum *Ursprung des deutschen Trauerspiels* spricht Benjamin von dem »Ursprungsphänomen« als einer konkret aufweisbaren »Gestalt, unter welcher immer wieder eine Idee mit der geschichtlichen Welt sich auseinandersetzt, bis sie in der Totalität ihrer Geschichte vollendet daliegt«. Gegenstände, die solch ein »Ursprungssiegel« an sich tragen, sind »echt«, und dieses »Echte – jenes Ursprungssiegel in den Phänomenen – ist Gegenstand der Entdeckung, einer Entdeckung, die in einzigartiger Weise sich mit dem Wiedererkennen verbindet. Im Singulärsten und Verschrobensten der Phänomene [...] vermag Entdeckung es zutage zu fördern.« Die »Wissenschaft vom Ursprung« hat die Aufgabe, »aus den entlegenen Extremen, den scheinbaren Exzessen der Entwicklung, die Konfiguration der Idee« als einer »Totalität« heraustreten zu lassen. Daß dieser Begriff der Echtheit aus den Erfahrungen der Kunstwissenschaft und der Philologie gewonnen ist, scheint mir offensichtlich, wenn auch Benjamin selbst damals noch die »Wissenschaft vom Ursprung« eine »philosophische Geschichte« nennt; denn die Vorstellung, daß »Wesenszusammenhänge bleiben was sie sind, auch wenn sie sich in der Welt der Fakten rein nicht ausprägen«, gilt Benjamin, der sich gegen das Hegelsche ›Desto schlimmer für die Tatsachen‹ wendet, als der eigentliche Sündenfall aller Philosophie, nicht nur des deutschen Idealismus, der das »Kernstück der Ursprungsidee preisgegeben hat«. Mit anderen Worten, was Benjamin von Anfang an zutiefst faszinierte, war nie ein Gedanke, immer eine Erscheinung. »An allem, was mit Grund schön genannt wird, wirkt paradox, daß es erscheint«, schrieb er in der *Einbahnstraße,* und dies Paradox, oder einfacher: das Wunder der Erscheinung, steht immer im Zentrum aller seiner Bemühungen.

Es war also nicht der Marxismus, der Benjamin von der Philosophie abbrachte. Er hat die Positionen, die er mit dem Wahlverwandtschaftsaufsatz und in der Vorrede zu der Arbeit über das Trauerspiel bezogen hatte, im Grunde niemals aufgegeben. So schreibt er etwa noch im Jahre 1938, daß die Komposition der Baudelaire-Arbeit »in der Wahlverwandtschaft ihr Vorbild haben wird«. Wie wenig seine späteren Arbeiten mit Marxismus oder dialektischem Materialismus zu tun haben, dürfte schon daraus erhellen, daß der Flaneur ihre zentrale Figur wurde. Es ist der Flaneur, der in den Großstädten durch die Menge in betontem Gegensatz zu ihrem hastigen, zielstrebigen Treiben ziellos dahinschlendert, dem die Dinge sich in ihrer geheimen Bedeutung enthüllen, an dem »das wahre Bild der Vergangenheit vorbeihuscht« und der in der Erinnerung das Vorbeigehuschte um sich versammelt. Adorno hat im Vorwort zu den *Schriften* mit großer Treffsicherheit auf das statische Element in Benjamin hingewiesen: »Man versteht Benjamin nur dann richtig, wenn man den Umschlag äußerster Bewegtheit in ein Statisches, ja die statische Vorstellung von der Bewegung selber, hinter jedem seiner Sätze spürt.« Nichts natürlich könnte »undialektischer« sein als diese Haltung, für die in dem einzig großartigen Bild der neunten seiner »geschichtsphilosophischen Thesen« »der Engel der Geschichte« nicht nach vorn in die Zukunft gewendet dialektisch fortschreitet, sondern »das Antlitz der Vergangenheit zugewendet« hat. »Wo eine Kette von Begebenheiten vor *uns* erscheint, da sieht *er* eine einzige Katastrophe, die unablässig Trümmer auf Trümmer häuft und sie ihm vor die Füße schleudert. Er möchte wohl verweilen, die Toten wecken und das Zerschlagene zusammenfügen.« (Womit dann wohl das Ende der Geschichte gekommen wäre.) »Aber ein Sturm weht vom Paradiese her« und »treibt ihn unaufhaltsam in die Zukunft, der er den Rücken kehrt, während der Trümmerhaufen vor ihm zum Himmel wächst. Das was wir den Fortschritt nennen, ist *dieser* Sturm.« In diesem Engel, den Benjamin in Klees *Angelus Novus* erblickte, erlebt der Flaneur seine letzte Verklärung. Denn wie der Flaneur durch den Gestus des zwecklosen Schlenderns der Menge auch dann den Rücken weist, wenn er von ihr getrieben und mit ihr fortgerissen wird, so wird der »Engel der Geschichte«, der nichts betrachtet als das Trümmerfeld der Vergangenheit, vom Sturm des Fortschritts rücklings in die Zukunft geweht. Daß sich solchen Augen ein einstimmiger, dialektisch einsichtiger, vernünftig deutbarer Prozeß darbieten könnte, davon kann wohl keine Rede sein.

Die Freundschaft Benjamin-Brecht ist einzigartig, weil in ihr der größte lebende deutsche Dichter mit dem bedeutendsten Kritiker der Zeit zusammentraf. (Es spricht für beide, daß sie dies wußten – Brecht soll auf die Nachricht von Benjamins Tod gesagt haben, dies sei der erste wirkliche Verlust, den Hitler der deutschen Literatur zugefügt habe –, und es ist seltsam und traurig, daß die Einzigartigkeit dieser Begegnung den alten Freunden niemals, auch als beide, Brecht und Benjamin, längst tot waren, eingeleuchtet hat.) Darüber hinaus aber dürfte es für Benjamin entscheidend wichtig gewesen sein, in Brecht auf der Linken einen Mann gefunden zu haben, der trotz allem Gerede genau so wenig »dialektisch« dachte wie er selbst, dessen Intelligenz aber dafür ganz ungewöhnlich realitätsnahe war, so daß jede »Idee« sofort die allerkonkreteste und präziseste Gestalt annahm. Was Adorno so sehr an Benjamins späteren Arbeiten mißfiel: daß »pragmatische Inhalte [...] unmittelbar auf benachbarte Züge der Sozialgeschichte« bezogen werden, und daß an die Stelle »der verpflichtenden Aussage die metaphorische« zu stehen kommt, weist in der Tat zwar nicht auf Brechts »Einfluß«, wohl aber auf das hin, was diese beiden so völlig verschieden gearteten Männer gemein gehabt haben mögen. Beiden kam es immer auf das unmittelbar, real nachweisbare Konkrete, auf ein Einzelnes an, das seine »Bedeutung« sinnfällig in sich trägt; und dieser höchst realistischen Denkungsart dürfte die Überbau-Unterbau-Relation im präzisen Sinn eine »metaphorische« gewesen sein.

Wenn man z. B. – und dies wäre durchaus im Sinne Benjaminschen Denkens – den abstrakten Begriff der Vernunft auf seinen Ursprung aus dem Verb ›vernehmen‹ zurückführt, so kann man meinen, einem Wort aus der Sphäre des Überbaus einen *sinnlichen* Unterbau zurückgegeben zu haben; man hat auf jeden Fall einen Begriff in eine Metapher verwandelt. Dabei muß man natürlich die Metapher in ihrem ursprünglichen, nicht-allegorischen Sinne von *metapherin,* ›herübertragen‹, verstehen. Denn die Metapher stellt einen Zusammenhang, eine Entsprechung her, die unmittelbar sinnlich einleuchtet und keiner Deutung bedarf, während die Allegorie ja stets von einer »abstrakten« Vorstellung ausgeht, um dann gleichsam beliebig Sinnfälliges zu erfinden, das erst gedeutet werden muß, um sinnvoll zu sein; wobei die Deutung dem Rätselraten auch dann fatal ähnelt, wenn die Lösung so nahe liegt wie in der allegorische Darstellung des Todes durch den Knochenmann. Seit Homer ist die Metapher das eigentlich Erkenntnis vermittelnde Element des Dichterischen. Mit ihrer Hilfe wird in den Homerischen Epen das sinnlich Entfernteste in die genaueste Entsprechung gebracht – etwa der Aufruhr der Furcht in der Brust der Achaier mit dem Aufruhr der Winde, wenn »Nord und West beide [...] jählings nahn mit Gewalt« *(Ilias* IX, 4-8), oder das Nahen des Heeres zur Schlacht mit der Meeresflut, die, vom Winde getrieben, »fern auf der See zuerst sich erhebt« *(Ilias* IV, 422-428), um dann tosend und schäumend sich an den Klippen des Ufers zu brechen –, und durch diese Entsprechungen wird dichterisch die Einheit der Welt gestiftet. Was an Benjamin so schwer zu verstehen war, ist, daß er, ohne ein Dichter zu sein, *dichterisch dachte,* und daß die Metapher daher für ihn das größte und geheimnisvollste Geschenk der Sprache sein mußte, weil sie in der »Übertragung« es möglich macht, das Unsichtbare zu versinnlichen – »Eine feste Burg ist unser Gott« – und so erfahrbar zu machen. Er konnte ohne Schwierigkeit die Überbautheorie als die endgültige Lehre metaphorischen Denkens begreifen, und zwar gerade weil er ohne viel Umstände und unter Verzicht auf alle Vermittlungen den Überbau direkt auf den sogenannten »materiellen«, d.h. für ihn *sinnlich* gegebenen Unterbau zurückbezog. Ihn hat offenbar gerade das fasziniert, was die anderen als »vulgärmarxistisches«, »undialektisches Denken« brandmarkten, und in dieser Faszination sah er sich von Brecht aufs Schönste bestätigt.

So war in gewissem Sinne die Freundschaft mit Brecht der zweite und wohl ungleich wichtigere Glücksfall in Benjamins Leben. Er hatte dann auch prompt die widrigsten Folgen. Denn so klar ihm war, daß seine materiell wie publizistisch aussichtslose Lage im Paris der Emigration Grund genug bot, sich »den Anregungen des Instituts [für Sozialforschung] gegenüber gefügig zu zeigen«, so evident war ihm auch, daß diese Gefügigkeit an dieser Freundschaft eine unüberschreitbare Grenze hatte. Gewiß, er konnte sich diplomatisch verhalten, und er selbst hat seine späten Briefe an Adorno und Horkheimer für Muster der Diplomatie gehalten; aber er konnte nicht darauf verzichten, das zu praktizieren, was ihn an Brecht am meisten anzog und was Brecht selbst das »plumpe Denken« nannte. »Die Hauptsache ist, plump denken lernen. Plumpes Denken, das ist das Denken der Großen«, meinte Brecht, und Benjamin fügt erläuternd hinzu: »Es gibt viele Leute, die unter einem Dialektiker einen Liebhaber von Subtilitäten verstehen [...]. Plumpe Gedanken gehören gerade in den Haushalt des dialektischen Denkens, weil sie gar nichts anderes darstellen als die Anweisung der Theorie auf die Praxis [...], ein Gedanke muß plump sein, um im Handeln zu seinem Recht zu kommen.«[8] Nun, was Benjamin am plumpen Denken so angezogen hat, war wohl weniger die Anweisung auf die Praxis als auf die Wirklichkeit, und diese Wirklichkeit manifestierte sich für ihn am unmittelbarsten in der von Sprichwörtern und Redensarten erfüllten Alltagssprache. »Das Sprichwort ist eine Schule des plumpen Denkens«, heißt es im gleichen Zusammenhang. Diese Kunst, Sprichwörtliches und Idiomatisches beim Worte zu nehmen, hat Benjamin wie Kafka, bei dem das Redensartliche häufig als Inspirationsquelle deutlich zu erkennen ist und den Schlüssel manchen »Rätsels« bietet, befähigt, eine Prosa von so eigentümlich zauberhafter und verzauberter Realitätsnähe zu schreiben.

Wo immer man sich in diesem Leben umtut, wird man den Buckligen finden. Lange bevor das Dritte Reich ausbrach, spielt er schon seinen bösen Schabernack. Er veranlaßt Verleger, die eine Jahresrente versprechen für Übernahme des Lektorats oder die Herausgabe einer Zeitschrift mit ihm planen, bankrott zu gehen, bevor auch nur die erste Rate gezahlt oder die erste Nummer erschienen ist; später sorgt er dafür, daß die mit unendlicher Mühe hergestellte Sammlung großartiger deutscher Briefe mit den herrlichsten Kommentaren zwar (unter dem Titel *Deutsche Menschen* mit dem Motto »Von Ehre ohne Ruhm / Von Größe ohne Glanz / Von Würde ohne

8 In der Rezension des *Dreigroschenromans.* Siehe *Versuche über Brecht* (Suhrkamp 1966, S. 90).

Sold«) ausgedruckt wird, aber im Keller des inzwischen bankrott gegangenen Verlegers endet, wiewohl es 1936 unter dem Pseudonym Detlef Holz zur Verbreitung in Deutschland bestimmt war; und in diesem Keller wird die Auflage genau in dem Augenblick wieder gefunden, als eine Neuauflage in Deutschland (1962) ausgedruckt ist. Auf das Konto des Buckligen möchte man auch schreiben, daß das Wenige, das zum Guten ausschlagen sollte, sich oft erst im Gewand des Unliebsamen zeigt. Dahin gehört etwa die Übertragung der *Anabase* von Alexis Saint-Léger (Saint-John Perse), die er übernahm, weil sie ihm, wie die Proust-Übersetzung, durch Hofmannsthal vermittelt worden war, obwohl er selbst »das Ding für unbeträchtlich« hielt; die Übersetzung ist erst nach dem Kriege in Deutschland erschienen, doch verdankte er ihr die Beziehung zu Léger, der als Diplomat bei der französischen Regierung durchsetzen konnte, daß Benjamin mit sehr wenigen anderen Flüchtlingen von der zweiten Internierung in Frankreich während des Krieges verschont blieb. Und nach dem Schabernack kamen die Scherbenhaufen, von denen der seiner Meinung nach seit 1938 drohende Abbruch der Beziehungen zu dem Institut für Sozialforschung, dem einzigen »materiellen und moralischen Halt« seiner Pariser Existenz, der letzte vor der Katastrophe an der spanischen Grenze war: »Eben die Umstände, die meine europäische Situation so sehr bedrohen, werden meine Übersiedlung nach den USA wohl unmöglich machen«, schrieb er im April 1939 noch unter dem Eindruck des »Stoßes«, den ihm Adornos Brief mit der Ablehnung der ersten Fassung der Baudelaire-Arbeit im November 1938 »versetzt« hatte.[9]

Sicher hat Scholem recht, wenn er meint, daß Kafka unter zeitgenössischen Autoren neben Proust Benjamin am nächsten stand, und zweifellos hat Benjamin auch an die »Trümmer- und Katastrophenstätte« der eigenen Arbeit gedacht, wenn er schrieb, daß »die Einsicht in [Kafkas] Produktion unter anderem an die schlichte Erkenntnis gebunden ist, daß er gescheitert ist«. Auch von Benjamin könnte man sagen, was er selbst so einzig treffend von Kafka gesagt hat: »Die Umstände dieses Scheiterns sind mannigfache. Man möchte sagen:

9 Schon 1934 hatte ihn »die Tatsache, daß das Institut für Sozialforschung nach Amerika übersiedelt«, sehr beunruhigt. »Eine Lösung, ja nur eine Lockerung meiner Beziehung zu seinen Leitern könnte leicht davon die Folge sein. Was das bedeutet, will ich nicht ausführen.« [Vgl. GB IV, 515]. Nun schien dies Bedrohliche unmittelbar vor der Tür zu stehen.

war er des endlichen Mißlingens erst einmal sicher, so gelang ihm unterwegs alles wie im Traum.« Er brauchte nicht Kafka zu lesen, um wie Kafka zu denken. Als er noch nichts von ihm kannte außer dem »Heizer«, hatte er bereits Goethes Wort über die Hoffnung an prominenter Stelle in dem Essay über die Wahlverwandtschaften zitiert – »Die Hoffnung fuhr wie ein Stern, der vom Himmel fällt, über ihre Häupter weg«. Und der Satz, mit dem er ihn beschließt, klingt, als hätte Kafka ihn geschrieben: »Nur um der Hoffnungslosen willen ist uns die Hoffnung gegeben.«

Am 26. September 1940 nahm sich Walter Benjamin, im Begriff nach Amerika auszuwandern, an der spanisch-französischen Grenze das Leben. Die Gründe waren mannigfach: die Gestapo hatte seine Pariser Wohnung mit Bibliothek (er hatte »die wichtigere Hälfte« aus Deutschland retten können) und einen guten Teil der Manuskripte beschlagnahmt, und er hatte Grund, sich auch um die Manuskripte Sorge zu machen, die er noch vor seiner Flucht aus Paris nach Lourdes im unbesetzten Frankreich durch Georges Bataille in der Bibliothèque Nationale hatte unterbringen können.[10] Wie sollte gerade er ohne Bibliothek leben, wie ohne die ausgedehnten Zitatsammlungen und Exzerpte seinen Lebensunterhalt verdienen? Außerdem zog ihn nichts nach Amerika, wo man, wie er gelegentlich sagte, mit ihm wohl nichts anderes werde anfangen können, als ihn zu Ausstellungszwecken als »letzten Europäer« durch die Lande zu karren.

Der Anlaß aber war ein ungewöhnliches Mißgeschick. Flüchtlinge aus Hitler-Deutschland – »les réfugiés provenants d'Allemagne«, wie sie in Frankreich offiziell hießen – waren durch das Waffenstillstandsabkommen zwischen Vichy-Frankreich und dem Dritten Reich mit Auslieferung nach Deutschland bedroht, und die Vereinigten Staaten hatten zur Rettung dieser Kategorie – die notabene niemals die unpolitische Masse der Juden, welche sich dann als die bei weitem Gefährdetsten herausstellten, mitumfaßte – eine Anzahl

10 Das von der Gestapo in Paris beschlagnahmte Material wurde nicht vernichtet, sondern von den Nazis mit anderen Beständen nach Oberschlesien ausgelagert. Dieser Teil des Nachlasses liegt im Deutschen Zentralarchiv in Potsdam und ist der »wissenschaftlichen Forschung zugänglich« (vgl. Rosemarie Heise, »Der Benjamin-Nachlaß in Potsdam«, in *Alternative,* Zeitschrift für Literatur und Diskussion, Berlin, Okt./Dez. 1967). – [Heute wird dieser Nachlaßteil im Walter Benjamin Archiv in Berlin aufbewahrt.]

von Emergency-Visen durch ihre Konsulate im unbesetzten Frankreich verteilen lassen. Benjamin war dank der Bemühungen des Instituts für Sozialforschung unter den Ersten, die ein solches Visum in Marseille erreichte. Er gelangte auch schnell in den Besitz eines spanischen Durchreisevisums, um nach Lissabon zu kommen und sich von dort einzuschiffen. Allerdings hatte er kein Ausreisevisum aus Frankreich, da die Vichy-Regierung, um der Gestapo gefällig zu sein, den deutschen Flüchtlingen die Ausreisegenehmigung zu diesem Zeitpunkt prinzipiell verweigerte. Dies stellte aber im allgemeinen keine große Schwierigkeit dar, da der relativ kurze und nicht zu beschwerliche Fußweg über die Berge nach Port Bou bekannt und von der französischen Grenzpolizei nicht gesperrt war. Für Benjamin allerdings, der damals bereits wohl auf Grund einer Herzmuskelentzündung sehr schlecht ging, dürfte es sich um eine große Anstrengung gehandelt haben. Als die kleine Gruppe von Flüchtlingen, der er sich angeschlossen hatte, den spanischen Grenzort erreichte, stellte sich plötzlich heraus, daß an diesem Tage die Grenze von Spanien gesperrt worden war und die Grenzbeamten die in Marseille ausgestellten Visen nicht anerkannten. Sie sollten also am nächsten Tag auf dem gleichen Weg nach Frankreich zurück. Benjamin nahm sich in der Nacht das Leben, und seine Begleiter wurden daraufhin von den Grenzbeamten, auf die der Selbstmord doch einigen Eindruck gemacht hatte, nach Portugal durchgelassen. Die Visumsperre wurde nach einigen Wochen wieder aufgehoben.

Einen Tag früher wäre er anstandslos durchgekommen, einen Tag später hätte man in Marseille gewußt, daß man zur Zeit nicht durch Spanien konnte. Nur an diesem Tag war die Katastrophe möglich.

II. Die finsteren Zeiten

> Derjenige, der mit dem Leben nicht lebendig fertig wird, braucht die eine Hand, um die Verzweiflung über sein Schicksal ein wenig abzuwehren [...], mit der anderen Hand aber kann er eintragen, was er unter den Trümmern sieht, denn er sieht anderes und mehr als die anderen, er ist doch tot zu Lebzeiten und der eigentlich Überlebende.
>
> Franz Kafka, *Tagebücher*

> Ein Schiffbrüchiger, der auf einem Wrack treibt, indem er auf die Spitze des Mastbaums klettert, der schon zermürbt ist. Aber er hat die Chance, von dort zu seiner Rettung ein Signal zu geben.
>
> Walter Benjamin in einem Brief an Gerhard Scholem vom 17. April 1931

Oft brennt die Zeit ihr Siegel dem am deutlichsten ein, der von ihr am wenigsten geprägt ist, ihr am fernsten gestanden und daher am tiefsten unter ihr gelitten hat. So war es mit Proust, mit Kafka und Karl Kraus, und so war es mit Benjamin. Sein Gestus und die Kopfhaltung beim Hören und Sprechen, seine Art sich zu bewegen, seine Manieren, vor allem seine Sprechweise bis in die Wahl der Worte und den Duktus der Syntax, schließlich das ausgesprochen Idiosynkratische seines Geschmacks – all das wirkte so altmodisch, als sei er aus dem neunzehnten in das zwanzigste Jahrhundert wie an die Küste eines fremden Landes verschlagen. Ob er sich im Deutschland des zwanzigsten Jahrhunderts je heimisch gefühlt hat? Man darf es bezweifeln. Als er 1913 ganz jung zum erstenmal nach Frankreich kommt, sind ihm nach wenigen Tagen die Straßen in Paris »heimischer fast« als die bekannten Berlins. Er mag damals bereits, sicher aber zwanzig Jahre später, gespürt haben, wie sehr die Reise von Berlin nach Paris einer Reise in der Zeit, nicht aus einem Land in ein anderes, sondern aus dem zwanzigsten ins neunzehnte Jahrhundert gleichkam. Da war die *nation par excellence,* deren Kultur das Europa des neunzehnten Jahrhunderts bestimmt und der Haussmann die

Hauptstadt errichtet hatte, Paris, »die Hauptstadt des neunzehnten Jahrhunderts«, wie Benjamin sie dann genannt hat. Dies Paris war zwar noch nicht kosmopolitisch, aber zutiefst europäisch und hat sich so mit einer Selbstverständlichkeit ohnegleichen seit Mitte des vorigen Jahrhunderts allen Heimatlosen als zweite Heimat angeboten. Weder die ausgesprochene Fremdenfeindlichkeit der Bewohner noch die ausgeklügelten Schikanen der einheimischen Fremdenpolizei haben daran je etwas zu ändern vermocht. Benjamin hat lange vor der Emigration gewußt, wie »ganz außerordentlich selten [es ist], Fühlung mit einem Franzosen zu gewinnen, die fähig wäre, eine Unterhaltung über die erste Viertelstunde hinauszutragen«, und seine angeborene Vornehmheit machte es ihm später, als er als Flüchtling in Paris seinen Wohnsitz aufschlug, unmöglich, seine flüchtigen Bekanntschaften – er kannte vor allem Gide – in Beziehungen umzuwandeln und neue Beziehungen anzuknüpfen. Werner Kraft, so erfährt man jetzt, brachte ihn erst zu Charles du Bos, der damals gerade für die deutsche Emigration auf Grund seines »Enthusiasmus für die deutsche Dichtung« eine Art Schlüsselfigur war. Werner Kraft hatte die besseren Verbindungen[11] – welche Ironie! Pierre Missac hat in einer erstaunlich einsichtigen Sammelbesprechung der Schriften, Briefe und Sekundärliteratur davon gesprochen, wie sehr Benjamin darunter gelitten haben muß, in Frankreich nicht den ihm gebührenden »Empfang« gefunden zu haben;[12] das ist natürlich richtig, aber erstaunt hat es ihn sicher nicht.

So irritierend und verletzend dies alles gewesen sein mag, die Stadt selbst machte es alles wieder wett – so groß ist der Reiz der von Haussmann erbauten Innenstadt, deren Boulevards, wie Benjamin schon 1913 entdeckte, von Häusern gebildet werden, die »nicht zum Wohnen zu sein scheinen, sondern steinerne Coulissen, zwischen denen man geht«. Diese Stadt, um die man an den alten Toren vorbei im Kreise herumfahren kann, ist immer noch, was die von einem Stadtwall gegen das Außen streng abgegrenzten und geschützten Städte des Mittelalters einmal waren – ein Innenraum, aber nun ohne die Enge der Gassen ein großzügig gebautes und geplantes Interieur in freier Luft, über dem das Himmelsdach sinnfälligste Realität wird. »Das Schönste an aller Kunst und allem Betrieb ist,

11 »Walter Benjamin hinter seinen Briefen«, *Merkur,* März 1967.

12 Vgl. Pierre Missac, »L'Eclat et le Secret: Walter Benjamin«, *Critique* Nr. 231/2, 1966.

daß sie dem Wenigen, was noch als Rest von dem Ursprünglichen, Natürlichen sich hält, seinen Glanz läßt«, ja zu neuem Glanz verhilft. Es sind die einheitlichen wie Innenwände gebauten Straßenzüge, die es bewirken, daß man sich in keiner anderen Stadt räumlich so geborgen fühlt. Die Passagen, welche die großen Boulevards miteinander verbinden und vor den Unbilden des Wetters Schutz gewähren, ohne daß man ein Haus aufzusuchen brauchte, haben Benjamin so ungeheuer fasziniert, daß er von seinem geplanten Hauptwerk über das neunzehnte Jahrhundert und dessen Hauptstadt auch einfach als von der *Passagenarbeit* sprach; und die Passagen sind in der Tat wie ein Symbol dieser Stadt, weil sie offensichtlich Innen und Außen zugleich und damit auf gedrängtestem Raum ihr eigentliches Wesen darstellen. In Paris fühlt sich der Fremde heimisch, weil man diese Stadt bewohnen kann wie sonst nur die eigenen vier Wände. Und wie man eine Wohnung nicht dadurch bewohnt und wohnlich macht, daß man sie benutzt – zum Schlafen, Essen, Arbeiten –, sondern dadurch, daß man sich in ihr aufhält, so bewohnt man eine Stadt dadurch, daß man es sich leistet, ziel- und zwecklos durch sie zu flanieren, wobei der Aufenthalt durch die zahllosen Cafés gesichert ist, welche die Straßen flankieren und an denen das Leben der Stadt, die Flut der Passanten, vorbeizieht. Paris ist heute noch die einzige der großen Städte, die man bequem zu Fuß bewältigen kann, und sie ist mehr als jede andere Stadt in ihrer Lebendigkeit auf Fußgänger angewiesen und durch den Autoverkehr nicht nur aus verkehrstechnischen Gründen bedroht. In der Öde amerikanischer Vororte oder auch den Wohnbezirken der Großstädte, wo das gesamte Straßenleben sich auf der Fahrbahn bewegt und man auf den zu Fußsteigen zusammengeschmolzenen Trottoirs oft kilometerweit nicht einem Menschen begegnet, hat man das genaue Gegenteil von Paris vor Augen. Was alle anderen Städte nur widerwillig dem Auswurf der Gesellschaft zu gestatten scheinen, das Bummeln, Schlendern und Flanieren, dazu fordern die Pariser Straßen jedermann geradezu auf. Und so ist die Stadt denn auch seit dem zweiten Kaiserreich das Paradies aller derer gewesen, die keinem Erwerb nachzujagen, keine Karriere zu machen, kein Ziel zu erreichen brauchten: das Paradies also der Bohème, und zwar nicht nur der Künstler und Schriftsteller, sondern auch derer, die sich um sie versammeln, weil sie entweder politisch, wie die Heimat- und Staatenlosen, oder gesellschaftlich nicht einzuordnen sind.

Ohne diesen Hintergrund der Stadt, die für Benjamin sehr jung zu einem entscheidenden Erlebnis wurde, ist wohl kaum zu verstehen, daß der Flaneur die Schlüsselfigur seiner Arbeiten wurde. Wie sehr das Flanieren denn auch die Gangart seines Denkens bestimmte, zeigte sich vielleicht am deutlichsten an den Eigentümlichkeiten seines Ganges, der in der Beschreibung von Max Rychner »zugleich ein Vorwärtsschreiten und ein Verweilen, eine eigentümliche Mischung von beidem war«.[13] Es war die Gangart des Flaneurs, und sie wirkte so auffallend, weil der Flaneur wie der Dandy und der Snob seine Heimat ja im neunzehnten Jahrhundert hat, in dessen Sekurität den Kindern aus gutbürgerlichem Hause ein arbeitsloses Einkommen gesichert war, sie also gar keine Veranlassung hatten, sich zu beeilen. Und wie die Stadt ihn das Flanieren, die geheime Gang- und Denkart des neunzehnten Jahrhunderts, lehrte, so öffnete sie ihm natürlich auch den Sinn für französische Literatur, was ihn nahezu unwiderruflich dem normalen deutschen Geistesleben entfremdete. »Während ich mit meinen Bemühungen und Interessen in Deutschland unter den Menschen meiner Generation mich ganz isoliert fühle, gibt es in Frankreich einzelne Erscheinungen – als Schriftsteller Giraudoux und besonders Aragon – als Bewegung den Surrealismus, in denen ich am Werke sehe, was auch mich beschäftigt«, schreibt er 1927 an Hofmannsthal, nachdem er, gerade von einer Moskaureise zurückgekehrt, sich von der Undurchführbarkeit literarischer Unternehmungen, die unter kommunistischer Flagge segeln, überzeugt hat und nun daran gehen will, seine »Pariser Position« zu festigen. (Schon acht Jahre früher, also lange vor der Wendung zum Marxismus, berichtet er, wie »unglaublich verwandt« ihn Péguy angesprochen habe: »Nichts Geschriebenes hat mich jemals so aus der Nähe, aus dem Miteinander berührt.«) Nun, dies ist ihm nicht gelungen und hätte auch schwerlich gelingen können; erst im Paris der Nachkriegszeit haben Ausländer – und so heißt wohl in Paris auch heute noch jeder, der nicht in Frankreich von französischen Eltern geboren ist – »Positionen« beziehen können. Hingegen wurde er in eine Position gedrängt, die es eigentlich nirgends gab, ja die als Position erst im Nachhinein zu erkennen und zu diagnostizieren ist. Es war die Position auf der »Mastbaumspitze«, von der aus die tobenden Zeitumstände besser zu übersehen waren als vom

13 Vgl. seine »Erinnerungen an Walter Benjamin« im *Monat,* September 1966.

sicheren Port, wenn auch die Rettungssignale des »Schiffbrüchigen«, dieses einen Mannes, der das Schwimmen nicht erlernt hatte, weder mit dem Strom noch gegen ihn, kaum bemerkt wurden – nicht von denen, die diesem Meer sich nie preisgegeben hatten, und nicht von denen, die immerhin auch in diesem Element sich noch bewegen konnten.

Äußerlich gesehen war es die Position des freien Schriftstellers, der von seiner Feder lebt, nur daß – wie nur Max Rychner bemerkt zu haben scheint – er das auf eine »merkwürdige Weise« tat, denn »er publizierte gar nicht häufig« und »es war nie ganz ersichtlich, [...] wie weit er noch andere Hilfsmittel zu Gebote hatte«. Rychners Verdacht war in jeder Hinsicht berechtigt. Nicht nur standen ihm vor der Emigration »noch andere Hilfsmittel zu Gebote«, hinter der Fassade des freien Schriftstellers führte er, obwohl dauernd bedroht, die erheblich freiere Existenz eines *homme de lettres,* dessen Behausung die mit großer Leidenschaft und äußerster Sorgfalt zusammengetragene Bibliothek bildete. Sie war keineswegs als Arbeitsinstrument gedacht, sondern bestand aus Kostbarkeiten, deren Wert sich daran erwies, daß er sie nicht gelesen hatte; die also garantiert nicht nützlich war, keinem Beruf diente. Solch eine Existenz war in Deutschland unbekannt; und nahezu ebenso unbekannt war der Beruf, den er notgedrungen aus ihr ableitete, nämlich nicht den eines Literaturhistorikers und Gelehrten mit der obligaten Anzahl dicker Bücher, sondern den eines Kritikers und Essayisten, dem bereits der Essay zu ausführlich und dessen eigentliche Ausdrucksform der Aphorismus ist. Daß er damit beruflich etwas anstrebte, was es in Deutschland – wo man trotz Lichtenberg, Lessing, Schlegel, Heine und Nietzsche sich unter Kritik etwas anrüchig Subversives vorzustellen pflegte, das höchstens im Feuilleton goutiert werden darf – schlechterdings nicht gab, war ihm keineswegs unbekannt. Nicht zufällig wählte er die französische Sprache, um diese Ambition mitzuteilen: »Le but que je m'avais proposé [...] c'est d'être considéré comme le premier critique de la littérature allemande. La difficulté c'est que, depuis plus de cinquante ans, la critique littéraire en Allemagne n'est plus considérée comme un genre sérieux. Se faire une situation dans la critique, cela [...] veut dire: la créer comme genre.«

Kein Zweifel, diese Berufswahl war dem frühen französischen Einfluß, der unmittelbar als Wahlverwandtschaft empfundenen Nähe des großen Nachbars jenseits des Rheins geschuldet. Viel bezeichnender aber ist, daß selbst diese Einordnung in ein Fach eigentlich von der Ungunst der Zeit und der finanziellen Misere motiviert war. Will man das, worauf er sich spontan, wenn auch vielleicht nicht bewußt, »beruflich« vorbereitet hatte, in sozialen Kategorien fassen, so muß man auf das wilhelminische Deutschland zurückgreifen, in dem er aufgewachsen war und wo seine ersten Lebenspläne sich formiert hatten. Man könnte dann sagen, Benjamin hat sich auf nichts beruflich vorbereitet als auf den »Beruf« eines Privatsammlers und Privatgelehrten. Sein Studium, das er vor dem ersten Weltkrieg begonnen hatte, hätte unter den damaligen Umständen nur in der Universitätskarriere enden können, die aber, wie jede Beamtenlaufbahn, ungetauften Juden noch verschlossen war. Sie konnten sich habilitieren und es bestenfalls zu einem unbezahlten Extraordinariat bringen; es war also eine Laufbahn, die ein gesichertes Einkommen nicht einbrachte, sondern voraussetzte. Der Doktor, zu dem er sich bereits nur aus »Rücksichten auf meine Familie« entschloß, und die spätere Habilitation waren als die Voraussetzung gedacht für die Bereitschaft der Familie, dies Einkommen zur Verfügung zu stellen.

Diese Verhältnisse änderten sich schlagartig nach dem Krieg: die Inflation hatte weite Kreise des Bürgertums verarmt, wenn nicht gar enteignet, und in der Weimarer Republik stand die Universitätslaufbahn auch ungetauften Juden offen. Die unselige Habilitationsgeschichte zeigt deutlich, wie wenig Benjamin diese veränderten Umstände in Rechnung stellte und wie sehr er in allen Geldangelegenheiten den Vorkriegsvorstellungen verhaftet blieb. Denn die Habilitation hatte von vornherein nur dazu dienen sollen, den Vater durch einen »Ausweis öffentlicher Anerkennung [...] zur Ordnung« zu rufen und dem damals immerhin schon Dreißigjährigen ein ausreichendes und, man möchte hinzufügen, standesgemäßes Auskommen zu bewilligen. Daß er darauf trotz chronischer Konflikte mit den Eltern einen Anspruch habe und daß deren Forderung an ihn, »für meinen Erwerb tätig zu sein«, »unqualifizierbar« sei – das ist ihm auch später, als er sich den Kommunisten bereits genähert hatte, nie fraglich geworden. Als der Vater dann erklärte, auch im Falle der Habilitation den monatlichen Betrag, den er ohnehin zahlte, nicht erhöhen zu können oder zu wollen, fiel für Benjamin die wesentliche Voraussetzung für die ganze Unternehmung dahin. Bis zum Tode der Eltern im Jahre 1930 konnte er dann das Problem seiner materiellen Existenz dadurch lösen, daß er, obwohl inzwischen verheiratet und Vater eines Sohnes, ins Elternhaus zurückzog, zuerst mit seiner Familie, dann nach der bald erfolgten Trennung allein. (Die Scheidung erfolgte erst 1930.) Er hat offensichtlich darunter sehr gelitten, aber ebenso offensichtlich einen anderen Ausweg ernstlich kaum je in Betracht gezogen. Auffallend ist auch, daß er trotz der dauernden finanziellen Misere doch imstande blieb, seine Bibliothek ständig zu bereichern. Und so wie ein einziger Versuch, sich diese kostspielige Passion zu versagen – er ging in die großen Auktionshäuser wie andere in den Spielsaal –, und der Vorsatz, »im äußersten Fall« sogar etwas zu verkaufen, damit endeten, daß er »den Schmerz dieser Bereitschaft« durch neue Anschaffungen »betäuben« mußte, so endete der einzige nachweisbare Versuch, sich von zu Hause unabhängig zu machen, mit dem Vorschlag, der Vater möge ihm sogleich »ein Kapital auszahlen, mit dem ich mich an einem Antiquariat beteiligen kann«. Dies ist der einzige Brotberuf, den Benjamin überhaupt je erwogen hat. Es ist natürlich nie etwas daraus geworden.

Angesichts der realen Lage im Deutschland der zwanziger Jahre und angesichts dessen, daß Benjamin genau wußte, er würde nie von seiner Feder leben können – »Es gibt Orte, an denen ich ein Minimum verdienen und solche, an denen ich von einem Minimum leben kann, aber nicht einen einzigen, auf den diese beiden Bedingungen zusammen zutreffen« –, mag dies ganze Verhalten wie sträflicher Leichtsinn anmuten. Aber Leichtsinn war gerade dabei am wenigsten im Spiel. Eher schon möchte man meinen, daß es für die armgewordenen reichen Leute ebenso schwer ist, an ihre Armut zu glauben, wie für die reichgewordenen armen Leute an ihren Reichtum; die einen verführt ein Übermut, den sie gar nicht haben, die anderen der »Geiz«, der doch nur Lebensangst ist. Auf jeden Fall stand Benjamin mit seiner Einstellung zu den Fragen der Lebensversorgung keineswegs allein; sie war vielmehr eher typisch für die ganze Schicht deutsch-jüdischer Intellektueller, nur ist sie wohl kaum einem so schlecht bekommen. Die Voraussetzung war die Mentalität der Väter, die, selbst erfolgreiche Geschäftsleute, von den eigenen Erfolgen nicht allzu viel hielten und davon träumten, daß ihre Söhne zu Höherem berufen sein würden. Das heißt nicht, daß es nicht gerade in dieser Generation allenthalben Konflikte gegeben hätte – die Literatur jener Jahre ist voll von Vater-Sohn-Konflikten, und hätte Freud seine Theorien in einem anderen Lande und Sprachraum als dem deutsch-jüdischen, aus dem seine Patienten kamen, gefunden und zu erproben gehabt, so hätten wir vermutlich nie etwas von einem Ödipus-Komplex gehört[14] –; aber sie wurden doch in der Regel dadurch beigelegt, daß die Söhne den Anspruch machten, Genies zu sein oder auch, wie im Falle der zahlreichen Kommunisten aus begütertem Hause, Menschheitsbeglücker, auf jeden Fall etwas Höheres, und die Väter nichts lieber glauben wollten. Wo solche Ansprüche nicht gestellt oder nicht anerkannt wurden, konnte es leicht zur Katastrophe kommen. Das war etwa bei Kafka der Fall, der – vielleicht weil er wirklich so etwas wie ein Genie war – von dem Geniewahn seiner Umgebung ganz frei war, den Anspruch nie stellte und daher seine finanzielle Unabhängigkeit durch eine normale Stellung an der Prager Arbeiterversicherungsgesellschaft sich sicherte. Aber auch Kafka, kaum hatte er die Stelle angetreten, sah in ihr eine »Anlaufstraße für Selbstmörder« und meinte, einer Pflicht zu gehorchen, die sagt: »man muß sich sein Grab verdienen« (S. 55).

Für Benjamin jedenfalls blieb die Monatsrente die einzig mögliche Existenzform, und um sie nach dem Versagen der Eltern zu erhalten, war er zu manchem bereit, oder glaubte es doch zu sein – hebräisch zu lernen für 300 Mark im Monat, wenn die Zionisten sich davon etwas versprachen, oder dialektisches Denken mit allen vermittelnden Schikanen für 1000 französische Franken, wenn die Marxisten anders nicht mit sich reden ließen. Bewundernswert bleibt, daß er dann praktisch, obwohl ihm doch das Wasser am Halse stand, weder das Eine noch das Andere getan hat; bewundernswert aber auch die unendliche Geduld, mit der Scholem, der ihm das Stipendium zum Hebräisch-Lernen mit großer Mühe von der Universität in Jerusalem verschafft hatte, sich jahrelang hinhalten ließ. Ihm die allein angemessene »Position« eines *homme de lettres,* von deren einzigartigen Chancen weder die Zionisten noch die Marxisten etwas ahnten oder ahnen konnten, zu finanzieren, war natürlich niemand bereit.

14 Kafka, der in diesen Dingen realistischer gesehen hat als irgendein anderer, meinte, daß »der Vaterkomplex, von dem sich mancher geistig nährt, ... das Judentum des Vaters betrifft«, und zwar »die unklare Zustimmung der Väter (diese Unklarheit war das Empörende)« zu dem Austritt der Söhne aus dem Judentum: »mit den Hinterbeinchen klebten sie noch am Judentum des Vaters und mit den Vorderbeinchen fanden sie keinen neuen Boden.« Siehe Franz Kafka, *Briefe,* S. 337.

Der *homme de lettres* erscheint uns heute als eine eher harmlose, abseitige Figur, als sei er in der Tat mit der immer das Komische streifenden des Privatgelehrten gleichzusetzen. Aber Benjamin, dem das Französische so nahe stand, daß die Sprache für ihn eine »Art Alibi« seiner Existenz wurde, dürfte um seine Herkunft aus dem vorrevolutionären Frankreich des achtzehnten Jahrhunderts so gut gewußt haben wie um seine außerordentlichen Verdienste um die Französische Revolution. Im Gegensatz zu den späteren Schriftstellern und Literaten, den »écrivains et litterateurs«, mit denen sogar der Larousse die *hommes de lettres* verwechselt, lebten sie zwar in der Welt des geschriebenen und gedruckten Wortes, vor allem auch umgeben von Büchern, waren aber weder gezwungen noch willens, das Schreiben und Lesen berufsmäßig zum Gelderwerb auszuüben. Und im Unterschied zu der Klasse der Intellektuellen, die ihre Dienste entweder dem Staat als Experten, Spezialisten und Beamte oder der Gesellschaft zur Unterhaltung und Belehrung zur Verfügung stellen, haben die *hommes de lettres* stets danach getrachtet, sich von Staat wie Gesellschaft in Distanz zu halten. Ihre materielle Existenz beruhte auf dem arbeitslosen Einkommen und ihre geistige Haltung auf der entschlossenen Weigerung, sich politisch oder gesellschaftlich einordnen zu lassen. Auf Grund dieser doppelten Unabhängigkeit konnten sie sich die souveräne Verachtung leisten, der die Lebensklugheit La Rochefoucaulds nicht weniger geschuldet ist als die Lebensweisheit Montaignes, die aphoristische Schärfe des Pascalschen Denkens nicht weniger als die Kühnheit und Vorurteilslosigkeit der politischen Reflexionen Montesquieus. Es kann hier nicht meine Aufgabe sein, darzustellen, auf Grund welcher Umstände die *hommes de lettres* im 18. Jahrhundert zu Revolutionären wurden, noch wie ihre Nachfahren im neunzehnten und zwanzigsten Jahrhundert sich dann in die Klasse der »Gebildeten« auf der einen, die der Berufsrevolutionäre auf der anderen Seite schieden. Ich erwähne diesen historischen Hintergrund nur, weil sich in Benjamin das Bildungselement auf so einzigartige Weise mit dem revolutionär-rebellischen vereinigte. Es war, als ob kurz vor seinem vermutlich endgültigen Verschwinden die Figur des *homme de lettres* sich noch einmal in der ganzen Fülle ihrer Möglichkeiten zeigen sollte, obwohl oder vielleicht gerade weil ihr die materielle Basis auf eine so katastrophale Weise entzogen war, so daß die rein geistige Passion, die diese Figur so liebenswert macht, sich auf eine um so eindringlichere und eindrucksvollere Weise entfalten und bewähren konnte.

An Anlässen zur Rebellion gegen die Herkunft und das Milieu der deutsch-jüdischen Gesellschaft im kaiserlichen Deutschland, in dem Benjamin aufwuchs, wie in der Weimarer Republik, in der er sich weigerte, einen Beruf zu ergreifen, hat es wahrlich nicht gefehlt. In der *Berliner Kindheit um Neunzehnhundert* schildert Benjamin das Haus, aus dem er kam – der Vater charakteristischerweise Kunsthändler und Antiquar, die Familie wohlhabend, durchschnittlich assimiliert, der eine Großelternteil orthodox, der andere der Reformgemeinde zugehörend –, als sei es »ein längst ihm zugedachtes Mausoleum« gewesen. »In meiner Kindheit war ich ein Gefangener des alten und neuen Westens. Mein Clan bewohnte diese beiden Viertel damals in einer Haltung, die gemischt war aus Verbissenheit und Selbstgefühl, und die aus ihnen ein Ghetto machte, das er als sein Leben betrachtete.« Die Verbissenheit galt dem Judentum: nur noch aus Verbissenheit hielt man an ihm fest; das Selbstgefühl hingegen der nicht-jüdischen Umwelt, in der man es immerhin doch recht weit gebracht hatte. Wie weit, zeigte sich an den Tagen, wenn Gesellschaft kam. Dann wurde das Innere des Büffets, um welches das Haus zentriert schien und das daher »mit gutem Grund den Tempelbergen ähnlich« sah, geöffnet, und nun konnte man »mit Schätzen prunken, wie die Götzen sie gern um sich haben«. Da kam der »Silberhort des Hauses« zum Vorschein, und was dort lag, »das war nicht zehnfach, nein zwanzig- oder dreißigfach vorhanden. Und wenn ich diese langen, langen Reihen von Mokkalöffeln oder Messerbänkchen, Obstmessern oder Austerngabeln sah, stritt mit der Lust an dieser Fülle Angst, als sähen die, die nun erwartet wurden, einander gleich wie unsere Tischbestecke.« Daß damit etwas radikal nicht in Ordnung war, wußte bereits das Kind, und zwar nicht nur, weil es die Armen gab (»Die Armen – für die reichen Kinder meines Alters gab es sie nur als Bettler. Und es war ein großer Fortschritt der Erkenntnis, als mir zum erstenmal die Armut in der Schmach schlechtbezahlter Arbeit dämmerte«), sondern weil »Verbissenheit« im Innern und »Selbstgefühl« nach außen eine Atmosphäre von Unsicherheit und Befangenheit erzeugten, die wahrlich für nichts weniger geeignet war, als Kinder in ihr aufzuziehen. Und dies galt nicht nur für Benjamin oder den Berliner Westen oder Deutschland. Man sehe nur, mit welcher Leidenschaft Kafka versuchte, seine Schwester dazu zu überreden, ihren zehnjährigen Sohn in einem Schulheim erziehen zu lassen, um ihn vor dem »von Kindern nicht abzuhaltenden besonderen Geist, der gerade in Prager wohlhabenden Juden wirkt, [...] diesem kleinen, schmutzigen, blinden Geist« zu retten *(Briefe,* S. 340).

Es geht hier um das, was man damals, seit den siebziger und achtziger Jahren des vorigen Jahrhunderts, die Judenfrage nannte, und was es in dieser Form nur im deutschsprachigen Mitteleuropa dieser Jahrzehnte gegeben hat. Sie ist heute von der Katastrophe des europäischen Judentums gleichsam überspült und berechtigterweise in Vergessenheit geraten, wiewohl sie einem noch gelegentlich in dem Vokabular der älteren Generation deutscher Zionisten begegnet, deren Denkgewohnheiten in den ersten Jahrzehnten des Jahrhunderts geprägt worden sind. Zudem ist sie ohnehin immer nur eine Angelegenheit der jüdischen Intelligenzschicht und ohne allen Belang für das Gros des mitteleuropäischen Judentums gewesen. Für diese Schicht aber war sie von großem Belang; denn ihr Verhältnis zum Judentum, mit dem sie substantiell nichts mehr zu tun hatte, das jedoch jedem unentrinnbar als gesellschaftliches Phänomen begegnete, stellte sich als eine moralische Frage ersten Ranges heraus. In dieser moralischen Form kennzeichnete die Judenfrage in Kafkas Worten »die schreckliche innere Lage dieser Generationen« (S. 337). Es war also eine eminent persönliche Frage, um die es sich handelte, und die beiden Textstellen, die ich diesem Teil vorangestellt habe, stammen daher auch aus der Intimität eines Freundesbriefes und aus einem Tagebuch. Diese persönliche Verzweiflung wiederum steht so sehr im Vordergrund derer, die wir heute beinahe schon als die Klassiker einer noch nahen Vergangenheit ansehen, daß ich sie nicht einfach übergehen kann – um so mehr, als die unmittelbare Veranlassung eine von den Dingen ist, über die in Deutschland zu sprechen aus verständlichen Gründen nicht zum guten Ton gehört. So belanglos uns diese Problematik angesichts dessen, was sich dann wirklich ereignete, anmuten mag, weder Benjamin noch Kafka noch Karl Kraus sind ohne sie verständlich. Und Benjamin gerade hat genau gewußt, wie sehr ihm »die Auseinandersetzung in dem Grenzraum, den Kraus und den auf andere Weise Kafka bezeichne, angelegen« sein mußte.[15] Ich will der Einfachheit halber die Frage genauso

15 *Versuche über Brecht.,* S. 122.

stellen, wie sie damals gestellt und dann endlos diskutiert wurde, und zwar in einem großes Aufsehen erregenden Aufsatz *Deutsch-Jüdischer Parnass*, den Moritz Goldstein in der angesehenen Zeitschrift »Der Kunstwart« im Jahre 1912 veröffentlichte. Die Frage, so wie sie sich laut Goldstein für die jüdische Intelligenz stellte, hatte einen doppelten Aspekt: die nicht-jüdische Umwelt und die assimilierte jüdische Gesellschaft –, und sie war seines Erachtens unlösbar. Was die nicht-jüdische Umwelt anlangte: »Wir Juden verwalten den geistigen Besitz eines Volkes, das uns die Berechtigung und die Fähigkeit dazu abspricht.« Und weiter: »Wir können unsere Gegner leicht ad absurdum führen und ihnen zeigen, daß ihre Feindschaft unbegründet ist. Was ist damit gewonnen? Daß ihr Haß *echt* ist. Wenn alle Verleumdungen widerlegt, alle Entstellungen berichtigt, alle falschen Urteile über uns abgewehrt sind, so bleibt die Abneigung als unwiderleglich übrig. Wer das nicht einsieht, dem ist nicht zu helfen.« Dies nicht einzusehen, ist das Unerträgliche an der jüdischen Gesellschaft, deren Vertreter Juden bleiben, sich aber nicht als solche bekennen wollen: »Wir werden ihnen die Frage, um die sie sich drücken, vor aller Welt in die Ohren schreiben; wir werden sie zwingen, sich als Juden zu bekennen oder taufen zu lassen.« Aber selbst wenn dies glücken, selbst wenn man aus der Verlogenheit dieses Milieus herauskommen sollte – was war damit gewonnen? Der »Sprung in die neu-hebräische Literatur« war für die lebende Generation unmöglich. Daher: »Unser Verhältnis zu Deutschland ist das einer unglücklichen Liebe. Wir wollen endlich männlich genug sein, uns die Geliebte aus dem Herzen zu reißen … Ich habe gesagt, was wir wollen *müssen*. Ich habe auch gesagt, warum wir es nicht wollen *können*. Das Problem aufzuzeigen, war meine Absicht. Es ist nicht meine Schuld, daß ich keine Lösung weiß.« (Für sich selbst hat Goldstein die Frage sechs Jahre später gelöst, als er Feuilletonredakteur bei der Vossischen Zeitung wurde. Und was blieb ihm auch schließlich anderes übrig?)

Man könnte Moritz Goldstein damit abtun, daß er halt nur reproduziert habe, was Benjamin in einem Brief an Scholem (22. X. 1917) »ein Hauptstück der *vulgären* antisemitischen wie zionistischen Ideologie« nennt, wenn wir nicht bei Kafka auf einem ungleich ernsteren Niveau die gleiche Fragestellung und die gleiche Unlösbarkeit fänden. In einem Brief an Max Brod über deutsch-jüdische Autoren erklärt er, die Judenfrage bzw. »die Verzweiflung darüber war ihre

Inspiration. Eine Inspiration, ehrenwert wie irgendeine andere, aber bei näherem Zusehen doch mit einigen traurigen Besonderheiten. Zunächst konnte das, worin sich ihre Verzweiflung entlud, nicht deutsche Literatur sein, die es äußerlich zu sein schien«, weil ja das Problem kein eigentlich deutsches war. Daher lebten sie »zwischen drei Unmöglichkeiten [...]: der Unmöglichkeit, nicht zu schreiben«, da sie ja ihre Inspiration nur durch Schreiben gewissermaßen loswerden konnten; »der Unmöglichkeit, deutsch zu schreiben«, da die Sprache selbst Kafka »als die laute oder stillschweigende oder auch selbstquälerische Anmaßung eines fremden Besitzes« galt, »den man nicht erworben, sondern durch einen (verhältnismäßig) flüchtigen Griff gestohlen hat und der fremder Besitz bleibt, auch wenn nicht der einzigste [sic] Sprachfehler nachgewiesen werden könnte«; schließlich »der Unmöglichkeit anders zu schreiben«, da eine andere Sprache ja nicht zur Verfügung stand. »Fast könnte man«, meint Kafka abschließend, »eine vierte Unmöglichkeit hinzufügen, die Unmöglichkeit zu schreiben, denn die Verzweiflung war ja nicht etwas durch Schreiben zu beruhigendes«, wie es bei Dichtern normal ist, denen ein Gott gegeben hat zu sagen, was Menschen leiden. Hier vielmehr wurde die Verzweiflung »ein Feind des Lebens *und* des Schreibens, das Schreiben war hier nur ein Provisorium, wie für einen, der sein Testament schreibt, knapp bevor er sich erhängt« *(Briefe,* S. 336-338).

Nichts wäre leichter als nachzuweisen, daß Kafka Unrecht hatte und daß sein eigenes Werk, welches die reinste deutsche Prosa des Jahrhunderts spricht, der beste Gegenbeweis seiner Ansichten ist. Solch ein Nachweis würde uns wohl allen gegen den Geschmack gehen, und er erübrigt sich schon darum, weil Kafka dies selbst sehr gut gewußt hat – »Wenn ich wahllos einen Satz hinschreibe«, notiert er gelegentlich in den *Tagebüchern,* »so ist er schon vollkommen«. Sowie er auch als einziger gewußt hat, daß »Mauscheln« vielleicht nicht in deutschen Landen, wohl aber im deutschen Sprachraum seinen legitimen Ort hatte und nichts anderes war als einer der vielen deutschen Dialekte. Und da er zu recht meinte, daß »im Deutschen nur die Dialekte und außer ihnen nur das allerpersönlichste Hochdeutsch wirklich lebt«, war es natürlich nicht weniger legitim, aus dem »Mauscheln«, bzw. dem Jiddischen, ins Hochdeutsche zu wechseln, als aus dem Plattdeutschen oder dem Alemannischen. Liest man seine Bemerkungen über die jüdische Schauspielertruppe, die ihn so faszinierte, so wird klar, daß es nicht so sehr das spezifisch Jüdische war, das ihn da anzog, als die Lebendigkeit der Sprache und Gebärden.

Gewiß ist es heute einigermaßen schwierig, diese Problematik zu verstehen oder ernstzunehmen, zumal es ja so nahe liegt, sie als bloße Reaktion auf den Antisemitismus der Umwelt und damit als einen Ausdruck des Selbsthasses mißzuverstehen. Davon aber kann bei den Personen von Rang keine Rede sein. Im Gegenteil, was der Kritik ihre eigentliche Schärfe gab, war niemals der Antisemitismus selbst, sondern die Reaktion des jüdischen Bürgertums, mit dem die Intelligenz sich keineswegs identifizierte. Und auch dabei handelte es sich kaum um die oft würdelose apologetische Haltung des offiziellen Judentums, mit dem die Intellektuellen nur wenig in Berührung kamen, sondern um das verlogene Leugnen der Existenz des Judenhasses, die mit allen Künsten des Selbstbetrugs inszenierte Absperrung dieser bürgerlichen Schichten von der Realität, zu der jedenfalls für Kafka auch die Absperrung gegen das jüdische Volk, gegen die sogenannten »Ostjuden« gehörte, die man gegen besseres Wissen für den Antisemitismus verantwortlich machte. Entscheidend war dabei immer der Realitätsverlust, zu dem natürlich die Wohlhabenheit dieser Schichten kräftig beitrug: »Bei armen Leuten«, meinte Kafka, »dringt nämlich gewissermaßen die Welt, das Arbeitsleben von selbst unhinderbar in die Hütte [...] und läßt nicht die dumpfe, giftreiche, kinderauszehrende Luft des schön eingerichteten Familienzimmers entstehn« (S. 347). Der Kampf ging darum, in der Welt zu leben, so wie sie nun einmal ist – also z. B. auf die Ermordung Rathenaus (im Jahre 1922) vorbereitet zu sein: »unbegreiflich« für Kafka, »daß man ihn so lange leben ließ« (S. 378). Ausschlaggebend für die Schärfe der Problematik war schließlich, daß sie sich keineswegs bloß oder auch nur primär als Generationsbruch äußerte, dem man durch Flucht aus dem Elternhaus sich hätte entziehen können. Entscheidend war, daß nur die allerwenigsten unter den deutsch-jüdischen Autoren von dieser Problematik überhaupt betroffen waren, und diese wenigen waren von allen den anderen umgeben, von denen wir sie erst heute auf Grund ihres geistigen Ranges klar scheiden können. Kafka, der dies in dem oben zitierten Brief an den »sprachlichen Unmöglichkeiten« exemplifizierte und gleich hinzufügte, »sie könnten auch ganz anders genannt werden«, weist auf den zwischen Dialekt und gültiger Prosa im Hochdeutschen existierenden »sprachlichen Mittelstand« hin, der »nichts als Asche ist, die zu einem Scheinleben nur dadurch gebracht werden kann, daß überlebendige Judenhände sie durchwühlen«. Man braucht wohl nicht anzumerken, daß die überwältigende Majorität der jüdischen Intellektuellen diesem »Mittelstand« angehörte; sie bildeten nach Kafka die »Hölle des deutsch-jüdischen Schrifttums«, in der Karl Kraus als »der große Aufpasser und Zuchtmeister« waltete, ohne zu merken, wie sehr »er selbst in diese Hölle unter die zu Züchtenden mithineingehört«.[16] Daß man diese Dinge auch ganz anders, unter einem ganz anderen Aspekt sehen kann, wird deutlich, wenn man bei Benjamin den großartigen Ausspruch Brechts über Karl Kraus liest: »Als das Zeitalter Hand an sich legte, war er diese Hand.«

Zionismus und Kommunismus waren für die Juden dieser Generation (Kafka und Moritz Goldstein waren nur um 10 Jahre älter als Benjamin) die bereitstehenden Formen der Rebellion, wobei man in Rechnung stellen muß, daß die Generation der Väter die zionistische Rebellion oft bitterer verurteilte als die kommunistische. Beides waren Auswege aus der Realitätslosigkeit in die Welt, aus der Verlogenheit und dem Selbstbetrug in eine ehrliche Existenz. Aber so sieht es nur im Nachhinein aus. Zu der Zeit, als Benjamin es erst mit einem unentschiedenen Zionismus und dann mit einem im Grunde nicht weniger unentschiedenen Kommunismus versuchte, standen die Anhänger der beiden Ideologien sich in größter Feindschaft gegenüber: die Kommunisten diffamierten den Zionismus als jüdischen Faschismus – auch Brecht hat Benjamin vorgeworfen, sein Aufsatz über Kafka leiste »dem jüdischen Faschismus Vorschub« – und die Zionisten den Kommunismus der jüdischen Jugend als »rote Assimilation«. Es ist bemerkenswert und wohl einzigartig, wie Benjamin sich jahrelang beide Wege gleichsam offen hielt, den Weg nach Palästina immer wieder in Erwägung zieht, als er schon längst Marxist geworden ist, ohne sich dabei im mindesten von der Meinung seiner marxistisch gesinnten Freunde, vor allem der Juden unter ihnen, irre machen zu lassen. Dies zeigt deutlich, wie wenig er in beiden Fällen an der »positiven« Ideologie interessiert war; wie es ihm in beiden Fällen um das »Negative« der Kritik an den bestehenden Verhältnissen ging, um den Ausweg aus Realitätslosigkeit und

16 Zitiert in Max Brod, *Franz Kafkas Glauben und Lehre,* 1948.

Verlogenheit, um eine Position außerhalb des Literatur- wie des akademischen Betriebes.

Er bezieht diese radikal kritische Position sehr jung, wohl noch ohne zu ahnen, in welche Vereinzelung und Vereinsamung sie ihn schließlich führen würde. *So* lesen wir in einem 1918 geschriebenen Briefe, daß Walther Rathenau, der Deutschland außenpolitisch repräsentieren will, und Rudolf Borchardt, der den Anspruch auf geistige Repräsentanz erhob, der »*Wille* zur Lüge«, »die objektive Verlogenheit« gemeinsam seien. Beide wollten nicht einer Sache – dem »Geist- und Sprachgut« des Volkes im Falle Borchardts, der Nation im Falle Rathenaus – durch ihre Werke »dienen«, sondern bedienten sich ihrer Werke und Talente als »selbstherrlicher Mittel« im »Dienst absoluten Machtwillens«. Hinzu kamen die Literaten, die ihren »Geist« in den Dienst der Karriere und des gesellschaftlichen Ansehens stellten: »Das Literatentum ist das Dasein im Zeichen des bloßen Geistes wie die Prostitution das Dasein im bloßen Zeichen des Sexus.« Wie die Prostituierte gerade die Geschlechtsliebe verrät, verrät der Literat den Geist, und es war dieser Verrat am Geist, den die Besten unter den Juden ihren Kollegen im Literaturbetrieb nicht verzeihen konnten. (»Ihre Funktion ist«, so meint er 1931, »politisch betrachtet, nicht Parteien, sondern Cliquen, literarisch betrachtet, nicht Schulen, sondern Moden, ökonomisch betrachtet, nicht Produzenten, sondern Agenten hervorzubringen. Agenten oder Routiniers, die großen Aufwand mit ihrer Armut treiben und sich aus der gähnenden Leere ein Fest machen. Gemütlicher konnte man sich's in einer ungemütlichen Situation nicht einrichten.«[17]) Im gleichen Sinne schreibt Benjamin ein Jahr nach dem Rathenau-Mord an einen nahen deutschen Freund, »daß der Jude heute auch die beste deutsche Sache, für die er sich *öffentlich* einsetzt, preisgibt, weil seine öffentliche deutsche Äußerung notwendig käuflich (im tieferen Sinn) ist, sie kann nicht das Echtheitszeugnis beibringen«. Legitim seien nur die privaten, gleichsam »geheimen Beziehungen zwischen Deutschen und Juden«; während »alles, was von deutsch-jüdischen Beziehungen heute *sichtbar* wirkt, dies zum Unheil tut«. An diesen Worten war viel Wahres. Aus der Perspektive der damaligen Judenfrage gesprochen, bezeugen sie die Finsternis der Zeit, in der man mit Recht sagen konnte: »Das Licht der Öffentlichkeit verdunkelt alles« (Heidegger).

17 Ursprünglich in »Linke Melancholie«, *Die Gesellschaft,* 1931; jetzt in *Versuche über Brecht,* S. 109.

Schon 1913 erwägt Benjamin die Position des Zionismus »als Möglichkeit und damit vielleicht als Verpflichtung« im Sinne dieser doppelten Rebellion gegen das Elternhaus und den deutsch-jüdischen Literaturbetrieb. Zwei Jahre später lernt er Gerhard Scholem kennen, in dem ihm zum ersten und einzigen Mal »Judentum in lebendiger Gestalt« begegnet; und nun beginnen auch sehr bald diese kuriosen endlosen Erwägungen einer Auswanderung nach Palästina, die sich durch nahezu zwanzig Jahre hinziehen. »Unter gewissen, gar nicht unmöglichen Voraussetzungen bin ich [bereit nach Palästina zu gehen], um nicht zu sagen entschlossen. Hier in Österreich sprechen die Juden (die anständigen, die nicht verdienen) von nichts anderem«, schreibt er 1919, hält aber gleichzeitig den Plan für einen »Gewaltakt«, unvollziehbar, es sei denn, er stelle sich als notwendig heraus. Wann immer solche Notwendigkeiten finanzieller oder politischer Art eintraten, erwägt er wieder den Plan und geht nicht. Es ist schwer zu sagen, ob es ihm damit nach der Trennung von seiner Frau, die aus einem zionistischen Milieu kam, noch wirklich ernst war; fest steht, daß er noch in den Jahren der Pariser Emigration ankündigt, er würde vielleicht »nach einem mehr oder weniger definitiven Abschluß meiner Studien im Oktober oder November nach Jerusalem« kommen. Was in den Briefen wie Unentschlossenheit wirkt – als habe er zwischen Zionismus und Kommunismus hin- und hergeschwankt –, dürfte in Wahrheit die Folge der bitteren Einsicht gewesen sein, daß alle Lösungen nicht nur objektiv falsch, der Wirklichkeit unangemessen waren, sondern daß sie ihn persönlich in eine Erlösungslüge führen würden, gleich ob diese Erlösung nun Moskau oder Jerusalem hieß. Er würde sich damit gerade um die positiven Erkenntnischancen seiner eigenen Position bringen – »auf der Spitze des Mastbaums, der schon zermürbt ist« oder »tot zu Lebzeiten und der eigentlich Überlebende« unter Trümmern. Er hatte sich in den verzweifelten Umständen, die der Wirklichkeit entsprachen, angesiedelt; in ihnen wollte er verharren, um die eigenen Schriften zu »denaturieren« »wie Spiritus [...] auf die Gefahr hin, daß sie ungenießbar für jeden« der jetzt Lebenden werden und desto verläßlicher in eine unbekannte Zukunft gerettet werden können.

Denn es lag ja keineswegs so, daß die Unlösbarkeit der Judenfrage dieser Generation nur darin bestand, daß sie deutsch sprachen und schrieben und ihre »Produktionsanstalt« in Europa, in Benjamins Fall in »Berlin W.« oder auch Paris lag, worüber er »nicht die mindesten Illusionen hegte«. Entscheidender war, daß sie ins Judentum nicht zurück wollten, nicht zurück wollen konnten; aber nicht weil sie an Fortschritt und damit ein automatisches Verschwinden des Judenhasses glaubten oder weil sie zu »assimiliert«, dem Judentum der Herkunft zu entfremdet gewesen wären, sondern weil ihnen alle Traditionen und Kulturen gleich fragwürdig geworden waren. Und das gleiche gilt für die von den Zionisten vorgeschlagene »Rückkehr« ins jüdische Volk; sie hätten alle sagen können, was Kafka gelegentlich über seine eigene Zugehörigkeit zum jüdischen Volk gesagt hat: »mein Volk, vorausgesetzt, daß ich eines habe« (Kafka, *Briefe*, S. 183).

Dies aber war nur die persönliche und vergleichsweise, möchte man meinen, harmlose Seite des Konflikts. Was Benjamin am Marxismus gerade in seiner kommunistisch revolutionären Gestalt anzog, war die Radikalität einer Kritik, die sich nicht mit Gegenwartsanalysen bestehender Verhältnisse begnügte, sondern die gesamte geistige und politische Überlieferung mit in Betracht zog. Entscheidend für ihn war die Frage der Tradition überhaupt, und zwar genau so wie Scholem sie, allerdings ohne der Problematik gewahr zu werden, in einem der Briefe an den Freund anschneidet. Er warnt ihn vor den Gefahren, die gerade seiner Denkweise durch den Marxismus drohen, und fügt dann hinzu, er brächte sich um die Chance, »der legitime Fortsetzer der fruchtbarsten und echtesten Traditionen eines Hamann und Humboldt« zu werden. Scholem appelliert an »die Moralität der Einsichten« und versteht nicht, daß es gerade diese Moralität war, die Benjamin eine Rückkehr und Fortsetzung jeglicher Tradition schlechterdings verbot.[18]

Es liegt nahe und wäre auch tröstlich zu denken, daß die Wenigen, die sich auf die exponiertesten Posten der Zeit vorgewagt und den Preis der Vereinsamung voll gezahlt hatten, sich wenigstens als die Vorläufer einer neuen Zeit fühlten. Davon kann keine Rede sein. Kafka hat sich zu dieser Frage auf eine um so bemerkenswertere Weise geäußert, als sie mit Benjamins Ansicht in einem entscheidenden Punkte zusammentrifft: »Alles, was er tut«, notierte er in den späten, »Er« überschriebenen Aphorismen, »kommt ihm zwar au-

18 Pierre Missac kommt in dem oben zitierten Aufsatz auf die gleiche Briefstelle zu sprechen und meint: »Sans sous-estimer la valeur d'une telle réussite [d'être le successeur de Hamann et de Humboldt], on peut penser que Benjamin recherchait aussi dans le marxisme un moyen d'y echapper.«

ßerordentlich neu vor, aber auch entsprechend dieser unmöglichen Fülle des Neuen außerordentlich dilettantisch, kaum einmal erträglich, unfähig historisch zu werden, die Kette der Geschlechter sprengend, die bisher immer wenigstens zu ahnende Musik der Welt zum erstenmal bis in alle Tiefen hinunter abbrechend. Manchmal hat er in seinem Hochmut *mehr Angst um die Welt als um sich.*« Und Benjamin, der die gleiche Frage in seinem Essay über Karl Kraus aufwirft, fragt: Steht er »an der Schwelle einer neuen Zeit«? »Ach, durchaus nicht. Er steht nämlich an der Schwelle des Weltgerichts.« Und an dieser Schwelle haben im Grunde alle gestanden, die dann die Meister der »neuen Zeit« wurden, sie haben ihren Anbruch vor allem als Untergang gesehen und die Geschichte mitsamt ihren Traditionen, die zu ihm führte, als einen Trümmerhaufen. – »Wir wissen, daß wir Vorläufige sind / Und nach uns wird kommen: nichts Nennenswertes« (Brecht). Niemand hat dies klarer ausgesprochen als Benjamin in den *Geschichtsphilosophischen Thesen,* und nirgends hat er es eindeutiger gesagt als in der folgenden Briefstelle aus Paris im Jahre 1935:

»Im übrigen unterliege ich kaum der Nötigung, mir auf diesen Weltzustand im großen und ganzen einen Vers zu machen. Es sind auf diesem Planeten schon sehr viele Kulturen in Blut und Grauen zugrunde gegangen. Natürlich muß man ihm wünschen, daß er eines Tages eine erlebt, die beide hinter sich gelassen hat – ja, ich bin [...] geneigt anzunehmen, daß er darauf wartet. Aber ob *wir* ihm dieses Geschenk auf den hundert- oder vierhundertmillionsten Geburtstagstisch legen können, das ist eben furchtbar fraglich. Und wenn nicht, so wird er uns schließlich zur Strafe, als seinen unaufmerksamen Gratulanten, das Weltgericht auftragen lassen.«

Nun, in dieser Hinsicht haben die letzten dreißig Jahre wohl kaum etwas Neues gebracht.

III. Der Perlentaucher

> Full fathom five thy father lies;
> Of his bones are coral made:
> Those are pearls that were his eyes:
> Nothing of him that doth fade
> But doth suffer a sea-change
> Into something rich and strange.
>
> Fünf Faden tief liegt Vater dein:
> Sein Gebein wird zu Korallen;
> Perlen sind die Augen sein:
> Nichts an ihm, das soll verfallen,
> Das nicht wandelt Meereshut
> In ein reich und seltnes Gut.
> Der Sturm I, 2

Sofern Vergangenheit als Tradition überliefert ist, hat sie Autorität; sofern Autorität sich geschichtlich darstellt, wird sie zur Tradition. Walter Benjamin wußte, daß Traditionsbruch und Autoritätsverlust irreparabel waren, und zog daraus den Schluß, neue Wege für den Umgang mit der Vergangenheit zu suchen. In diesem Umgang wurde er ein Meister, als er entdeckte, daß an die Stelle der Tradierbarkeit der Vergangenheit ihre Zitierbarkeit getreten war, an die Stelle ihrer Autorität die gespenstische Kraft, sich stückweise in der Gegenwart anzusiedeln und ihr den falschen Frieden der gedankenlosen Selbstzufriedenheit zu rauben. »Zitate in meiner Arbeit sind wie Räuber am Weg, die bewaffnet hervorbrechen und dem Müßiggänger die Überzeugung abnehmen.« Aber wenn auch »erst der Verzweifelnde«, nämlich der an der Gegenwart Verzweifelnde (wie Benjamin an Karl Kraus exemplifiziert) »im Zitat die Kraft [entdeckt]: nicht zu bewahren, sondern zu reinigen, aus dem Zusammenhang zu reißen, zu zerstören«, so sind doch diese Entdecker des Destruktiven ursprünglich von einer ganz anderen Absicht beseelt, nämlich von der Absicht zu bewahren; und nur weil er sich nichts vormachen läßt von den berufsmäßigen »Bewahrern« der Vergangenheit, der Werte, des Positiven usw., entdeckt er schließlich, daß die destruktive Kraft des Zitats »die einzige [ist], in der noch Hoffnung liegt, daß einiges aus diesem Zeitraum überdauert – weil man es nämlich aus ihm herausschlug«. In dieser Form von »Denkbruchstücken« hat das Zitat die Aufgabe, den Fluß der Darstellung mit »transzendenter Wucht« sowohl zu unterbrechen wie das Dargestellte in sich zu versammeln. An Gewicht kann es sich in Benjamins Arbeit nur mit dem ganz anders gearteten autoritären Zitat messen, das in den Traktaten des Mittelalters die immanente Stimmigkeit der Beweisführung ersetzt.

Ich erwähnte bereits, daß Benjamins zentrale Leidenschaft das Sammeln war. Es fing früh an mit dem, was er selbst seine »Bibliomanie« genannt hat, aber diese transformierte sich bald – ungleich charakteristischer, wenn nicht für die Person, so sicher für das Werk – in das Sammeln von Zitaten. (Nicht, daß er das Büchersammeln je aufgegeben hätte; noch kurz vor dem Zusammenbruch Frankreichs erwog er ernstlich, sein Exemplar der Gesammelten Werke Kafkas, die damals gerade in fünf Bänden erschienen waren, gegen ein paar Erstausgaben der frühen Schriften einzutauschen, ein Unterfangen, das natürlich jedem Nichtbibliophilen unverständlich bleiben mußte.) Das »innere Bedürfnis, eine Bibliothek zu besitzen«, machte sich in der gleichen Zeit, um 1915, geltend, in der er seine Studien der Romantik als der »letzten Bewegung, die noch einmal die Tradition hinüberrettete«, zuwandte. Daß auch in dieser Leidenschaft des Erbens schon ein gewisser Destruktionstrieb waltete, hat er erst viel später entdeckt, als er bereits den Glauben an Tradition und Unzerstörbarkeit der Welt verloren hatte. (Davon wird gleich die Rede sein.) Damals meinte er noch, von Scholem bestärkt, daß die eigene Entfremdung von der Tradition wohl seinem Judentum geschuldet sei und daß es für ihn vielleicht den Weg zurück ebenso geben könnte wie für den Freund, der seine Auswanderung nach Jerusalem vorbereitete. (Schon 1920, noch von keinen Geldnöten ernstlich geplagt, denkt er daran, Hebräisch zu lernen.) Er hat diesen Weg nie auch nur so weit beschritten wie etwa Kafka, der nach allen Bemühungen unverblümt erklärte, daß er mit nichts Jüdischem etwas anfangen könne, außer den von Buber für modernen Gebrauch präparierten chassidischen Geschichten – »in alles andere werde ich nur hineingeweht und ein anderer Luftzug bringt mich wieder fort« *(Briefe,* S. 173). Also – trotz aller Zweifel zurück in die deutsche oder europäische Vergangenheit und mithelfen an der Tradierbarkeit ihrer Literatur?

So stellte sich die Frage wohl Anfang der zwanziger Jahre vor der

Hinwendung zum Marxismus. Damals wählte Benjamin sich das deutsche Barock als Thema für die Habilitationsschrift, und diese Wahl ist für die Zweideutigkeit dieser ganzen noch unentschiedenen Problematik sehr charakteristisch. Denn das Barock ist in der deutschen literarischen Überlieferung eigentlich niemals lebendig gewesen, mit Ausnahme der großen Kirchenchoräle aus der Zeit. Goethe hat mit Recht gemeint, daß die deutsche Literatur, als er achtzehn Jahre alt war, auch nicht älter gewesen sei. Und Benjamins im doppelten Sinne barocke Wahl hat ihr genaues Gegenstück in Scholems merkwürdigem Entschluß, sich dem Judentum auf dem Weg der Kabbala zu nähern, also dem im Sinne jüdischer Tradition Untradierten und Untradierbaren, dem zudem noch etwas ausgesprochen Anrüchiges anhaftete. Nichts, möchte man im Nachhinein meinen, zeigte deutlicher als die Wahl dieser Arbeitsgebiete, daß es den Weg zurück nicht gab – weder in die deutsche oder europäische noch in die jüdische Tradition. Implizit war damit zugestanden, daß das Vergangene von sich aus nur noch aus Dingen sprach, die nicht tradiert waren, deren scheinbare Gegenwartsnähe also gerade ihrem exotischen Charakter geschuldet war, und die darum auf keinen Fall Anspruch erheben konnten, zu verpflichten.

An die Stelle des verpflichtenden Wahren trat das in irgendeinem Sinne Bedeutende, Sinnträchtige; und dies hieß natürlich, wie Benjamin genau wußte, daß die »Konsistenz der Wahrheit ... verlorengegangen ist«. Zur »Konsistenz der Wahrheit« gehörte jedenfalls für Benjamin, dessen erste Denkversuche durchaus theologisch inspiriert waren –, daß sie ein Geheimnis betrifft und daß die Offenbarung dieses Geheimnisses Autorität hat. Wahrheit, sagt er kurz bevor ihm der unheilbare Traditionsbruch und Autoritätsverlust voll ins Bewußtsein trat, ist nicht »Enthüllung, die das Geheimnis vernichtet, sondern Offenbarung, die ihm gerecht wird«. War diese Wahrheit erst einmal an dem ihr gemäßen geschichtlichen Augenblick in die Menschenwelt getreten – sei es als die griechische, visuell mit den Augen des Geistes erblickbare *a-letheia,* die wir mit Heidegger als »Unverborgenheit« verstehen, sei es als das akustisch vernehmbare Wort Gottes, wie wir es aus den europäischen Offenbarungsreligionen kennen –, so war es diese ihr eigentümliche »Konsistenz«, die sie gewissermaßen handlich und damit tradierbar machte: sie wurde als »Weisheit« zum »Traditionsgut«, und Weisheit ist die Konsistenz der tradierbaren Wahrheit. Mit anderen Worten: selbst wenn Wahrheit in unserer Welt auftreten sollte, so kann sie nicht zur Weisheit führen, weil sie die Eigenschaften, die sie nur durch allgemeine Anerkennung ihrer Gültigkeit gewinnen kann, nicht mehr besitzt.

Benjamin spricht über diese Dinge anläßlich Kafkas und sagt, daß Kafka natürlich »weit entfernt [war] der erste zu sein, der sich dieser Tatsache gegenübersah. Viele hatten sich mit ihr eingerichtet, festhaltend an der Wahrheit oder an dem, was sie jeweils dafür gehalten haben; schweren oder auch leichteren Herzens verzichtleistend auf ihre Tradierbarkeit. Das eigentlich Geniale an Kafka war, daß er etwas ganz neues ausprobiert hat: er gab die Wahrheit preis, um an der Tradierbarkeit [...] festzuhalten.« Kafka tat dies, indem er überkommene »Gleichnisse« entscheidend veränderte oder neue im Stile der Tradition erfand, nur daß diese sich »der Lehre nicht schlicht zu Füßen« legen, sondern »unversehens eine gewichtige Pranke gegen sie« erheben. Schon Kafkas Griff in den Meeresgrund des Vergangenen hatte diese eigentümliche Doppelheit von Bewahren- und Destruierenwollen an sich: er wollte es bewahren, auch wenn es nicht Wahrheit war, schon um dieser »neuen Schönheit in dem Entschwindenden« willen, von der Benjamin anläßlich Lesskows spricht; und er wußte andererseits, daß man die Tradition nicht wirksamer zerschlagen kann, als indem man sich das »Reiche und Seltsame«, die Korallen und Perlen, aus dem Überkommenen herausbricht.

Diese Zweideutigkeit der Geste mit Bezug auf die Vergangenheit hat Benjamin am Typus des Sammlers, und das heißt an sich selbst, auf einzigartige Weise aufgezeigt. Der *Sammler* hat mancherlei, ihm oft undurchsichtige Motive. Das Sammeln ist, wie Benjamin wohl als erster betont hat, die Leidenschaft der Kinder, für welche die Dinge noch keinen Warencharakter haben, und es ist das Hobby der reichen Leute, die genug haben, um Nützliches nicht mehr zu brauchen, und es sich leisten können, »die Verklärung der Dinge zu [ihrer] Sache zu machen«. Dabei müssen sie notwendigerweise das Schöne entdecken, das auf das »uninteressierte Wohlgefallen« rechnet, um sich zur Geltung zu bringen; auf jeden Fall setzen sie den Liebhaberwert an die Stelle des Gebrauchswerts. (Daß Sammeln außerdem eine besonders sichere und oft höchst profitable Anlage von Vermögenswerten sein kann, war noch nicht in Benjamins Gesichtskreis getreten.) Und sofern sich das Sammeln an jeden Gegenstand hängen kann (nicht nur an Kunstgegenstände, die der alltäglichen

Welt der Gebrauchsgegenstände ohnehin entzogen sind, weil sie zu nichts »gut« sind) und diesen Gegenstand damit als Ding gleichsam erlöst – er ist nun zu nichts mehr gut, Mittel zu keinem Zweck, er hat seinen Wert in sich –, ist das Sammeln für Benjamin eine der revolutionären Tätigkeit verwandte Haltung. Auch der Sammler, wie der Revolutionär, »träumt sich nicht nur in eine ferne oder vergangene Welt, sondern zugleich in eine bessere, in der zwar die Menschen ebensowenig mit dem versehen sind, was sie brauchen, wie in der alltäglichen, aber die Dinge von der Fron frei sind, nützlich zu sein«. Das Sammeln ist die Erlösung der Dinge, welche die der Menschen komplementär ergänzen soll. Schon das Lesen der Bücher ist dem echten Bibliophilen fragwürdig: »Und das haben Sie alles gelesen?« soll ein Bewunderer seiner Bibliothek Anatole France gefragt haben. »Nicht ein Zehntel. Oder speisen Sie täglich von Ihrem Sèvres?« (In Benjamins Bibliothek gab es eine Sammlung seltener Kinderbücher wie der Bücher von Geisteskranken, und da er sich weder mit Kinderpsychologie noch mit Psychiatrie beschäftigte, waren sie wortwörtlich wie viele andere seiner Kostbarkeiten zu nichts gut. Sie dienten weder der Unterhaltung noch der Belehrung.) Hiermit hängt aufs engste der Fetischcharakter zusammen, den Benjamin ausdrücklich für den gesammelten Gegenstand in Anspruch nimmt. Der für den Sammler wie für den von ihm bestimmten Markt entscheidende Echtheitswert ist an die Stelle des »Kultwerts« getreten, ist seine Säkularisierung.

Diesen Reflexionen haftet wie oft bei Benjamin etwas Geistreiches an, das für seine wesentlichen Einsichten, die zumeist sehr handfester Natur sind, gerade nicht bezeichnend ist, wohl aber charakteristisch für das ihm eigentümliche Flanieren auch im Geistigen, bei dem er – wie der Flaneur in der Stadt – als Führer auf seinen Entdeckungsreisen dem Zufall vertraut. In diesem Zusammenhang ist wesentlich, daß »die Haltung des Sammlers [...] im höchsten Sinne die Haltung des Erben« ist, der sich, indem er von den Dingen Besitz ergreift – und »der Besitz [ist] das allertiefste Verhältnis, das man zu Dingen überhaupt haben kann« –, in der Vergangenheit einrichtet, um so ungestört von der Gegenwart die »alte Welt zu erneuern«. Und da dieser »tiefste Trieb« im Sammler ein reines Privatvergnügen ist, muß alles, »was aus dem Sehwinkel eines echten Sammlers gesagt wird«, so »schrullig« erscheinen wie die in der Tat echt Jean Paulsche Vorstellung von einem Schriftsteller, der »Bücher nicht aus Armut, sondern aus Unzufriedenheit mit den Büchern [schreibt], welche er kaufen könnte und die ihm nicht gefallen«. Nun finden sich aber bei näherem Zusehen an dieser Schrulligkeit des Sammlers einige höchst merkwürdige Besonderheiten. Da ist einmal die für diese Zeit bezeichnende Geste, mit der der Sammler sich nicht nur aus der gegenwärtigen Öffentlichkeit einfach in sein Privatleben zurückzieht, sondern in seinen Privatbesitz die Dinge mitnimmt und, wie er meint, hinüberrettet, die einmal der Öffentlichkeit gehörten. (Es handelt sich hier natürlich noch nicht um den heutigen Sammlertypus, der sich dessen bemächtigt, was öffentlichen Marktwert hat oder seiner Meinung nach haben wird, sondern um den, der wie Benjamin gerade dem Absonderlichen nachjagt, das als wertlos gilt.) Ferner kommt in dieser Leidenschaft für das Vergangene um des Vergangenen willen bereits ein sehr merkwürdiger Zug zum Vorschein, der anzeigt, daß gerade die Tradition bei diesem »Erben« zu kurz kommt und ihre Werte bei ihm keineswegs so gut aufgehoben sind, wie es auf den ersten Blick scheinen könnte.

Der Überlieferung ist es eigen, das Vergangene zu ordnen, und zwar nicht nur chronologisch, sondern auch systematisch, nämlich das Positive vom Negativen zu sondern und das Verpflichtende und Maßgebliche herauszuheben aus der Masse unerheblicher oder bloß interessanter Meinungen und Phänomene, die auch vorkommen. Die Leidenschaft des Sammlers hingegen ist nicht nur unsystematisch, sie grenzt ans Chaotische, und zwar nicht so sehr, weil sie Leidenschaft ist, sondern weil sie sich primär gar nicht an der Qualität des Gegenstandes, die klassifizierbar ist, entzündet, vielmehr an seiner »Echtheit«, an seiner Einzigartigkeit, die alle systematische Zuordnung sprengt. Während also die Tradition die Vergangenheit profiliert, ebnet der Sammler alle Unterschiede ein. Und diese Einebnung: daß »das Positive und Negative – Vorliebe und Verwerfung – hier eng aneinander« stoßen, findet auch dann statt, sogar in ausgezeichnetem Maß, wenn der Sammler die Überlieferung selbst zu seinem Spezialgebiet gemacht hat und alles von ihr nicht Anerkannte sorgfältig ausscheidet. Gegen die Tradition setzt der Sammler das Kriterium der Echtheit, gegen das Maßgebliche das Signum des Ursprungs, gegen eine inhaltliche Qualität also, wenn man diese Denkungsart ins theoretisch Gedankliche übersetzt, die reine Ursprünglichkeit oder Authentizität, die erst der französische Existentialismus zu einer von allen spezifischen Eigenschaften abgelösten Qualität an sich gemacht hat. Treibt man nun diese Denkungsart in die ihr gemäße gedankliche Konsequenz, so kommt es zu einer merkwürdigen Umkehrung des ursprünglichen Sammler-Triebes: »Das echte Bild mag alt sein, aber der echte Gedanke *ist* neu. Er ist von heute. Dies Heute mag dürftig sein, zugegeben. Aber es mag sein wie es will, man muß es fest bei den Hörnern haben, um die Vergangenheit befragen zu können. Es ist der Stier, dessen Blut die Grube erfüllen muß, wenn an ihrem Rande die Geister der Abgeschiedenen erscheinen sollen.« Aus dieser für die Beschwörung der Vergangenheit geopferten Gegenwart stammt dann »die tödliche Stoßkraft des Gedankens«: die sich gegen das Vergangene als Tradition und Autorität richtet. Also: »Nicht an das gute Alte anknüpfen, sondern an das schlechte Neue.«

Unversehens verwandelt sich so der Erbe und Bewahrer in einen Zerstörer. »Die wahre, sehr verkannte Leidenschaft des Sammlers ist immer anarchistisch, destruktiv. Denn dies ist ihre Dialektik: Mit der Treue zum Ding, zum Einzelnen, bei ihm Geborgenen, den eigensinnigen subversiven Protest gegen das Typische, Klassifizierbare zu verbinden.«[19] Der Sammler zerstört den Zusammenhang, in dem sein Gegenstand einmal nur Teil eines größeren lebendigen Ganzen gewesen ist, und da für ihn nur das einmalig Echte in Betracht kommt, muß er den erwählten Gegenstand von allem reinigen, was an ihm typisch ist. Die Figur des Sammlers, ihrer Herkunft nach so altertümlich wie die des Flaneurs, kann in Benjamin so eminent moderne Züge annehmen, weil die Geschichte selbst, nämlich der im Anfang dieses Jahrhunderts vollzogene Traditionsbruch, ihm diese Arbeit des Zerstörens bereits abgenommen hat, und er sich gleichsam nur zu bücken braucht, um sich seine kostbaren Bruchstücke aus dem Trümmerhaufen des Vergangenen herauszulesen. Mit anderen Worten, die Dinge boten gerade dem, der sich fest an das Heute hielt, von sich her einen Aspekt dar, der zuvor nur aus der schrulligen Perspektive des Sammlers zu entdecken gewesen war.

Ich weiß nicht, wann Benjamin die merkwürdige Koinzidenz seiner altertümlichen Triebe mit den Gegebenheiten der Zeit entdeckt hat; es muß in der Mitte der zwanziger Jahre gewesen sein, als er anfing, sich ernsthaft mit Kafka auseinanderzusetzen, um nur wenig

19 In »Lob der Puppe«, *Literarische Welt,* 10.1.1930 [GS III, S. 213-218].

später in Brecht den dieser Zeit gemäßen Dichter zu entdecken. Ich will auch nicht behaupten, daß er von einem Tag auf den anderen oder auch nur von einem Jahr aufs andere den Akzent vom Büchersammeln auf das nur ihm eigene Zitate-Sammeln verlegte, obwohl in den Briefen einiges für eine bewußte Akzentverschiebung spricht. Jedenfalls war nichts für ihn in den dreißiger Jahren charakteristischer als die kleinen, schwarz-gebundenen Notizbüchlein, die er immer bei sich trug und in die er unermüdlich in Zitaten eintrug, was das tägliche Leben und Lesen ihm an »Perlen und Korallen« zutrug, um sie dann gelegentlich wie Stücke einer erlesen kostbaren Sammlung vorzuzeigen und vorzulesen. Und in dieser gar nicht mehr schrulligen Sammlung konnte man ohne Schwierigkeit neben einem verschollenen Liebesgedicht aus dem achtzehnten Jahrhundert die jüngste Zeitungsnachricht finden, neben Goeckinghs »Der erste Schnee« die Meldung aus Wien im Sommer 1939, daß die dortige »Gasanstalt [...] die Belieferung der Juden mit Gas eingestellt [hat]. Der Gasverbrauch der jüdischen Bevölkerung brachte für die Gasgesellschaft Verluste mit sich, da gerade die größten Konsumenten ihre Rechnungen nicht beglichen. Die Juden benutzten das Gas vorzugsweise zum Zwecke des Selbstmords« *(Briefe,* II. Bd., S. 820). Hier wurden die Geister der Abgeschiedenen nun in der Tat nur noch aus der Opfergrube des Heute beschworen.

Wie legitim und dem Traditionsbruch der Zeit gemäß die scheinbar schrullige Figur des Sammlers, der aus dem Trümmerhaufen des Vergangenen sich seine Fragmente und Bruchstücke zusammenholt, in Wahrheit ist, macht man sich vielleicht am besten an der nur auf den ersten Blick verblüffenden Tatsache klar, daß es wohl keine Zeit vor der unsrigen gegeben hat, in der Altes, Ältestes und viel von der Überlieferung längst Vergessenes zum allgemeinen Bildungsgut geworden ist, das in Hunderttausenden von Exemplaren jedem Schuljungen in die Hand gedrückt wird. Diese erstaunliche Belebung vor allem auch der Antike, die sich seit den vierziger Jahren vielleicht am stärksten in dem vergleichsweise traditionslosen Amerika geltend macht, hatte in Europa in den zwanziger Jahren begonnen. Und sie wurde dort von denen in die Wege geleitet, die sich der Unheilbarkeit des Traditionsbruchs am klarsten bewußt waren – also in Deutschland, und nicht nur in Deutschland, vor allem von Martin Heidegger, dessen außerordentlicher und außerordentlich früher Erfolg zu einem wesentlichen Teil auch einem »Hören auf die Überlieferung« geschuldet ist, »das nicht Vergangenem nachhängt, sondern das Gegenwärtige bedenkt«.[20] Mit Heideggers großem Spürsinn für das, was aus lebendigem Auge und lebendigem Gebein Perle und Koralle geworden und als solches nur durch die »Gewaltsamkeit« der Interpretation, nämlich »die tödliche Stoßkraft« neuer Gedanken zu retten und in die Gegenwart zu heben ist, hatte Benjamin, ohne es zu wissen, im Grunde erheblich mehr gemein als mit den dialektischen Subtilitäten seiner marxistischen Freunde. Denn wie etwa jener (schon im 1. Teil dieser Studie zitierte) Satz, der den Wahlverwandtschaften-Essay beschließt – »Nur um der Hoffnungslosen willen ist uns die Hoffnung gegeben« –, klingt, als habe ihn Kafka geschrieben, so könnte man bei den folgenden im Jahre 1924 geschriebenen Worten (aus einem Brief an Hofmannsthal) wohl meinen, sie stammten aus einer Schrift von Heidegger aus den vierziger oder fünfziger Jahren: »Die Überzeugung, welche in meinen literarischen Versuchen mich leitet [ist], daß jede Wahrheit ihr Haus, ihren angestammten Palast, in der Sprache hat, daß er aus den ältesten logoi errichtet ist und daß der so gegründeten Wahrheit gegenüber die Einsichten der Einzelwissenschaften subaltern bleiben, solange sie gleichsam nomadisierend, bald hier, bald da im Sprachbereich sich behelfen, befangen in jener Anschauung vom Zeichencharakter der Sprache, der ihrer Terminologie die verantwortungslose Willkür aufprägt.« Die Worte nämlich sind im Sinne von Benjamins frühen sprachphilosophischen Versuchen »das Gegenteil aller nach außen gerichteten Mitteilung«, wie die Wahrheit überhaupt »der Tod der Intention« ist. Wer sie befragt, dem ergeht es wie dem Mann in der Fabel vom verschleierten Bilde zu Sais – »nicht eine rätselhafte Gräßlichkeit des Sachverhalts ist's, die das bewirkt, sondern die Natur der Wahrheit, vor welcher auch das reinste Feuer des Suchens wie unter Wasser verlischt!«

Seit dem Wahlverwandtschaften-Essay steht im Zentrum jeder Arbeit Benjamins das Zitat. Schon dadurch unterscheiden sie sich von gelehrten Abhandlungen aller Art, in denen Zitate die Aufgabe haben, Meinungen zu belegen, und daher ruhig in den Anmerkungsapparat verwiesen werden können. Davon kann bei Benjamin keine Rede sein. Als er die Arbeit über das deutsche Trauerspiel vorbereitete, rühmte er sich einer Sammlung von »über 600 Zitaten

20 Siehe *Kants These über das Sein*, Frankfurt 1962, S. 8.

[...] in bester Ordnung und Übersichtlichkeit«, und diese Sammlung, wie die späteren Notizbücher, war nicht eine Anhäufung von Exzerpten, welche die Niederschrift erleichtern sollten, sondern stellte bereits die Hauptarbeit dar, der gegenüber die Niederschrift sekundärer Natur war. Die Hauptarbeit bestand darin, Fragmente aus ihrem Zusammenhang zu reißen und sie neu anzuordnen, und zwar so, daß sie sich gegenseitig illuminieren und gleichsam freischwebend ihre Existenzberechtigung bewähren konnten. Es handelte sich durchaus um eine Art surrealistischer Montage. Sein Ideal, eine Arbeit herzustellen, die nur aus Zitaten bestand, also so meisterhaft montiert war, daß sie jeder begleitenden Rede entraten konnte, mag skurril und selbstzerstörerisch anmuten, war es aber so wenig wie die gleichzeitigen surrealistischen Versuche, die ähnlichen Impulsen ihre Entstehung verdanken. Sofern aber ein begleitender Text des Autors selbst nicht zu vermeiden war, galt es ihn so zu gestalten, daß »die Intention solcher Untersuchungen«, nämlich »die sprachliche und gedankliche Tiefe [...] nicht sowohl auszuschachten als zu erbohren«, gewahrt blieb und nicht durch Erklärungen, die einen kausalen oder systematischen Zusammenhang herzustellen suchen, ruiniert werde. Daß diese neue Bohrmethode eine gewisse »Forcierung von Einsichten« zur Folge hat, »deren unfeine Pedanterie freilich der heute fast durchweg verbreiteten Allüre ihrer Verfälschung vorzuziehen ist«, war ihm dabei ebenso klar, wie daß sie »die Ursache gewisser Dunkelheiten« bilden mußte. Vor allem war ihm daran gelegen, alles zu vermeiden, was an Einfühlung erinnern könne, als hätte der jeweilige Gegenstand der Untersuchung eine Botschaft parat, die sich dem Leser oder Beschauer ohne weiteres mitteilt oder mitteilbar machen ließe: »*Kein Gedicht gilt dem Leser, kein Bild dem Beschauer, keine Symphonie der Hörerschaft.*«

Unter diesem Motto, sehr früh schon formuliert, steht alle Literaturkritik bei Benjamin. Und es geht ihm dabei um erheblich mehr als um den Affront eines wie immer gearteten Publikums, wie man ihn so überdeutlich in den willkürlichen Schockwirkungen des Dadaismus findet; es geht ihm vielmehr um die Überzeugung, daß gewisse Sachverhalte vor allem sprachlicher Natur »ihren guten, ja vielleicht besten Sinn behalten, wenn sie nicht von vornherein ausschließlich auf den Menschen bezogen werden. So dürfte von einem unvergeßlichen Leben oder Augenblick gesprochen werden, auch wenn alle Menschen sie vergessen hätten. Wenn nämlich deren Wesen es forderte, nicht vergessen zu werden, so würde jenes Prädikat nichts Falsches, sondern nur eine Forderung, der Menschen nicht entsprechen, und zugleich auch wohl den Verweis auf einen Bereich enthalten, in dem ihr entsprochen wäre: auf ein Gedenken Gottes.« Auf den theologischen Hintergrund hat Benjamin später verzichtet, nicht aber auf die Sache selbst und nicht auf die Methode, das Wesen im Zitat zu erbohren – wie man Wasser aus der unterirdischen, in der Tiefe verborgenen Quelle erbohrt. Das Bohren ist dasselbe wie das Beschwören, und das so Beschworene, das nun heraufsteigt, ist immer das, was die Shakespearesche »sea-change« vom lebendigen Auge zur Perle, vom lebendigen Gebein zur Koralle erlitten hat. Das Zitieren ist ein Nennen, und das Nennen, nicht eigentlich das Sprechen, das Wort und nicht der Satz bringen für Benjamin Wahrheit an den Tag. Wahrheit, wie man in der Vorrede zum *Ursprung des deutschen Trauerspiels* nachlesen kann, gilt ihm als ein ausschließlich akustisches Phänomen: »nicht Platon, sondern Adam«, der den Dingen ihre Namen gab, ist ihm der »Vater der Philosophie«. Tradition war daher die Form, in welcher diese nennenden Worte überliefert wurden – auch sie ein im wesentlichen akustisches Phänomen, eine »Überlieferung«, wie Heidegger sagt, in die es »gilt [...] zurückzuhören«.[21] Er fühlte sich Kafka so verwandt, weil auch dieser »keinerlei Weitblick, auch keine ›Sehergabe‹« besaß, sondern der Tradition lauschte, »und wer angestrengt lauscht, der sieht nicht«.

Es hat seine guten Gründe, daß Benjamins frühe philosophische Interessen sich ausschließlich an Sprachphilosophie orientierten und daß ihm schließlich das zitierende Nennen zu der einzig möglichen, einzig angemessenen Art und Weise wurde, mit der Vergangenheit ohne die Hilfe der Überlieferung umzugehen. Jede Epoche, der ihre eigene Vergangenheit in einem solchen Maße fragwürdig geworden ist wie der unseren, muß schließlich auf das Phänomen der Sprache stoßen; denn in der Sprache sitzt das Vergangene unausrottbar, an ihr scheitern alle Versuche, es endgültig loszuwerden. Die griechische Polis wird solange am Grunde unserer politischen Existenz, auf dem Meeresgrunde also, weiter da sein, als wir das Wort »Politik« im Munde führen. Dies ist es, was die Semantiker, die mit gutem Grunde die Sprache als das einzige Bollwerk attackieren, hinter dem

21 Siehe »Hegel und die Griechen« in *Die Gegenwart der Griechen im neueren Denken.* Festschrift für Hans-Georg Gadamer. Tübingen 1960. S. 53.

sich die Vergangenheit verbirgt – ihre Konfusion, wie sie meinen –, nicht verstehen. Sie haben vollkommen recht: Alle Probleme sind letztlich sprachliche Probleme; sie wissen nur nicht, was sie damit sagen.

Aber Benjamin, der noch nicht Wittgenstein und erst recht nicht seine Vorgänger und Nachfolger kannte, wußte gerade in diesen Dingen sehr gut Bescheid, weil sich für ihn das Problem der Wahrheit von Anfang an als eine »Offenbarung« stellte, die *»vernommen* werden muß, d. h. in der metaphysisch akustischen Sphäre liegt«. Sprache also war für ihn keineswegs primär die den Menschen unter anderen Lebewesen auszeichnende Sprechbegabung, sondern im Gegenteil das »Weltwesen [...], aus dem das Sprechen hervorgeht«. Dies kommt der Heideggerschen Position: »Der Mensch kann nur sprechen, insofern er der Sagende ist«, sehr nahe, nur daß für Benjamin das Sagen zwar auch »erscheinen-«, aber nicht »sehen-lassen« bedeuten würde.[22] Es gibt also »eine Sprache der Wahrheit, in welcher die letzten Geheimnisse, um die alles Denken sich müht, spannungslos und selbst schweigend aufbewahrt sind«, und dies ist »die wahre Sprache«, deren Existenz wir zumeist ahnungslos voraussetzen, sobald wir aus einer Sprache in eine andere übersetzen. Darum stellt er in die Mitte seines Aufsatzes von der *»Aufgabe des Übersetzers«* das erstaunliche Mallarmé-Zitat, in dem die gesprochenen Sprachen in ihrer irdisch bedingten Vielfalt und Verschiedenartigkeit als das Hindernis verstanden werden, die »immortelle parole« auch nur zu denken, geschweige denn sie als Wahrheit materiell dem Weltstoff einzufügen.[23] Was immer er später theoretisch an diesen theologisch-metaphysischen Überzeugungen revidiert haben mag, an dem für alle seine literarischen Arbeiten entscheidenden Ansatz, sprachliche Gebilde nicht auf ihren Nützlichkeits- und Mitteilungswert zu befragen, sondern sie in ihrer kristallisierten und daher prinzipiell fragmentarischen Form als intentionslose und kommunikationslose Äußerungen eines »Weltwesens« zu verstehen, hat er immer festgehalten. Was heißt dies anderes, als daß er Sprache überhaupt von der Dichtung her verstand? Und dies gerade sagt denn auch der letzte, von ihm nicht mehr zitierte Satz, in dem der Mallarmé-Aphorismus gipfelt, in aller Deutlichkeit: »*Seulement,* sachons *n'existerait pas le vers:* lui, philosophiquement rémunère le défaut des langues,

22 Ebenda, S. 55.
23 Siehe Benjamin, *Schriften* I, 49 (GS IV, 17).

complément supérieur,« – der Vers entlohnt den Defekt der Sprachen, ist ihre höhere Ergänzung. Womit ich denn nur auf eine etwas ausführlichere Weise wiederholt habe, daß wir es bei Benjamin mit etwas zu tun haben, was nun in der Tat, wenn nicht einzigartig, so doch äußerst selten ist – mit der Gabe, *dichterisch zu denken.*

Dies Denken, genährt aus dem Heute, arbeitet mit den »Denkbruchstücken«, die es der Vergangenheit entreißen und um sich versammeln kann. Dem Perlentaucher gleich, der sich auf den Grund des Meeres begibt, nicht um den Meeresboden auszuschachten und ans Tageslicht zu fördern, sondern um in der Tiefe das Reiche und Seltsame, Perlen und Korallen, herauszubrechen und als Fragmente an die Oberfläche des Tages zu retten, taucht es in die Tiefen der Vergangenheit, aber nicht um sie so, wie sie war, zu beleben und zur Erneuerung abgelebter Zeiten beizutragen. Was dies Denken leitet, ist die Überzeugung, daß zwar das Lebendige dem Ruin der Zeit verfällt, daß aber der Verwesungsprozeß gleichzeitig ein Kristallisationsprozeß ist; daß in der »Meereshut« – dem selbst nicht-historischen Element, dem alles geschichtlich Gewordene verfallen soll – neue kristallisierte Formen und Gestalten entstehen, die, gegen die Elemente gefeit, überdauern und nur auf den Perlentaucher warten, der sie an den Tag bringt: als »Denkbruchstücke«, als Fragmente oder auch als die immer währenden »Urphänomene«.

III.

Walter Benjamin
[Über den Begriff der Geschichte]
(Hannah-Arendt-Manuskript, 1940)

[020950]

I

Bekanntlich soll es einen Automaten gegeben haben, der so konstruiert gewesen sei, daß er jeden Zug eines Schachspielers mit einem Gegenzuge erwidert habe, der ihm den Gewinn der Partie sicherte. Eine Puppe in türkischer Tracht, eine Wasserpfeife im Munde, saß vor dem Brett, das auf einem geräumigen Tisch aufruhte. Durch ein System von Spiegeln wurde die Illusion erweckt, dieser Tisch sei von allen Seiten durchsichtig. In Wahrheit saß ein buckliger Zwerg darin, der ~~die Hand der Puppe an Schnüren lenkte~~ [?] ein Meister im Schachspiel war und die Hand der Puppe an Schnüren lenkte. Zu dieser Apparatur kann man sich ein Gegenstück in der Philosophie vorstellen. Gewinnen soll immer die Puppe, die man „historischen Materialismus" nennt. Sie kann es ohne weiteres mit jedem aufnehmen, wenn sie die Theologie in ihren Dienst nimmt, die heute bekanntlich klein und häßlich ist und sich ohnehin nicht darf blicken lassen.

II

„Zu den bemerkenswertesten Eigentümlichkeiten des menschlichen Gemüts", sagt Lotze, „gehört neben so vieler Selbstsucht im Einzelnen die allgemeine Neidlosigkeit ~~je~~der Gegenwart gegen ihre Zukunft." Diese Reflexion führt darauf, daß das Bild von Glück, das wir hegen, durch und durch von der Zeit tingiert ist, in welche der Verlauf unseres eignen Lebens uns nun einmal verwiesen hat. Glück, das Neid in uns erwecken könnte, gibt es nur in der Luft, die wir geatmet haben, mit Menschen, ~~die~~ zu denen wir hätten reden, mit Frauen, die sich uns hätten schenken können. Es schwingt, mit andern Worten, in der Vorstellung des Glücks unveräußerlich die der Erlösung mit. Mit der Vorstellung von Vergangenheit, welche die Geschichte zu ihrer Sache macht, verhält es sich ebenso. Die Vergangenheit führt einen zeitlichen Index mit, durch den sie auf die Erlösung verwiesen wird. Es besteht eine geheime Verabredung zwischen den gewesnen Geschlechtern und unserem. Wir sind auf der Erde erwartet worden. Uns ist wie jedem Geschlecht, das vor uns war, eine schwache messianische Kraft mitgegeben, an welche die Vergangenheit Anspruch hat. Billig ist dieser Anspruch nicht abzufertigen. Der historische Materialist weiß ~~davon~~ darum.

III

„Trachtet am ersten nach Nahrung und Kleidung,
dann wird euch das Reich Gottes von selbst
zufallen.“ Hegel 1807

Der Klassenkampf, der einem Historiker, der an Marx geschult ist, immer vor Augen steht, ist ein Kampf um die rohen und materiellen Dinge, ohne die es keine feinen und spirituellen gibt. Trotzdem sind diese letztern im Klassenkampf anders zugegen denn als die Vorstellung einer Beute, die an den Sieger fällt. Sie sind als Zuversicht, als Mut, als Humor, als List, als Unentwegtheit in diesem Kampf lebendig und sie wirken in die Ferne der Zeit zurück. Sie werden immer von neuem jeden Sieg, der den Herrschenden jemals ~~zufiel~~ zugefallen ist, in Frage ~~ziehen~~ stellen. Wie Blumen ihr Haupt nach der Sonne wenden, so strebt im Treibhaus des Historismus ~~das~~ kraft ~~Gewesene~~ eines Heliotropismus geheimer Art, das Gewesene der Sonne sich zuzuwenden, die am Himmel der Geschichte im Aufgehen ist. Auf diese unscheinbarste von allen Veränderungen muß sich der historische Materialist verstehen.

[020951]

IV

Das wahre Bild der Vergangenheit huscht vorbei. Nur als Bild, das auf Nimmerwiedersehen im Augenblick seiner Erkennbarkeit eben aufblitzt, ist die Vergangenheit festzuhalten. „Die Wahrheit wird uns nicht davonlaufen" – dieses Wort, das von Gottfried Keller stammt, bezeichnet im Geschichtsbild des Historismus genau die Stelle, an der es vom historischen Materialismus durchschlagen wird. Denn es ist ein unwiederbringliches Bild der Vergangenheit, das mit jeder Gegenwart zu verschwinden droht, ~~welche~~ die sich nicht als in ihm gemeint erkannte. [Die frohe Botschaft, die der Historiker der Vergangenheit mit fliegenden Pulsen bringt, kommt aus einem Munde, der vielleicht schon im Augenblick, da er sich auftut, ins Leere spricht.]

V

Vergangnes historisch artikulieren heißt nicht, es erkennen „wie es denn eigentlich gewesen ist". Es heißt, sich einer Erinnerung bemächtigen, wie sie im Augenblick einer Gefahr aufblitzte. Dem historischen Materialismus geht es darum, ein Bild der Vergangenheit festzuhalten, wie es sich im Augenblick der Gefahr dem historischen Subjekt ~~unwillkürlich kommt~~ unversehens einstellt. Die Gefahr droht sowohl dem Bestande der Tradition wie ihrem Empfänger ~~selbst~~. Für beide ist sie ein und dieselbe: sich zum

In jeder Epoche muß versucht werden, Werkzeug der herrschenden Klasse herzugeben. ~~Jeder Epoche ist aufgegeben~~, die Überlieferung von neuem dem Konformismus abzugewinnen, der im Begriff steht, sie zu überwältigen. Der Messias kommt ja nicht nur als der Erlöser; er kommt als der Überwinder des Antichrist. Nur dem Geschichtsschreiber wohnt die Gabe bei, im Vergangnen den Funken der Hoffnung anzufachen, der davon durchdrungen ist: auch die Toten werden vor dem Feind, wenn er siegt, nicht sicher sein. Und dieser Feind hat zu siegen nicht aufgehört.

VI

Die Tradition der Unterdrückten belehrt uns darüber, daß der „Ausnahmezustand“, in dem wir leben, die Regel ist. Wir müssen zu einem Begriff von Geschichte kommen, der dem entspricht. Dann wird uns als unsere ~~geschichtliche~~ Aufgabe die Herbeiführung des wirklichen Ausnahmezustands vor Augen stehen; und dadurch wird unsere Position im Kampf gegen den Faschismus sich verbessern. Dessen Chance besteht nicht zuletzt darin, daß die Gegner ihm im Namen des Fortschritts als einer historischen Norm begegnen. – Das Staunen darüber, daß die Dinge, die wir erleben, im zwanzigsten Jahrhundert „noch“ möglich sind, ist kein philosophisches. Es steht nicht am Anfang einer Erkenntnis, es sei denn der, daß die Vorstellung von Geschichte, aus der es stammt, nicht zu halten ist.

[020952]

VII

„Mein Flügel ist zum Schwung bereit

Ich kehrte gern zurück

denn blieb ich auch lebendge Zeit

ich hätte wenig Glück."

Gerhard Scholem: Gruß vom Angelus

Es gibt ein Bild von Klee, das Angelus Novus heißt. Ein Engel ist
darauf dargestellt, der
aussieht als wäre er im Begriff, sich von etwas zu entfernen, worauf er
starrt. Seine
Augen sind aufgerissen, sein Mund steht offen und seine Flügel sind
ausgespannt. Der
Engel der Geschichte muß so aussehen. Er hat das Antlitz der
Vergangenheit
zugewendet. Wo eine Kette von Begebenheiten vor uns erscheint, da sieht
er eine einzige
Katastrophe, die unablässig Trümmer auf Trümmer häuft und sie ihm vor
die Füße
schleudert. Er möchte wohl verweilen, die Toten wecken und das
Zerschlagne zusammen-
fügen. Aber ein Sturm weht vom Paradiese her, der sich in seinen Flügeln

verfangen hat und so stark ist, daß der Engel sie nicht mehr schließen
kann. Dieser
Sturm treibt ihn unaufhaltsam in die Zukunft, der er den Rücken kehrt,
während der
Trümmerhaufe vor ihm zu Himmel wächst. ~~W~~ Das, was wir den
Fortschritt nennen, ist
dieser Sturm.

VIII

Die Gegenstände, die die Klosterregel den Brüdern zur Meditation anwies, hatten die Aufgabe, sie der Welt und ihrem Treiben abhold zu machen. Der Gedankengang, den wir hier verfolgen, ist aus einer ähnlichen Bestimmung hervorgegangen. Er beabsichtigt, in einem Augenblick, da die Politiker, auf die die Gegner des Faschismus gehofft hatten, am Boden liegen, und ihre Niederlage mit dem Verrat an der eignen Sache bekräftigen, das politische Weltkind aus den Netzen zu lösen, mit denen sie es umgarnt hatten. Die~~se~~ Betrachtung~~sweise~~ geht davon aus, daß der sture Fortschrittsglaube dieser Politiker, ihr ~~blindes~~ Vertrauen in ihre „Massenbasis" und schließlich ihre servile Einordnung in einen unkontrollierbaren Apparat drei Seiten derselben Sache gewesen sind. Sie sucht einen Begriff davon zu geben, wie teuer unser gewohntes Denken eine Vorstellung von Geschichte zu stehen kommt, die jede Komplizität mit der vermeidet, an der diese Politiker weiter festhalten.

[020953]

IX a

Der Konformismus, der von Anfang an in der Sozialdemokratie heimisch gewesen ist, haftet nicht nur an ihrer politischen Taktik sondern auch an ihren ökonomischen Vorstellungen. Er ist ~~dieser~~ eine Ursache des späteren

Zusammenbruchs. Es gibt nichts, was die deutsche Arbeiterschaft in dem Grade korrumpiert ~~hät~~ hat wie die Annahme, mit dem Strom zu schwimmen. Die wirtschaftliche Entwicklung galt ihr als das Gefälle des Stromes, mit dem sie schwamm. Von da war es nur ein Schritt zu der Illusion, die Fabrikarbeit, die im Zuge des technischen Fortschritts gelegen sei, stelle eine politische Leistung dar. Die alte protestantische Werkmoral feierte in säkularisierter Gestalt bei den deutschen Arbeitern ihre Auferstehung. Das Gothaer Programm trägt bereits Spuren dieser Verirrung an sich. Es definierte die Arbeit als „die Quelle alles Reichtums und aller Kultur." Böses ahnend, entgegnete Marx darauf, daß der Mensch, der kein anderes Eigentum besitze als seine Arbeitskraft, „der Sklave der andern Menschen sein muß, die sich zu Eigentümern ... gemacht haben." Die Konfusion griff um sich und bald darauf verkündete Josef Dietzgen: „Arbeit heißt der Heiland der neueren Zeit ... In der ... Verbesserung ... der Arbeit ... besteht der Reichtum, der jetzt vollbringen kann, was bisher kein Erlöser vollbracht hat." Dieser vulgärmarxistische Begriff von dem, was die Arbeit ist, hält sich bei der Frage nicht lange auf, wie ihr Produkt den Arbeitern selber anschlägt, solange sie nicht darüber verfügen können. Er ~~in~~ ~~nahm an der Entwicklung der Technik nur die Fortschritte der Naturwissenschaft~~ [~~xxx~~] will nur die Fortschritte der Naturbeherrschung,

nicht die Rückschritte der Gesellschaft wahrhaben. Er weist schon die
im technokra-
tischen Züge auf, die ~~mit~~ später ~~zum~~ Faschismus ~~gehören werden.~~
begegnen werden. Zu ihnen gehört ein Naturbegriff, der sich auf
unheilverkündende Art von dem in den sozialistischen Utopien des
Vormärz abhebt. Die Arbeit, wie sie nunmehr verstanden wird, läuft
auf die „Ausbeutung der Natur“ hinaus, welche man mit naiver Genug-
Mit
tuung der Ausbeutung des Proletariats gegenüberstellt. ~~An~~ dieser
verglichen
positivistischen ~~Konzept~~ [vulgärmarxistischen] Konzeption ~~gemessen~~
erweisen die Phantastereien, die soviel Stoff zur Verspottung eines
Fourier gegeben haben, ihren überraschend gesunden Sinn. Nach Fourier
sollte die wohlbeschaffene gesellschaftliche Arbeit zur Folge haben, daß
vier Monde die irdische Nacht erleuchteten, daß das Eis sich von den
Polen
zurückziehe[~~xxx~~], daß das Meerwasser nicht mehr salzig schmecke
und die Raubtiere in den Dienst des Menschen träten. Das alles ~~illustriert~~
~~eine~~ illustriert eine Arbeit, die, weit entfernt die Natur auszubeuten,
von den Schöpfungen sie zu entbinden imstande ist, die als mögliche
in ihrem Schoße schlummern. Zu dem korrumpierten Begriff von
Arbeit gehört als sein Komplement die Natur, welche, wie
Dietzgen sich ausgedrückt hat, „gratis da ist.“

[020954]

IX

Das Subjekt historischer Erkenntnis ist die kämpfende unterdrückte
Klasse selbst. Bei
Marx tritt sie als die letzte geknechtete, als die rächende Klasse auf, die das
Werk
der Befreiung im Namen von [ganzen] Generationen Geschlagener zuende

führt. Dieses Bewußtsein, das für kurze Zeit im „Spartacus" noch einmal
zur Geltung
gekommen ist, war der Sozialdemokratie von jeher anstößig. Im Laufe von

drei Jahrzehnten gelang es ihr, den Namen eines Blanqui fast auszulöschen,

dessen Erzklang das vorige Jahrhundert erschüttert hat. Sie gefiel sich
darin,
der Arbeiterklasse die Rolle einer Erlöserin künftiger Generationen

zuzuspielen. Sie durchschnitt ihr damit die Sehne der besten Kraft. Die

Klasse verlernte in dieser Schule gleich sehr den Haß wie den Opferwillen.
dem
Denn beide nähren sich a~~m~~n Bild der geknechteten Vorfahren, nicht am
Ideal
der befreiten Enkel. Die russische Revolution hat darum gewußt. Die

Parole „Kein Ruhm dem Sieger, kein Mitleid dem Besiegten" ist

~~darum so~~ durchgreifend, weil sie eher eine Solidarität mit den toten
Erben
Brüdern als eine mit den ~~Nachfahren~~ zum Ausdruck bringt.

X

Die sozialdemokratische Theorie und noch mehr die Praxis, wurde von einem
Fortschrittsbegriff bestimmt, der sich nicht an die Wirklichkeit ~~gehalten hat~~ hielt
sondern einen dogmatischen Anspruch hatte. Der Fortschritt, wie er sich in den
Köpfen der Sozialdemokraten malte, war, einmal, ein Fortschritt der
Menschheit selbst (nicht nur ihrer Fertigkeiten und Kenntnisse). Er war,
zweitens, ein [~~xxx~~] unabschließbarer (einer unendlichen Perfektibilität
der Menschheit entsprechender). Er galt drittens als ein wesentlich
unaufhaltsamer (als ein selbsttätig eine gerade oder spiralförmige
Bahn durchlaufender). Jedes dieser Prädikate ist kontrovers und
an jedem konnte die Kritik ansetzen. Sie muß aber, wenn es hart
auf hart kommt, hinter all diese Prädikate zurückgehen und sich auf etwas
richten, was ihnen gemeinsam ist. ~~Die Idee eines Fortschritts in der~~
~~Geschichte Menschheit in der Geschichte~~ [?] [~~xxx~~]. Die Vorstellung eines
Fortschritts des Menschengeschlechts in der Geschichte ist von der Vorstellung
ihres eine homogene und leere Zeit durchlaufenden Fortgangs
nicht abzulösen. Die Kritik an der Vorstellung dieses Fortgangs muß
die Grundlage der Kritik an der Vorstellung des Fortschritts
überhaupt bilden.

[XI]

Sicher wurde die Zeit von den Wahrsagern, die ihr abfragten, was sie
in ihrem Schoße birgt, weder als homogen noch als leer erfahren. Wer
vielleicht
sich das vor Augen hält, kommt ~~vermutlich~~ [?] zu einem Begriff davon,
wie im
Eingedenken die vergangne Zeit ist erfahren worden: nämlich ebenso.
nach
Bekanntlich war es den Juden untersagt, d~~ie~~r Zukunft ~~aus~~zuforschen. Die
Thora und das Gebet unterwiesen sie dagegen im Eingedenken. Dieses
die
entzauberte ihnen die Zukunft, der die verfallen sind, ~~welche~~ sich bei
den Wahrsagern [~~xxx~~] Auskunft [~~xxx~~] holen. Den Juden wurde
die Zukunft aber darum doch nicht zur homogenen und leeren Zeit.
Denn in ihr war jede Sekunde die kleine Pforte, durch die der Messias
treten konnte.

[020955]

XII

„Ursprung ist das Ziel“

Karl Kraus: (Der sterbende Mensch) Worte in
Versen I

Die Geschichte ist Gegenstand einer Konstruktion, deren Ort nicht die
homogene
und leere Zeit sondern die von Jetztzeit erfüllte bildet. So war für
Robespierre

Walter Benjamin
[Über den Begriff der Geschichte]
Hannah-Arendt-Manuskript, 1940
Faksimile

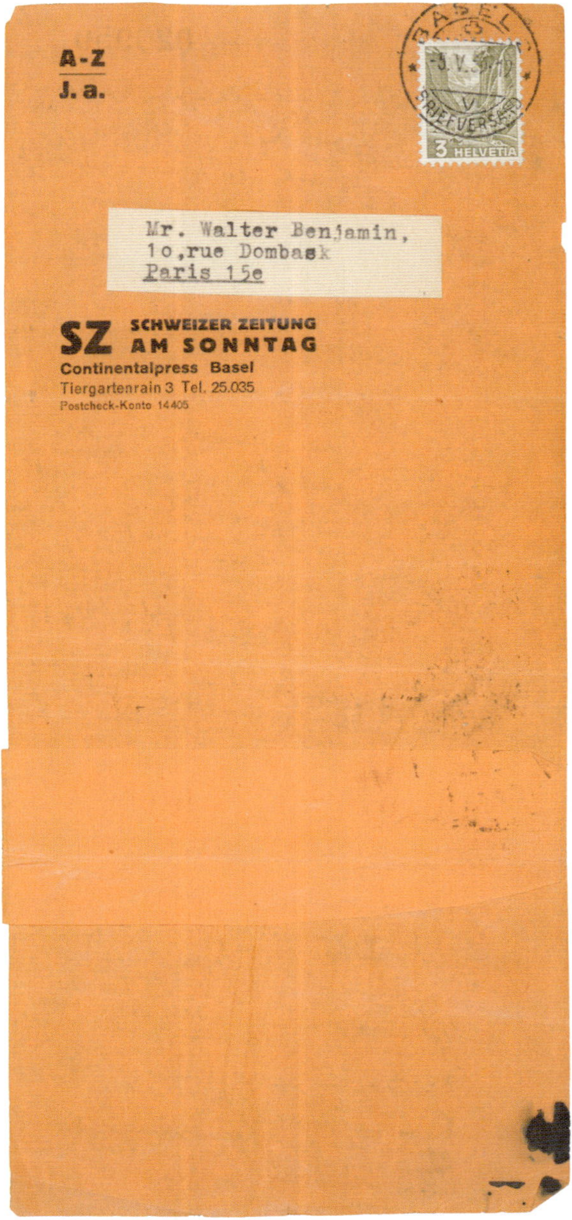

A-Z
J. a.

BASEL
-3.V.3?-19
V
BRIEFVERSAND
3 HELVETIA

Mr. Walter Benjamin,
1o,rue Dombask
Paris 15e

SZ **SCHWEIZER ZEITUNG AM SONNTAG**
Continentalpress Basel
Tiergartenrain 3 Tel. 25.035
Postcheck-Konto 14405

020950

I

Bekanntlich soll es einen Automaten gegeben haben, der so konstruiert gewesen sei, daß er jeden Zug eines Schachspielers mit einem Gegenzuge erwidert habe, der ihm den Gewinn der Partie sicherte. Eine Puppe in türkischer Tracht, eine Wasserpfeife im Munde, saß vor dem Brett, das auf einem geräumigen Tisch aufruhte. Durch ein System von Spiegeln wurde die Illusion erweckt, dieser Tisch sei von allen Seiten durchsichtig. In Wahrheit saß ein buckliger Zwerg darin, der ein Meister im Schachspiel war und die Hand der Puppe an Schnüren lenkte. Zu dieser Apparatur kann man sich ein Gegenstück in der Philosophie vorstellen. Gewinnen soll immer die Puppe, die man „historischen Materialismus" nennt. Sie kann es ohne weiteres mit jedem aufnehmen, wenn sie die Theologie in ihren Dienst nimmt, die heute bekanntlich klein und häßlich ist und sich ohnehin nicht darf blicken lassen.

II

„Zu den bemerkenswertesten Eigentümlichkeiten des menschlichen Gemüts", sagt Lotze, „gehört neben so vieler Selbstsucht im Einzelnen die allgemeine Neidlosigkeit der Gegenwart gegen ihre Zukunft." Diese Reflexion führt darauf, daß das Bild von Glück, das wir hegen, durch und durch von der Zeit tingiert ist, in welche der Verlauf unseres Daseins uns nun einmal verwiesen hat. Glück, das Neid in uns erwecken könnte, gibt es nur in der Luft, die wir geatmet haben, mit Menschen, zu denen wir hätten reden, mit Frauen, die sich uns hätten geben können. Es schwingt, mit andern Worten, in der Vorstellung des Glücks unveräußerlich die der Erlösung mit. Mit der Vorstellung der Vergangenheit, welche die Geschichte zu ihrer Sache macht, verhält es sich ebenso. Die Vergangenheit führt einen zeitlichen Index mit, durch den sie auf die Erlösung verwiesen wird. Es besteht eine geheime Verabredung zwischen den gewesenen Geschlechtern und unserem. Wir sind auf der Erde erwartet worden. Uns ist wie jedem Geschlecht, das vor uns war, eine <u>schwache</u> messianische Kraft mitgegeben, an welche die Vergangenheit Anspruch hat. Billig ist dieser Anspruch nicht abzufertigen. Der historische Materialist weiß darum.

III

„Trachtet am ersten nach Nahrung und Kleidung,
dann wird euch das Reich Gottes von selbst
zufallen." Hegel 1807

Der Klassenkampf, der einem Historiker, der an Marx geschult ist, immer vor Augen steht, ist ein Kampf um die rohen und materiellen Dinge, ohne die es keine feinen und spirituellen gibt. Trotzdem sind diese letztern im Klassenkampf anders zugegen denn als die Vorstellung einer Beute, die an den Sieger fällt. Sie sind als Zuversicht, als Mut, als Humor, als List, als Unentwegtheit in diesem Kampf lebendig und sie wirken in die Ferne der Zeit zurück. Sie werden immer von neuem jeden Sieg, der den Herrschenden jemals zugefallen ist, in Frage <u>stellen</u>. Wie Blumen ihr Haupt nach der Sonne wenden, so strebt kraft eines Heliotropismus geheimer Art das Gewesene der Sonne sich zuzuwenden, die am Himmel der Geschichte im Aufgehen ist. Auf diese unscheinbarste von allen Veränderungen muß sich der historische Materialist verstehen.

IV

Das wahre Bild der Vergangenheit huscht vorbei. Nur als Bild, das auf Nimmerwiedersehen
im Augenblick seiner Erkennbarkeit eben aufblitzt, ist die Vergangenheit festzuhalten.
„Die Wahrheit wird uns nicht davonlaufen" – dieses Wort, das von Gottfried Keller stammt,
bezeichnet im Geschichtsbild des Historismus genau die Stelle, an der es vom historischen
Materialismus durchschlagen wird. Denn es ist ein unwiederbringliches Bild der Vergangenheit,
das mit jeder Gegenwart zu verschwinden droht, ~~die~~ die sich nicht als in ihm gemeint
erkannte. [Die frohe Botschaft, die der Historiker der Vergangenheit mit fliegenden Pulsen
bringt, kommt aus einem Munde, der vielleicht schon im Augenblick, da er sich auftut, ins
Leere spricht.]

V

Vergangenes historisch artikulieren heißt nicht, es erkennen „wie es denn
eigentlich gewesen ist". Es heißt, sich einer Erinnerung bemächtigen, wie sie im
Augenblick einer Gefahr aufblitzt. Dem historischen Materialismus geht es darum,
ein Bild der Vergangenheit festzuhalten, wie es sich im Augenblick der Gefahr dem
historischen Subjekt unversehens einstellt ~~unwillkürlich darstellt~~. Die Gefahr droht sowohl dem Bestande der
Tradition wie ihren Empfängern ~~selbst~~. Für beide ist sie ein und dieselbe: sich zum
Werkzeug der herrschenden Klasse herzugeben. In jeder Epoche muß versucht werden, ~~[illegible]~~ die
Überlieferung von neuem dem Konformismus abzugewinnen, der im Begriff
steht, sie zu überwältigen. Der Messias kommt ja nicht nur als der
Erlöser; er kommt als der Überwinder des Antichrist. Nur ~~dem~~ dem Geschichtsschreiber
wohnt die Gabe bei, im Vergangenen den Funken der Hoffnung anzufachen, der
davon durchdrungen ist: auch die Toten werden vor dem Feind, wenn er siegt, nicht
sicher sein. Und dieser Feind hat zu siegen nicht aufgehört.

VI

Die Tradition der Unterdrückten belehrt uns darüber, daß der „Ausnahmezustand", in dem
wir leben, die Regel ist. Wir müssen zu einem Begriff der Geschichte kommen, der dem
entspricht. Dann wird uns als unsere ~~geschichtliche~~ Aufgabe die Herbeiführung des wirklichen
Ausnahmezustands vor Augen stehen; und dadurch wird unsere Position im Kampf gegen
den Faschismus sich verbessern. Dessen Chance besteht nicht zuletzt darin, daß die
Gegner ihm im Namen des Fortschritts als einer historischen Norm begegnen. – Das
Staunen darüber, daß die Dinge, die wir erleben, im zwanzigsten Jahrhundert „noch"
möglich sind, ist kein philosophisches. Es steht nicht am Anfang einer Erkenntnis, es
sei denn der, daß die Vorstellung von Geschichte, aus der es stammt, nicht zu
halten ist.

VII

„Mein Flügel ist zum Schwung bereit
ich kehrte gern zurück
denn blieb ich auch lebendige Zeit
ich hätte wenig Glück."
Gerhard Scholem: Gruß vom Angelus

Es gibt ein Bild von Klee, das Angelus Novus heißt. Ein Engel ist darauf dargestellt, der aussieht als wäre er im Begriff, sich von etwas zu entfernen, worauf er starrt. Seine Augen sind aufgerissen, sein Mund steht offen und seine Flügel sind ausgespannt. Der Engel der Geschichte muß so aussehen. Er hat das Antlitz der Vergangenheit zugewendet. Wo eine Kette von Begebenheiten vor uns erscheint, da sieht er eine einzige Katastrophe, die unablässig Trümmer auf Trümmer häuft und sie ihm vor die Füße schleudert. Er möchte wohl verweilen, die Toten wecken und das Zerschlagene zusammenfügen. Aber ein Sturm weht vom Paradiese her, der sich in seinen Flügeln verfangen hat und so stark ist, daß der Engel sie nicht mehr schließen kann. Dieser Sturm treibt ihn unaufhaltsam in die Zukunft, der er den Rücken kehrt, während der Trümmerhaufen vor ihm zum Himmel wächst. ~~und~~ Das, was wir den Fortschritt nennen, ist dieser Sturm.

VIII

Die Gegenstände, die die Klosterregel den Brüdern zur Meditation anwies, hatten die Aufgabe, sie der Welt und ihrem Treiben abhold zu machen. Der Gedankengang, den wir hier verfolgen, ist aus einer ähnlichen Bestimmung hervorgegangen. Er beabsichtigt, in einem Augenblick, da die Politiker, auf die die Gegner des Faschismus gehofft hatten, am Boden liegen und ihre Niederlage mit dem Verrat an der eigenen Sache bekräftigen, das politische Weltkind aus den Netzen zu lösen, mit denen sie es umgarnt hatten. Diese Betrachtung geht davon aus, daß der sture Fortschrittsglaube dieser Politiker, ihr ~~blindes~~ Vertrauen in ihre „Massenbasis" und schließlich ihre servile Einordnung in einen unkontrollierbaren Apparat drei Seiten derselben Sache gewesen sind. Sie sucht einen Begriff davon zu geben, wie teuer unser gewohntes Denken eine Vorstellung von Geschichte zu stehen kommt, die jede Komplizität mit der vermeidet, an der diese Politiker weiter festhalten.

der Konformismus, der von Anfang an in der Sozialdemokratie heimisch gewesen ist, haftet nicht nur an ihrer politischen Taktik sondern auch an ihren ökonomischen Vorstellungen. Er ist ~~[illegible]~~ eine Ursache des späteren Zusammenbruchs. Es gibt nichts, das die deutsche Arbeiterschaft in dem Grade korrumpiert ~~hat~~ hat wie die Meinung, mit dem Strom zu schwimmen. Die wirtschaftliche Entwicklung galt ihr als das Gefälle des Stromes, mit dem sie schwamm. Von da war es nur ein Schritt zu der Illusion, die Fabrikarbeit, die im Zuge des technischen Fortschritts gelegen sei, stelle eine politische Leistung dar. Die alte protestantische Werkmoral feierte in säkularisierter Gestalt bei den deutschen Arbeitern ihre Auferstehung. Das Gothaer Programm trägt bereits Spuren dieser Verwirrung an sich. Es definiert die Arbeit als „die Quelle alles Reichtums und aller Kultur." „Böses ahnend, entgegnete Marx darauf, daß der Mensch, der kein anderes Eigentum besitzt als seine Arbeitskraft, „der Sklave der andern Menschen sein muß, die sich zu Eigentümern … gemacht haben." Die Konfusion greift um sich und bald darauf verkündete Josef Dietzgen: „Arbeit heißt der Heiland der neueren Zeit … In der … Verbesserung … der Arbeit … besteht der Reichtum, der jetzt vollbringen kann, was bisher kein Erlöser vollbracht hat." Dieser vulgärmarxistische Begriff von dem, was die Arbeit ist, hält sich bei der Frage nicht lange auf, wie ihr Produkt den Arbeitern selber anschlägt, solange sie nicht darüber verfügen können. Er ~~[illegible] die Entwicklung der Technik nur die Fortschritte der Naturwissenschaft~~ will nur die Fortschritte der Naturbeherrschung, nicht die Rückschritte der Gesellschaft wahrhaben. Er weist schon die technokratischen Züge auf, die ~~[illegible]~~ später im Faschismus ~~[illegible]~~ begegnen werden. Zu ihnen gehört ein Naturbegriff, der sich auf unheilkündende Art von dem in den sozialistischen Utopien des Vormärz abhebt. Die Arbeit, wie sie nunmehr verstanden wird, läuft auf die „Ausbeutung der Natur" hinaus, welche man mit naiver Genugtuung der Ausbeutung des Proletariats gegenüberstellt. Mit ~~an~~ dieser positivistischen ~~Begriff~~ [vulgärmarxistischen] Konzeption verglichen ~~[illegible]~~ erweisen die Phantastereien, die soviel Stoff zur Verspottung eines Fourier gegeben haben, ihren überraschend gesunden Sinn. Nach Fourier sollte die wohlbeschaffene gesellschaftliche Arbeit zur Folge haben, daß vier Monde die irdische Nacht erleuchteten, daß das Eis sich von den Polen zurückziehe ~~[illegible]~~, daß das Meerwasser nicht mehr salzig schmecke und die Raubtiere in den Dienst des Menschen träten. Das alles ~~[illegible]~~ ~~[illegible]~~ illustriert eine Arbeit, die, weit entfernt die Natur auszubeuten, von den Schöpfungen sie zu entbinden imstande ist, die als mögliche in ihrem Schoße schlummern. Zu dem korrumpierten Begriff von Arbeit gehört als sein Komplement die Natur, welche, wie Dietzgen sich ausgedrückt hat, „gratis da ist."

020954

IX

Das Subjekt historischer Erkenntnis ist die kämpfende unterdrückte Klasse selbst. Bei Marx tritt sie als die letzte geknechtete, als die rächende Klasse auf, die das Werk der Befreiung im Namen von [ganzen] Generationen Geschlagener zu Ende führt. Dieses Bewußtsein, das für kurze Zeit im „Spartacus" noch einmal zur Geltung gekommen ist, war der Sozialdemokratie von jeher anstößig. Im Lauf von drei Jahrzehnten gelang es ihr, den Namen eines Blanqui fast auszulöschen, dessen Erzklang das vorige Jahrhundert erschüttert hat. Sie gefiel sich darin, der Arbeiterklasse die Rolle einer Erlöserin künftiger Generationen zuzuspielen. Sie durchschnitt ihr damit die Sehne der besten Kraft. Die Klasse verlernte in dieser Schule gleich sehr den Haß wie den Opferwillen. Denn beide nähren sich an dem Bild der geknechteten Vorfahren, nicht am Ideal der befreiten Enkel. Die russische Revolution hat darum gewußt. Die Parole „Kein Ruhm dem Sieger, kein Mitleid dem Besiegten" ist durchgreifend, weil sie eher einer Solidarität mit den toten Brüdern als einer mit den späteren ihren Ausdruck bringt.

X

Die sozialdemokratische Theorie, und noch mehr die Praxis, wurde von einem Fortschrittsbegriff bestimmt, der sich nicht an die Wirklichkeit hielt, sondern einen dogmatischen Anspruch hatte. Der Fortschritt, wie er sich in den Köpfen der Sozialdemokraten malte, war, einmal, ein Fortschritt der Menschheit selbst (nicht nur ihrer Fertigkeiten und Kenntnisse). Er war, zweitens, ein unabschließbarer (einer unendlichen Perfektibilität der Menschheit entsprechend). Er galt drittens als ein wesentlich unaufhaltsamer (als ein selbsttätig eine gerade oder spiralförmige Bahn durchlaufender). Jedes dieser Prädikate ist kontrovers und an jedem könnte die Kritik ansetzen. Sie muß aber, wenn es hart auf hart kommt, hinter all diese Prädikate zurückgehen und sich auf etwas richten, was ihnen gemeinsam ist. Die Vorstellung eines Fortschritts des Menschengeschlechts in der Geschichte ist von der Vorstellung ihres eine homogene und leere Zeit durchlaufenden Fortgangs nicht abzulösen. Die Kritik an der Vorstellung dieses Fortgangs muß die Grundlage der Kritik an der Vorstellung des Fortschritts überhaupt bilden.

[XI]

Sicher wurde die Zeit von den Wahrsagern, die ihr abfragten, was sie in ihrem Schoße birgt, weder als homogen noch als leer erfahren. Wer sich das vor Augen hält, kommt vielleicht zu einem Begriff davon, wie im Eingedenken die vergangene Zeit ist erfahren worden: nämlich ebenso. Bekanntlich war es den Juden untersagt, der Zukunft nachzuforschen. Die Thora und das Gebet unterweisen sie dagegen im Eingedenken. Dieses entzauberte ihnen die Zukunft, der die verfallen sind, die sich bei den Wahrsagern Auskunft holen. Den Juden wurde die Zukunft aber darum doch nicht zur homogenen und leeren Zeit. Denn in ihr war jede Sekunde die kleine Pforte, durch die der Messias treten konnte.

XII

„Ursprung ist das Ziel"
Karl Kraus: (Der sterbende Mensch) Worte in Versen I

Die Geschichte ist Gegenstand einer Konstruktion, deren Ort nicht die homogene und leere Zeit sondern die von Jetztzeit erfüllte bildet. So war für Robespierre das antike Rom eine mit Jetztzeit geladene Vergangenheit, die er aus dem Kontinuum der Geschichte heraussprengte. Die französische Revolution verstand sich als ein wiedergekehrtes Rom. Sie zitierte das alte Rom genau so wie die Mode eine vergangene Tracht zitiert. Die Mode hat ~~für~~ die Witterung für das Aktuelle, ▙ wo immer es sich ▛ ~~in der Geschichte regt~~. Sie ist der Tigersprung ins Vergangene. Nur findet er in einer Arena statt, in der die herrschende Klasse kommandiert. Derselbe Sprung unter dem freien Himmel der Geschichte ist der dialektische als den Marx die Revolution begriffen hat.

▛ im Dickicht des Einst bewegt

[▙ das sich aufzuhalten nicht weiß und.
verbirgt sich]

XV

Die Geschichte ist Gegenstand einer Konstruktion, deren Medium nicht die homogene und leere Zeit sondern die von „Jetztzeit" erfüllte bildet. Wo die Vergangenheit mit diesem Explosivstoff geladen ist, ~~da~~ legt die ~~historische~~ materialistische Forschung [illegible] an das „homogene und leere Kontinuum der Geschichte" die Zündschnur an. Bei diesem Verfahren handelt es sich ~~[illegible]~~ darum, die Epoche aus ihrer heraus zu sprengen; und so sprengt sie ein Leben aus der Epoche und ein Werk aus dem Lebenswerk. Der Ertrag dieses Verfahrens besteht darin, daß im Werke das Lebenswerk, im Lebenswerk die Epoche und in der Epoche der gesamte Geschichtsverlauf aufbewahrt ist und aufgehoben. Die nahrhafte Frucht des geschichtlich Begriffenen hat die Zeit als den ~~[illegible]~~ kostbaren aber ~~[illegible]~~ des Geschmacks entratenden Kern in ihrem Innern.

XIII

Das Bewußtsein, das Kontinuum der Geschichte aufzusprengen, ist den revolutionären Klassen im Augenblick ihrer Aktion eigentümlich. Die große Revolution verstand sich als ein wiedergekehrtes Rom; und sie führte einen neuen Kalender ein. Der Tag, mit dem ein Kalender einsetzt, fungiert als ein historischer Zeitraffer. Und es ist im Grunde genommen dieser selbe Tag, der in Gestalt der Feiertag, die Tage des Eingedenkens sind, immer wiederkehrt. Die Kalender zählen die Zeit also nicht wie Uhren. Sie sind Monumente eines Geschichtsbewußtseins, ~~das~~ von dem es in Europa seit hundert Jahren nicht mehr die leisesten Spuren zu geben scheint. Noch in der Julirevolution hatte sich ein Zwischenfall zugetragen, in dem dieses Bewußtsein ~~[illegible]~~ zu seinem Recht kam. Als der Abend des ersten Kampftags ~~[illegible]~~ gekommen war, ergab es sich, daß an mehreren Stellen von Paris, unabhängig von einander ~~[illegible]~~ und gleichzeitig, nach den Turmuhren geschossen wurde. Ein Augenzeuge, der seine Divination vielleicht dem Reime zu verdanken hat, schrieb damals: „Qui le croirait! on dit qu'irrités contre l'heure / De nouveaux Josués, au pied de chaque tour, / Tiraient sur les cadrans pour arrêter le jour."

XIV

Auf den Begriff einer Gegenwart, die nicht Übergang ist sondern in der die Zeit einsteht und zum Stillstand gekommen ist, kann ~~der materialistische Historiker~~ historische Materialist nicht verzichten. Denn dieser Begriff definiert ~~[illegible]~~ eben die Gegenwart, in der jeweils Geschichte ~~geschrieben wird~~ von ihm geschrieben wird. Der Historismus stellt das „ewige" Bild der Vergangenheit, der historische Materialist eine Erfahrung mit ihr, die einzig dasteht. Er überläßt es andern, bei der Hure „Es war einmal" im Bordell des Historismus sich auszugeben. Er bleibt seiner Kräfte Herr: Manns genug, das Kontinuum der Geschichte aufzusprengen.

XV

Der Historismus gipfelt von rechtswegen in der Universalgeschichte. Von ihr hebt die materialistische Geschichtsschreibung sich methodisch deutlicher als von jeder andern ab. Die erstere hat keine theoretische Armatur. Ihr Verfahren ist additiv: sie bietet die Masse der Fakten auf, um die homogene und leere Zeit auszufüllen. Der materialistischen Geschichtsschreibung ihrerseits liegt ein konstruktives Prinzip zugrunde. Zum Denken gehört nicht nur die ⚑ ~~[illegible]~~. Wo das Denken in einer von Spannungen gesättigten Konstellation plötzlich innehält, da erteilt es ~~[illegible]~~ derselben einen Chok, ⌊ ~~[illegible]~~ sie sich als Monade ~~[illegible]~~ kristallisiert. Der historische Materialist geht an ~~[illegible]~~ ~~und allein da heran, wo es ihm als Monade entgegentritt. In dieser Struktur~~ einen geschichtlichen Gegenstand einzig und allein da heran, wo er ihm als Monade entgegentritt. In dieser Struktur erkennt er das Zeichen einer messianischen Stillstellung des Geschehens, anders gesagt, einer revolutionären Chance im Kampfe für die unterdrückte Vergangenheit. Er nimmt sie wahr, um eine bestimmte Epoche aus dem homogenen Verlauf der Geschichte herauszusprengen; so sprengt er ein bestimmtes Leben aus der Epoche; so ein bestimmtes Werk aus dem Lebenswerk. Der Ertrag seines Verfahrens besteht darin, dass im Werke das Lebenswerk, im Lebenswerk die Epoche und in der Epoche der gesamte Geschichtsverlauf aufbewahrt ist und aufgehoben. Die nahrhafte Frucht des historisch Begriffenen hat die Zeit als den kostbaren, aber des Geschmacks entratenden Samen in ihrem Innern.

⚑ Bewegung der Gedanken sondern ebenso ihre Stillstellung.

⌊ durch den

XVI

XV

wo dem Historismus zugrunde liegt, ist, wenn man näher zusieht, die Einfühlung. Fustel de Coulanges empfahl sie, indem er dem Historiker anempfahl, wolle er eine Epoche nacherleben, so solle er alles, was er vom späteren Verlauf der Geschichte wisse, sich aus dem Kopf schlagen. Besser kann die Methode nicht bezeichnet werden, der der materialistische sich entgegensetzt. — Der Historismus begnügt sich damit, einen Kausalnexus zwischen verschiedenen Momenten der Geschichte zu etablieren. Aber kein Tatbestand ist als Ursache eben darum bereits ein historischer. Er wird das, posthum, durch Begebenheiten, die durch Jahrtausende von ihm getrennt sein mögen. Der Historiker, der davon ausgeht, hört auf, sich die Abfolge der Begebenheiten durch die Finger laufen zu lassen wie einen Rosenkranz. Er erfaßt die Konstellation, in die seine eigene Epoche mit einer ganz bestimmten früheren getreten ist. Er begründet so einen Begriff der Gegenwart als der „Jetztzeit", in welcher Splitter der messianischen eingesprengt sind.

[XVI] IIa

Der Chronist, welcher die Ereignisse hererzählt, ohne große und kleine zu unterscheiden, trägt damit der Wahrheit Rechnung, daß nichts, was sich jemals ereignet hat, für die Geschichte verloren zu geben ist. Freilich fällt erst der erlösten Menschheit ihre Vergangenheit vollauf zu. Das will sagen: erst der erlösten Menschheit ist ihre Vergangenheit in jedem ihrer Momente zitierbar geworden. Jeder ihrer gelebten Augenblicke wird zu einer citation à l'ordre du jour — welcher Tag eben der jüngste ist.

XVII

„Die kümmerlichen fünf Jahrzehntausende des homo sapiens", sagt ein neuerer Biologe, „stellen im Verhältnis zur Geschichte des organischen Lebens auf der Erde etwas wie zwei Sekunden am Schluß eines Tages von vierundzwanzig Stunden dar. Die Geschichte der zivilisierten Menschheit würde, in diesem Maßstab eingetragen, ein Fünftel der letzten Sekunde der letzten Stunde füllen." Die „Jetztzeit", die als Modell der messianischen in einer ungeheuren Abbreviatur die Geschichte der ganzen Menschheit zusammenfaßt, fällt haarscharf mit der Figur zusammen, die die menschliche Geschichte im Universum macht.

A-Z

J. a.

Mr.Walter Benjamin,
10,rue Dombask,
Paris 15e

SZ SCHWEIZER ZEITUNG AM SONNTAG

Continentalpress Basel

Tiergartenrain 3 Tel. 25.035

Postcheck-Konto 14405

das antike Rom eine mit Jetztzeit geladene Vergangenheit, die er aus dem

Kontinuum der Geschichte heraussprengte. Die französische Revolution verstand

sich als ein wiedergekehrtes Rom. Sie zitierte das alte Rom genauso wie die

Mode eine vergangene Tracht zitiert. Die Mode hat ~~ja~~ die Witterung

fürs Aktuelle, ⌊ wo immer es sich ⌈ ~~in der Geschichte rührt~~. Sie ist der Tigersprung

ins Vergangene. Nur findet er in einer Arena statt, in der die herrschende

Klasse ihn kommandiert. Derselbe Sprung unterm freien Himmel der Geschichte

ist wirklich der dialektische als den Marx die Revolution en begriffen hat.

⌈ im Dickicht des Einst bewegt

[⌊ das sie aufzustöbern nicht müde wird.
welches sie]

[020956]

XII

Die Geschichte ist Gegenstand einer Konstruktion, deren Medium nicht die

homogene und leere Zeit sondern die von „Jetztzeit" erfüllte bildet. Wo die

Vergangenheit mit diesem Explosivstoff geladen ist, ~~da~~ legt de~~r~~ie materialistische Forschung ~~historische Materialismus~~ an das homogene und leere Kontinuum der Geschichte die

Zündschnur an. Bei diesem Verfahren schwebt ihr [~~xxx~~] vor, die Epoche aus ihm

herauszusprengen; und so sprengt sie ein Leben aus der Epoche und ein Werk aus dem Lebenswerk. Der Ertrag dieses Verfahrens besteht darin, daß im Werke das Lebenswerk, im Lebenswerk die Epoche und in der Epoche der gesamte Geschichtsverlauf aufgewahrt ist und aufgehoben. Die nahrhafte Frucht des geschichtlich Begriffenen hat die Zeit als den ~~kostab~~ [?] kostbaren aber ~~freilich~~ des Geschmacks entratenden Samen in ihrem Innern.

XIII

Das Bewußtsein, das Kontinuum der Geschichte aufzusprengen, ist den revolutionären Klassen im Augenblick ihrer Aktion eigentümlich. Die große Revolution verstand sich als ein wiedergekehrtes Rom; und sie führte einen neuen Kalender ein. Der Tag, mit dem ein Kalender einsetzt, fungiert als ein historischer Zeitraffer. Und es ist im Grunde genommen dieser selbe Tag, der in Gestalt der Feiertag[e], die Tage des Eingedenkens sind, immer wiederkehrt. Die Kalender zählen die Zeit also nicht wie Uhren. Sie sind Monumente eines Geschichtsbewußtseins, ~~das~~ von dem es in Europa seit hundert Jahren nicht mehr die leisesten Spuren zu geben scheint. Noch in der Julirevolution hatte sich ein Zwischenfall zugetragen, in dem dieses Bewußtsein ~~zum Durchbruch kam~~ ~~plötzlich zutage trat. Als der Abend des ersten Kampftags gekommen war~~ ~~plötzlich~~ zum Durchbruch kam. Als der Abend des ersten Kampftags ~~begonnen hatte~~ gekommen war, ergab es sich, daß an mehreren Stellen von Paris, unabhängig von einander ~~undglei~~

und gleichzeitig, nach den Turmuhren geschossen wurde. Ein Augenzeuge,

der seine Divination vielleicht dem Reime zu verdanken hat,

schrieb damals: „Qui le croirait! on dit qu'irrités contre l'heure, /

De nouveaux Josués, au pied de chaque tour, / tiraient sur

les cadrans pour arrêter le jour."

XIV

Auf den Begriff einer Gegenwart, die nicht Übergang ist sondern in

historische Materialist~~mus~~

der die Zeit einsteht und zum Stillstand gekommen ist, kann d~~i~~er

dieser Begriff

~~materialistische Dialektik~~ nicht verzichten. Denn ~~er~~ [?] definiert ~~gerade~~

eben

die Gegenwart, in der jeweils Geschichte ~~geschrieben wird~~ von ~~ihr~~ ihm

geschrieben wird. Der Historismus stellt das „ewige" Bild der

Vergangenheit, der historische Materialist eine Erfahrung mit ihr, die einzig

dasteht. Er überläßt es andern, bei der Hure „Es war einmal" im

Bordell des Historismus sich auszugeben. Er bleibt seiner Kräfte

Herr: Manns genug, das Kontinuum der Geschichte aufzusprengen.

[020957]

XV

Der Historismus gipfelt von rechts wegen in der Universalgeschichte. Von ihr
hebt die materialistische Geschichtsschreibung sich methodisch vielleicht deutlicher
als von jeder andern ab. Die erstere hat keine theoretische Armatur. Ihr
Verfahren ist additiv: sie bietet die Masse der Fakten auf, um die homogene
und leere Zeit auszufüllen. Der materialistischen Geschichtsschreibung ihrerseits
liegt ein konstruktives Prinzip zugrunde. Zum Denken gehört nicht nur die
~~ebenso seine~~
~~Bewegung sondern die Stillstellung~~ ~~des Gedankens~~ ~~ebenfalls~~. Wo das Denken
in einer von Spannungen gesättigten Konstellation plötzlich innehält,
da erteilt es ~~seinem Gegenstand~~ derselben einen Chock, ~~indem~~ sie sich als
kristallisiert
Monade ~~konstituiert~~. Der historische Materialist geht an ~~ein Sujet einzig~~
~~und allein da heran, wo es ihm als Monade entgegentritt. In dieser Struktur~~
einen geschichtlichen Gegenstand einzig und allein da heran, wo er ihm als
Monade entgegentritt. In dieser Struktur erkennt er das Zeichen einer
messianischen Stillstellung des Geschehens; anders gesagt, einer revolutionären
Chance im Kampfe für die unterdrückte Vergangenheit. Er nimmt sie wahr,
um eine bestimmte Epoche aus dem homogenen Verlauf der Geschichte
herauszusprengen; so sprengt er ein bestimmtes Leben aus der Epoche; so ein
bestimmtes Werk aus dem Lebenswerk. Der Ertrag seines Verfahrens

besteht darin, daß im Werke das Lebenswerk, im Lebenswerk die Epoche
und in
der Epoche der gesamte Geschichtsverlauf aufbewahrt ist und aufgehoben.
Die
nahrhafte Frucht des historisch Begriffenen hat die Zeit als den kostbaren,
aber
des Geschmacks entratenden Samen in ihrem Innern.

⌈ Bewegung der Gedanken sondern ebenso ihre Stillstellung.

⌊ durch den

[020958]

XV

Was dem Historismus zugrunde liegt, ist, wenn man näher

zusieht, die Einfühlung. Fustel de Coulanges appelliert an sie, indem er

dem Historiker anempfiehlt, wolle er eine Epoche nacherleben, so solle

~~müsse~~ er ~~sich~~ alles, was er vom spätern Verlauf der Geschichte wisse, sich

aus dem Kopf schlagen. Besser kann die Methode nicht definiert werden,

der die materialistische sich entgegensetzt. – Der Historismus begnügt

sich damit, einen Kausalnexus zwischen den verschiednen Momenten

der Geschichte zu etablieren. Aber kein Tatbestand ist als Ursache eben

darum bereits ein historischer. Er wird das, posthum, durch Begebenheiten,

die durch Jahrtausende von ihm getrennt sein mögen. Der Historiker, der

davon ausgeht, hört auf, sich die Abfolge der Begebenheiten durch die

Finger laufen zu lassen wie einen Rosenkranz. Er erfaßt die Konstellation, in die seine eigene Epoche mit einer ganz bestimmten frühern getreten ist. Er begründet so einen Begriff der Gegenwart als der ~~„Jetztt~~ „Jetztzeit“, in welche Splitter der messianischen eingesprengt sind.

[XVI ~~XI a III a~~] II a

Der Chronist, welcher die Ereignisse hererzählt, ohne große und kleine
trägt damit der Wahrheit Rechnung
zu unterscheiden, gibt ~~damit einen Begriff davon~~, daß nichts, was sich
zu
jemals ereignet hat, für die Geschichte verloren ~~ge~~geben ist. ~~Aber~~

Freilich fällt erst der erlösten Menschheit ihre Vergangenheit vollauf zu. Das will sagen: erst der erlösten Menschheit ist ihre
~~gemeinsames Dasein~~ [?]
~~Vergangenheit~~ in jedem ihrer Momente zitierbar geworden. Jeder ihrer gelebten Augenblicke wird zu einer citation à l'ordre du jour ~~namhaft~~ [?] – welcher Tag eben der jüngste ist.

XVII

„Die kümmerlichen fünf Jahrzehntausende des homo sapiens“, sagt ein neuerer Biologe, „stellen im Verhältnis zur Geschichte des organischen Lebens auf der Erde etwas wie zwei

Sekunden am Schluß eines Tages von vierundzwanzig Stunden dar. Die Geschichte der zivilisierten Menschheit vollends, würde, in diesen Maßstab ~~damit der Wahrheit Rechnung~~ [?] eingetragen, ein fünftel der letzten Sekunde der letzten Stunde füllen." Die „Jetztzeit", die als Modell der messianischen in einer ungeheuren Abbreviatur die Geschichte der ganzen Menschheit zusammenfaßt, fällt haarscharf mit der Figur zusammen, die die menschliche Geschichte im Universum macht.

Library of Congress, Washington, The Hannah Arendt Papers

Hannah Arendts Exemplar von Benjamins »Geschichtsphilosophischen Thesen« (wie sie, die Zeugin der Entstehung, sie nannte) ist die früheste überlieferte Fassung der Arbeit. Benjamin hat den Text auf der Rückseite eines Briefes sowie auf Streifbänder der *Schweizer Zeitung am Sonntag* und der Zeitschrift *Les Cahiers de Sud* geschrieben. Die Poststempel dieser Streifbänder geben zumindest Anhaltspunkte für die Entstehungszeit des Manuskripts; sie reichen vom 10. März 1939 bis zum 9. Februar 1940. Der Text ist nicht abschließend redigiert worden: Die Zählung ist inkonsequent, es gibt Thesen mit gleichen Ziffern, die These XII existiert in zwei voneinander abweichenden Fassungen, die Position von These IX a ist unklar. Einzelne Ziffern, Sätze und Wörter sind mit eckigen Klammern versehen, was auf eine Streichungsabsicht deutet. Die Abweichungen von anderen Überlieferungen (vgl. GS I, 691-704 und 1223-1266) sind beträchtlich: Sie betreffen in erster Linie die Abfolge der Thesen, den Einsatz von Mottos, Streichungen, Hinzufügungen und zahlreiche kleinere semantische und stilistische Änderungen, die im einzelnen zu vergleichen äußerst aufschlußreich ist. Die Transkription gibt die Einfügungen und Streichungen diplomatisch getreu wieder. Nicht entzifferte Wörter sind durch [xxx], unsichere Lesarten durch [?] gekennzeichnet.

IV.
Hannah Arendt/Walter Benjamin
Briefwechsel (1936-1940)

Edité sous le patronage de la Ligue mondiale pour la Paix. Imp. Roto-Sadag S. A., Genève

La Suisse, asile de la Paix La Svizzera, rifugio di Pace
Die Schweiz, die Friedensinsel

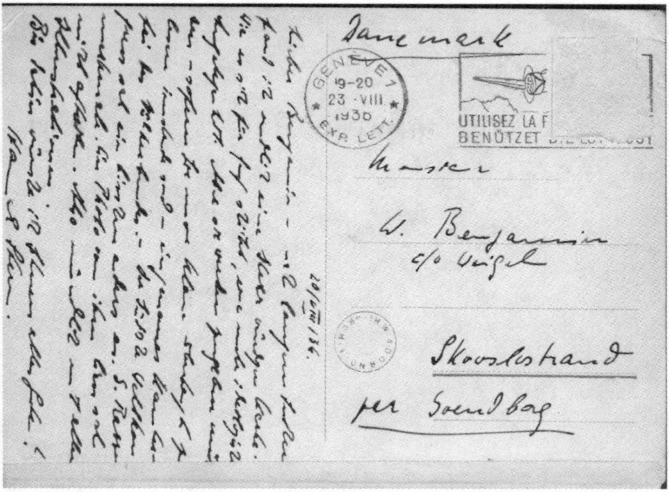
Danemark
GENEVE 1 19-20 23 · VIII. 1936 EXP. LETT.
UTILISEZ LA F
BENÜTZET
Herrn
W. Benjamin
c/o Weigel
Skovsbostrand
per Svendborg

1.

Hannah Arendt, Genf, an Walter Benjamin (c/o Weigel), Skovsbostrand/Dänemark, Ansichtskarte (»Die Schweiz, die Friedensinsel«), 20. Aug. 1936 (Poststempel: 23. Aug. 1936), hs.
Walter Benjamin Archiv II 9

20/VIII/36.
Lieber Benjamin – nach langem Suchen fand ich endlich eine Ihrer würdige Karte. Wie es sich für Genf schickt, eine mehr ideologische Angelegenheit. Aber sie [sic!] werden zugeben müssen – sofern Sie meine Klaue überhaupt zu lesen imstande sind – ein genaues Konterfei des Völkerbundes.[1] – Der Jüdische Weltkongress sah ein bisschen anders aus.[2] S.[iehe] Rassemerkmale. Ein Photo von ihm liess sich nicht auftreiben. Also mündlich mit allen Illustrationen.
Bis dahin wünsche ich Ihnen alles Gute!
Hannah Stern.

1 1920 gegründete Vereinigung von zunächst 32 Siegermächten des Ersten Weltkrieges und 13 neutralen Staaten mit Sitz in Genf.

2 Hannah Arendt hielt sich im August 1936 zur Gründung des Jüdischen Weltkongresses in Genf auf (vgl. Hannah Arendt/Heinrich Blücher, *Briefe 1936-1968*. Hg. von Lotte Köhler. München, Zürich 1996, S. 33).

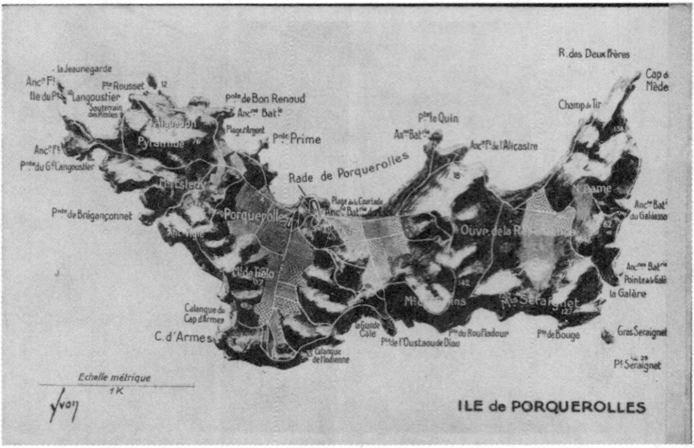

R. des Deux Frères
Cap de Mède
Champ de Tir
la Jeaunegarde
Pte Rousset
Langoustier
Pte de Bon Renaud
Pte le Quin
Pte Prime
Plage d'Argent
Pyramide
Rade de Porquerolles
Pte du Gd Langoustier
Pte de Bréganconnet
Porquerolles
Plage de la Courtade
Ouvre de la Repentance
Calanque du Cap d'Armes
C. d'Armes
La Grande Cale
Pte du Roufladour
Pte de l'Oustaou de Diou
Pte de Bouge
Gros Seraignet
Pt Seraignet
la Galère
Echelle métrique
1K
Yvon
ILE de PORQUEROLLES

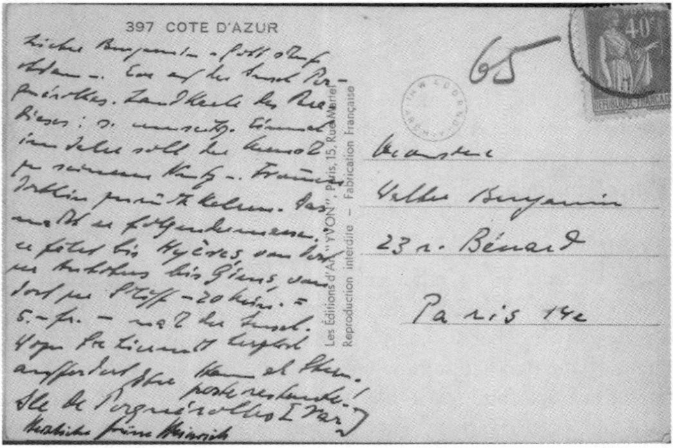

397 COTE D'AZUR
Les Éditions d'Art "YVON", Paris, 15, Rue Martel
Reproduction interdite – Fabrication Française
65
Monsieur
Walter Benjamin
23 r. Bénard
Paris 14e

2.

Hannah Arendt und Heinrich Blücher, Porquerolles, an Walter Benjamin, Paris, Ansichtskarte (»Ile de Porquerolles«), o. D. [1937 – Poststempel nicht entzifferbar], hs.
Walter Benjamin Archiv II 9

Lieber Benjamin – Gott schuf Adam u. Eva auf der Insel Porquérolles. Landkarte des Paradieses: s.[iehe] umseitig. Einmal im Jahr soll der Mensch zu seinem Nutz u. Frommen dorthin zurückkehren. Das macht er folgendermassen: er fährt bis Hyères, von dort per Autobus bis Giens, von dort per Schiff – 20 Min. = 5,- fr.[ancs] – nach der Insel.
Wozu Sie hiermit herzlich auffordert
Ihre Hannah Stern.
poste restante!
Ile de Porquérolles [Var]
[Hs. v. Heinrich Blücher:] Herzliche Grüsse Heinrich

3.

Hannah Arendt, Paris, an Walter Benjamin, [San Remo], 16. Juli 1937, masch. (1 Bl./2 S.)
Walter Benjamin Archiv II 9

Paris, d. 16. 7. 37

Lieber Benjamin –
mir fällt mit Schrecken ein, dass Sie gestern Geburtstag hatten[1] und ich mich wirklich aller Genüsse dieser Welt als unwürdig erwiesen habe, indem ich nicht zur Zeit schrieb. Nun hole ich halt nach, soviel ich kann.
Ich nehme an, Sie werden hier bald wieder auftauchen. Hoffe es zu mindest. Dass Brecht hier ist, – wie ich hörte – werden Sie ja wissen.[2]
Was den 14. Juli betrifft,[3] für den ich Ihnen ja zweifellos auch einen kurzen Bericht schulde, so war er nicht verregnet, dauerte dafür aber 5 Tage – tant pis pour les habitants –[4] und es ist sehr fraglich was vorzuziehen ist.
Nun noch einige Personalia: dass Günther und ich uns scheiden lassen – ob diese Handlung im Perfekt oder im Praesens zu stehen hat, ist bei der Schwierigkeit der Prozedur nicht herauszukriegen – haben wir, wie mir nachträglich scheint, so lange vor allen andern geheim gehalten, bis die Andern sich rächten und es vor uns geheim hielten.[5]
Dies also ist kein secret. Was hingegen die Porquéroller Karte anlangt, so wäre ich da – in Anbetracht meiner jüdischen Beziehungen – für secret doch recht dankbar. Heinrich lässt schön grüssen und wird sich freuen wenn er Sie bald wieder hier begrüssen kann.
Von Herzen alles Gute wünschend
Ihre
Hannah Stern.

1 Am 15. Juli.

2 Brecht nahm an der Abschlußveranstaltung des II. Internationalen Schriftstellerkongresses zur Verteidigung der Kultur in Paris teil.

3 Zum französischen Nationalfeiertag vgl. u. a. Benjamins Text »Schönes Entsetzen« (GS IV, 434f.).

4 Um so schlimmer für die Einwohner.

5 Hannah Arendt und Günther Anders lebten spätestens seit Anders' Abreise nach New York im Juni 1936 getrennt und ließen sich 1937 scheiden.

8506.7 Château-Queyras. Vue générale

SAN REMO
VISITATE IL CASINO MUNICIPALE
SAN REMO
IMPERIA
Mme
Hannah Stern
Paris
60 rue de Seine

4.

Walter Benjamin, [Poststempel: San Remo], an Hannah Arendt, [Paris], Ansichtskarte (»Château-Queyras«), 20. August [1937], hs. The Hannah Arendt Library, The Charles P. Stevenson, Jr. Library, Bard College, Annandale-on-Hudson, New York

Liebe Hannah Stern,
wir sind, jeder auf eigne Faust, diesen Sommer auf französische Entdeckungen ausgewesen. Diese Berggegend, mit dem Vaubanschen Fort im Hintergrund,[1] hat mich auf lange der Dauphiné befreundet. Vielleicht kommt es einmal dazu, daß wir uns unsere Funde vorweisen. En attendant hatte ich auf meinen letzten pariser Abend gehofft, um Sie und H B[2] zu sehen; es tut mir sehr leid, daß daraus nichts wurde. Ich hoffe, H wieder wetterfest auf der Kommandobrücke zu finden, wenn ich zurückkomme. Dies wird vermutlich recht bald sein müssen. Meine Springer wiehern bereits vor Ungeduld, sich mit den Ihren herumzubeißen.
Toutes mes amitiés
Ihr
Benjamin

1 Bastion des Festungsbaumeisters Sébastien Vauban (1633-1707).
2 Heinrich Blücher.

5.

Hannah Arendt, [Paris], an Walter Benjamin, [Nevers], 22. Oktober 1939, hs. (1 Bl./2 S.)
Walter Benjamin Archiv II 9[1]

22/X/39.
Cher Benji –
j'ai honte de ne vous écrire qu'aujourd'hui. Il y avait toujours trop de difficultés.
Je voulais surtout voir votre sœur[2] avant, ce qui était assez difficile –

1 Eine Reproduktion dieses Briefes erschien in: Alte Synagoge (Hg.): *Hannah Arendt. »Lebensgeschichte einer deutschen Jüdin ...«* 2. Aufl. Essen 1997, S. 102f. – Übersetzung (jeweils von Andrea Knigge): 22/X/39. / Lieber Benji – / ich schäme mich, daß ich Ihnen erst heute schreibe. Es gab immer noch zu viele Schwierigkeiten. / Vor allem wollte ich zuerst Ihre Schwester sehen, was schwierig genug war – ihr geht es nicht besonders gut, und ich bin immer sehr beschäftigt – was übrigens lächerlich ist. Ein anderer Grund: Die erste Nachricht von Ihnen wurde mir von Madame Guinsbourg übermittelt, die mich mit ihrem Freund besuchte – verzeihen Sie, aber sie ist wirklich unerträglich und ziemlich unangenehm. Und nun bleibt mir nur, Sie zu bitten, nicht zu denken: Wer sich entschuldigt, beschuldigt sich selbst. / Um mit den praktischen Dingen zu beginnen: Sehen Sie eine Möglichkeit, Valéry für Sie intervenieren zu lassen – mit einem schönen Loyalitätszeugnis und einem Gesuch an das Innenministerium? Das hat, meiner Meinung nach, einige Erfolgschancen. Ich würde ihnen keinen Rat geben, wenn ich selbst eine Möglichkeit zu handeln hätte. / Von Henri habe ich recht gute Nachrichten. Er ist mit Ihrem Freund Cohn zusammen, und sie sind sehr gute Freunde geworden. Stora schreibt mir bezaubernde Briefe voller Freundschaft und Feingefühl. Er bittet mich, Ihnen seine Adresse zu geben, um von Ihnen Nachricht zu erhalten. Ich rate Ihnen, ihm zu schreiben, seine Briefe sind mehr als angenehm. Hier ist seine Adresse: Marcel Stora, 1 & 3, R. A. L. T., 8[e] Batterie, Secteur Postal 307 / Ich hoffe, daß Sie nicht immerzu mutlos sind. Und daß Sie nicht ganz die Freunde vergessen werden – beiderlei Geschlechts. Schreiben Sie mir, was man Ihnen schicken kann und was Sie am meisten benötigen. / Gunther fragt mich, ob er etwas für Sie tun kann. Einfach so ins Blaue hinein. Ich wage nicht, ihm zu antworten, aus Angst, die anderen Möglichkeiten, die Sie haben, zu gefährden. Er ist in Hollywood – Sie erinnern sich? / Lieber Freund, ich warte auf eine Antwort: Ich weiß, daß dieser Brief sehr spät kommt – seien Sie mir deshalb nicht böse! / Immer die Ihre und zu Ihrer Verfügung. / Hannah.«

2 Dora Benjamin (1901-1946), Nationalökonomin, Psychologin, Promotion, Zusammenarbeit mit Fritz Fränkel (vgl. Anm. 23), seit 1933 in Paris, 7, Villa Robert Lindet, wo auch Benjamin zeitweise lebte, litt an Arteriosklerose. Im Sommer 1940 wurde Dora Benjamin wie Hannah Arendt in Gurs interniert, im Juli und August

elle ne va pas trop bien et moi, je suis toujours très occupée – ce qui est ridicule d'ailleurs. Autre raison: la première nouvelle de vous me parvenait de Madame Guinsbourg[3] qui venait me voir avec son ami – pardon, mais elle est franchement insupportable et assez désagréable. Et maintenant il ne me reste que de vous prier de ne pas penser: qui s'excuse s'accuse.
Pour commencer par des choses pratiques: Avez-vous une possibilité de faire intervenir pour vous Valéry – avec un beau certificat de loyauté et une requête adressée au Ministère de l'Interieur.[4] Ça a quelques chances, d'après moi, d'aboutir. Je ne vous donnerais pas de conseils, si je voyais une possibilité d'agir moi-même.
De'Henri[5] j'ai d'assez bonnes nouvelles. Il est ensemble avec votre ami Cohn,[6] et ils sont devenus de très grands amis. Stora[7] m'écrit des lettres charmantes, pleines d'amitié et de délicatesse. Il me demande de vous donner son adresse pour avoir de vos nouvelles. Je vous conseille de lui écrire, ses lettres sont plus qu'agréables. Voici son adresse: Marcel Stora, 1 & 3, R. A. L. T. / 8e Batterie / Secteur Postal 307
J'espère que vous n'avez pas toujours le cafard. Et que vous n'oublierez pas tout à fait les amis – des 2 sexes. Ecrivez-moi ce que l'on peut vous envoyer et ce dont vous avez le plus besoin.
Gunther[8] me demande s'il peut faire quelque chose pour vous. Tout à fait dans le vague. Je n'ose pas lui répondre par l'affirmative de peur

war sie mit Benjamin zusammen in Lourdes, Ende Dezember 1940 konnte sie in die Schweiz fliehen.

3 Wohl Milly Levy-Ginsberg, Ehefrau des Kunsthistorikers Arnold Levy, die zu Benjamins engerem Bekanntenkreis der letzten Jahre zählte und verschiedentlich Nachrichten für ihn übermittelte, auch aus dem Lager Nevers (vgl. GB IV, 405, u. GB VI, 338-340).

4 Ob Paul Valéry um ein Zeugnis, das Benjamin die Freilassung aus dem Lager Nevers ermöglichen sollte, gebeten wurde, ist nicht bekannt. Unterstützt hatte Valéry Benjamins Versuche, die französische Staatsbürgerschaft zu erwerben (vgl. GB VI, 42 f.).

5 Heinrich Blücher.

6 Alfred Cohn (1892-1954), Klassenkamerad Benjamins, Kaufmann, verheiratet mit Grete Radt, Benjamins erster Verlobten, seit 1938 in Paris, im September 1939 mit Benjamin und Blücher im Stade de Colombes interniert.

7 Marcel Stora, Übersetzer, u. a. von Ludwig, Remarque, Nabokov, Rauschning, übersetzte Benjamins Brief-Montage »Allemands de quatre-vingt-neuf«, die am 15. Juli 1939 in einer Sondernummer der Zeitschrift *Europe* zum 150. Jahrestag der Französischen Revolution erschien.

8 Günther Anders.

de compromettre les autres possibilités que vous avez. Il est à Hollywood – vous vous rappelez?
J'attends une réponse, cher ami: Je sais que cette lettre vient très tard – ne m'en voulez pas!
Toujours à vous – et à votre disposition.
Hannah.

6.

Hannah Arendt und Franziska Neumann, Gurs, an Walter Benjamin, [Paris], 5. Juni 1940, hs. (1 Bl./2 S.)
Walter Benjamin Archiv II 9[1]

Gurs, le 5 juin 40.

Mon cher Benji –
merci de votre lettre. J'étais très heureuse d'avoir de vos nouvelles et je pense que nous ferons tout notre possible pour ne pas nous perdre de vue.
J'ai deux choses à vous demander. 1e Voulez-vous donner un coup de téléphone à mon amie, Anne Weil?[2] Je sais que vous ne l'aimez pas trop. Mais je suis sans nouvelles d'elle et très inquiète pour sa sœur qui a été internée et qui est très malade. Ma mère[3] a peur de téléphoner et je voudrais bien lui épargner tout effort superflu. Son No: bar-

1 Übersetzung: »Gurs, 5. Juni 40. / Mein lieber Benji – / vielen Dank für Ihren Brief. Ich war sehr froh, Nachrichten von Ihnen zu erhalten, und ich denke, wir werden unser Möglichstes tun, um uns nicht aus den Augen zu verlieren. / Um zwei Dinge möchte ich Sie bitten. 1. Würden Sie meine Freundin, Anne Weil, anrufen? Ich weiß, daß Sie sie nicht besonders mögen. Aber ich habe keine Nachricht von ihr und bin sehr besorgt um ihre Schwester, die interniert war und sehr krank ist. Meine Mutter hat Angst zu telefonieren, und ich möchte ihr jede überflüssige Anstrengung ersparen. Ihre Nummer: Barnot 96 – 20, ab 3 Uhr. 2. Monsieur ist im Lager von Ruchard (Indre et Loire). Er kann nicht schreiben – Verbot, Briefe zu schreiben.* Diese Adresse müßte an Mlle W. E. Moulder, 224 r. de Rivoli, weitergegeben werden. Ich kenne diese Dame nicht und möchte ihr von hier aus nicht schreiben. Es geht nur darum, ihr eine Karte zu schreiben und ihr die Adresse mitzuteilen und ihr zu erklären, daß Monsieur nicht schreiben darf. / Vielen Dank im voraus. Ich lerne weiter Englisch. Könnte ich den Toussaint-Langenscheidt haben – aber nur, wenn es Ihnen nichts ausmacht. Und den Roman von Jules Romains über Verdun? Aber das ist schon ein bißchen viel verlangt. / Lassen Sie von Zeit zu Zeit von sich hören. Und teilen Sie mir vor allem jede Adreßänderung mit. / Sehr freundschaftlich die Ihre. / Hannah. / [Hs. v. Frenze Neumann:] Wir sind eine schöne ›Joker‹-Mannschaft zu viert, die Tage vergehen schneller. Ich habe keine Nachricht von Fritz. / Ihre / Frenze / *für alle.«

2 Anne Weil, geb. Mendelssohn, Königsberger Jugendfreundin Hannah Arendts, lebte in Paris.

3 Martha Beerwald-Arendt (1874-1948), lebte bis April 1939 in Königsberg, danach in Paris bei Arendt und Blücher, denen sie 1941 nach New York folgte.

not 96-20 à partir de 3h. 2e: Monsieur[4] est au Camp de Ruchard (Indre et Loire). Il ne peut écrire – défense d'écrire des lettres.* Cette adresse devrait être communiquée à Mlle W. E. Moulder 224 r. de Rivoli.[5] Je ne connais pas cette dame et je ne veux pas lui écrire d'ici. Il s'agit simplement de lui écrire une carte en lui indiquant l'adresse et en lui disant que Monsieur n'a pas la permission d'écrire.
Merci d'avance! Je continue mon anglais. Puis-je avoir le Toussaint-Langenscheidt – mais seulement si cela ne vous embête pas. Et le roman de Jules Romains sur Verdun?[6] Mais c'est déjà un peu exigeant. Donnez-moi de temps à [sic!] sicemps de vos nouvelles. Et surtout prévenez-moi de tout changement d'adresse.
Très amicalement la vôtre.
Hannah.

[Hs. v. Franziska Neumann:][7] Nous sommes une belle équipe »joker« à quatre, les jours passent plus vite. Je n'ai pas de nouvelles de Fritz.[8]
Bien à vous
Frenze

* pour tout le monde.

4 Heinrich Blücher.

5 W. E. Moulder: Nicht ermittelt. Unter der angegebenen Anschrift findet sich seit Beginn des 19. Jahrhunderts Galignani, der älteste englische Buchladen auf dem Kontinent.

6 Jules Romains: *Verdun*. Paris 1938.

7 Franziska Neumann, geb. Überreiter, Freundin von Fritz Fränkel (vgl. Anm. 8), zuvor Ehefrau des Kinderarztes Rudolf Neumann, der mit Fränkel in Paris eine Zimmerpraxis führte, im Mai 1940 mit Hannah Arendt in Paris und später in Gurs interniert, gemeinsame Emigration nach Mexiko (vgl. Klaus Täubert, *»Unbekannt verzogen ...« Der Lebensweg des Suchtmediziners, Psychologen und KPD-Gründungsmitgliedes Fritz Fränkel.* Berlin 2005).

8 Fritz Fränkel (1892-1944), Arzt und Psychologe, Freund Benjamins seit der Studienzeit, führte u. a. Drogenversuche mit ihm durch, bis 1933 Zusammenarbeit mit Benjamins Schwester Dora, 1933 Emigration nach Frankreich, seit 1938 Nachbar Benjamins in der rue Dombasle und Teilnehmer der dort stattfindenden Gesprächsrunden, an denen auch Arendt und Benjamin teilnahmen, 1939 in Nevers interniert (vgl. Täubert, *»Unbekannt verzogen ...«*, Anm. 7).

7.

Walter Benjamin, Lourdes, an Hannah Arendt, [Montauban], 8. Juli 1940, hs. (1 Bl./2 S.)
Library of Congress, The Hannah Arendt Papers, 020959-020960[1]

Chère Hannah,
j'espère que ces lignes vous trouveront à Montbahus.[2] Elles sont destinées à vous dire que je vous remercie de votre carte du 5, et que je vous félicite d'avoir mis la main sur Monsieur. Que je vous prie d'assurer de mes meilleures amitiés. (Ça, c'est le style de Retz[3] qui est en train de former le mien!)
Mme P[4] a retrouvé son mari, passablement abîmé, paraît-il.
De Fritz on a des nouvelles, mais il paraît qu'il ne soit pas libéré encore.
Je serais plongé dans un cafard plus noir encore que celui qui me tient à présent, si, tout dépourvu que je sois de livres, je n'avais pas trouvé dans mon seul la devise qui s'applique le plus magnifique-

1 Gedruckt in GB VI, 467f. – Die Kommentare des Erstdrucks wurden dankbar benutzt.
Übersetzung: »Liebe Hannah, / ich hoffe, daß meine Zeilen Sie in Montbahus erreichen. Sie sind dazu bestimmt, Ihnen zu sagen, daß ich Ihnen für Ihre Karte vom 5. danke, und daß ich Sie dazu beglückwünsche, Monsieur gefunden zu haben. Daß ich Sie bitte, meiner besten Grüße versichert zu sein. (Dies ist der Stil von Retz, der dabei ist, meinen zu prägen!) / Mme P hat ihren Gatten wiedergefunden, einigermaßen zugrunde gerichtet, wie es aussieht. / Von Fritz gibt es Nachrichten, aber es scheint, daß er noch nicht frei ist. / Ich würde in eine noch düstere Stimmung verfallen, als ich es jetzt schon bin, wenn ich nicht in dem einzigen Buch, das ich habe – bin ich doch so ganz ohne Bücher –, die Devise gefunden hätte, die am besten zu meiner derzeitigen Situation paßt: ›Die Faulheit hat ihn glänzend unterstützt, während mehrerer Jahre in der Finsternis eines herumirrenden und versteckten Lebens.‹ (La Rochefoucauld über Retz.) Ich zitiere dies in der stillen Hoffnung, Monsieur zu betrüben. / Ihr alter / Benjamin / 8. Juli 1940 / Lourdes (Hautes-Pyrénées) / 8, rue Notre Dame«.

2 Nach ihrer Flucht aus dem Lager Gurs im Juli 1940 hielt sich Hannah Arendt bei zwei Freundinnen in Montauban nördlich von Toulouse auf. Benjamins Schreibung ist eine Verwechslung.

3 Benjamin bezieht sich auf die *Mémoires* des Kardinal Retz, die er vermutlich im Oktober 1939 von Adrienne Monnier gesandt bekommen hatte (vgl. GB VI, 347).

4 Kommentar in GB VI, 468: »Vermutlich Frau Pollack, über die Näheres nicht zu ermitteln war.« Vgl. auch GB V, 588f.

ment à ma condition actuelle: »La paresse l'a soutenu avec gloire, durant plusieurs années, dans l'obscurité d'une vie errante et cachée.« (La Rochefoucauld en parlant de Retz.)[5] Je vous cite cela avec le sourd espoir d'attrister Monsieur.
Votre vieux
Benjamin

8 juillet 1940
Lourdes (Haute-Pyrénées)
8 rue Notre Dame

5 Das Zitat entstammt dem »Portrait du Cardinal de Retz« (1675) von La Rochefoucauld (vgl. GB VI, 468).

020961

Chère amie,

merci de tout cœur d'avoir immédiatement pensé à moi au sujet de la rumeur dont me parle votre lettre. Depuis j'ai été averti dans le même sens de différents côtés. Mais vous avez été la première.

Tout ce que je sais à l'heure qu'il est c'est qu'à New York on est d'avis qu'un tel visa aurait été déposé pour moi au Consulat à Marseille. Vous pensez que j'aurais voulu m'y rendre immédiatement. Mais il paraît impossible d'obtenir le sauf-conduit sans confirmation de Marseille. Il y a plusieurs jours que j'ai adressé un télégramme (avec RP) là-bas pour obtenir la confirmation en question. Aucune réponse ne m'est encore parvenue. Donc, l'incertitude continue et cela d'autant plus que j'ignore si ma tentative d'immigration ne pourrait mettre en échec cette tentative de „Visite."

Un temps très lourd favorise mes ~~[illegible]~~ dispositions de tenir en veilleuse la vie du corps aussi bien que celle de l'esprit. Je m'emmitoufle de lectures: j'ai lu le dernier volume des „Thibault" et le „Rouge et le Noir".

Le message de votre mère nous a paru, à ma sœur et à moi, quelque peu énigmatique. Est-ce là un avis qui

8.

Walter Benjamin, [Lourdes], an Hannah Arendt, [Montauban], 9. August 1940, hs. (1 Bl./2 S.)
Library of Congress, The Hannah Arendt Papers, 020961 - 020962[1]

Chère amie,
merci de tout cœur d'avoir immédiatement pensé à moi au sujet de la rumeur dont me parle votre lettre. Depuis j'ai été averti dans le même sens de différents côtés. Mais vous avez été la première.
Tout ce que je sais à l'heure qu'il est c'est qu'à New York on est d'avis qu'un tel visa aurait été déposé pour moi au Consulat à Marseille. Vous pensez que j'aurais voulu m'y rendre immédiatement. Mais il paraît impossible d'obtenir le sauf-conduit sans confirmation de Marseille. Il y a plusieurs jours que j'ai adressé un télégramme (avec RP) là-bas pour obtenir la confirmation en question. Aucune réponse ne m'est encore parvenue. Donc, l'incertitude continue et cela d'autant plus que j'ignore si ma tentative d'immigration ne pourrait mettre en échec cette tentative de »visite«.

1 Gedruckt in GB VI, 478 f.
Übersetzung: »Liebe Freundin, / ganz herzlichen Dank dafür, daß Sie sofort an mich gedacht haben, was das Gerücht angeht, von dem Sie in Ihrem Brief schreiben. Seitdem bin ich von verschiedenen Seiten im selben Sinne unterrichtet worden. Aber Sie waren die erste. / Alles, was ich momentan weiß, ist, daß man in New York der Meinung ist, daß ein solches Visum für mich im Konsulat in Marseille hinterlegt worden sein soll. Sie können sich denken, daß ich gern sofort dorthin gegangen wäre. Aber es scheint unmöglich, den Passierschein ohne Bestätigung aus Marseille zu erhalten. Vor mehreren Tagen habe ich ein Telegramm (mit RP) dorthin geschickt, um die besagte Bestätigung zu bekommen. Noch habe ich keinerlei Antwort erhalten. Meine Ungewißheit dauert also an, und das um so mehr, als ich nicht weiß, ob mein Bemühen um Immigration dieses Bemühen um einen ›Besuch‹ nicht scheitern lassen könnte. / Eine heftige Schwüle begünstigt meine Neigung, das körperliche wie das geistige Leben auf Sparflamme zu halten. Ich mummele mich ein in Lektüre: Ich habe den letzten Band der ›Thibaults‹ und ›Le Rouge et le Noir‹ gelesen. / Die Nachricht von Ihrer Mutter scheint uns, meiner Schwester und mir, ein wenig rätselhaft. Handelt es ich um eine Mitteilung, die sich *ganz speziell* an uns richtet? Ist es eine generelle Feststellung? Es wäre möglicherweise sinnvoll, es klarer auszudrücken. Aber ich zweifle, daß dies unter den gegebenen Umständen möglich ist. – Die große Angst, die mich beim Gedanken an das Schicksal meiner Manuskripte befällt, schmerzt doppelt. / Wenig Kontakt zu den Freunden; wenig Nachrichten. Ich würde gern wissen, ob Alfred freigelassen worden ist, und ebenso, wo sich Doktor FF befindet. / Meine Hochachtung für Monsieur und mein aufrichtigster Respekt für Sie. / Benjamin / 9. August 1940«.

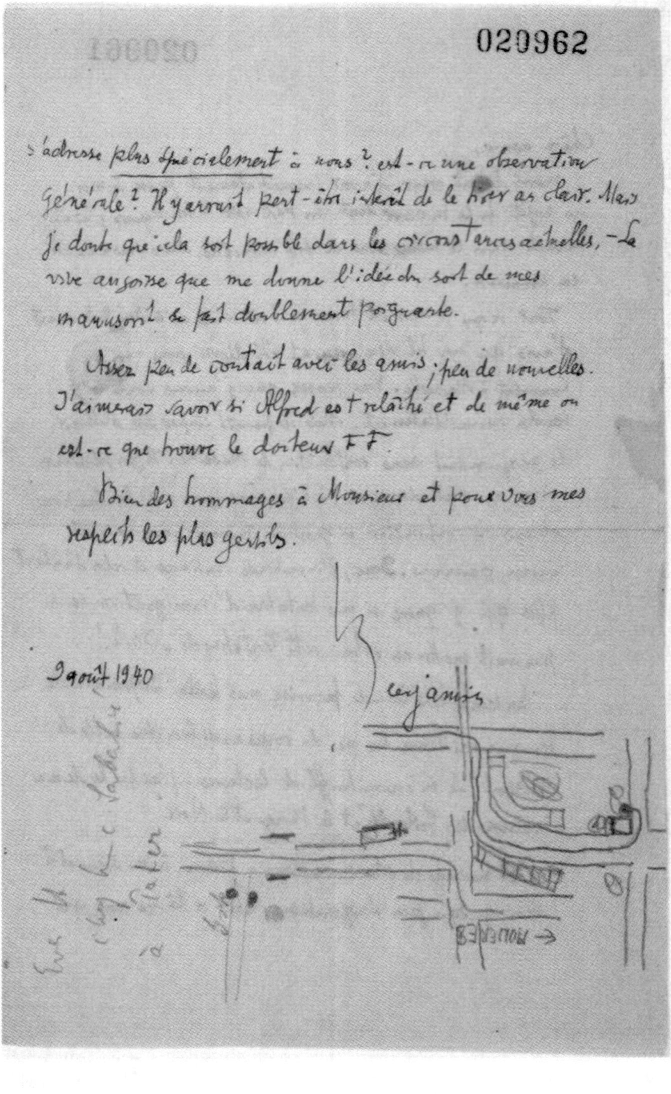

020962

s'adresse plus spécialement à vous? est-ce une observation générale? Il y aurait peut-être intérêt de le tirer au clair. Mais je doute que cela soit possible dans les circonstances actuelles. – La vive angoisse que me donne l'idée du sort de mes manuscrits se fait doublement poignante.

Assez peu de contact avec les amis; peu de nouvelles. J'aimerais savoir si Alfred est relâché et de même où est-ce que se trouve le docteur F.F.

Bien des hommages à Monsieur et pour vous mes respects les plus gentils.

9 août 1940

Un temps très lourd favorise mes dispositions de tenir en veilleuse la vie du corps aussi bien que celle de l'esprit. Je m'emmitouffle[2] de lectures: j'ai lu le dernier volume des »Thibaults« et »Le Rouge et le Noir«.[3]
Le message de votre mère nous a paru, à ma sœur et à moi, quelque peu énigmatique. Est-ce là un avis qui // s'adresse *plus spécialement* à nous? est-ce une observation générale? Il y aurait peut-être intérêt de le tirer au clair. Mais je doute que cela soit possible dans les circonstances actuelles. – La vive angoisse que me donne l'idée du sort des mes manuscrit se fait doublement poignante.
Assez peu de contact avec les amis; peu de nouvelles. J'aimerais savoir si Alfred[4] est relâché et de même où est-ce que [sic!] trouve le docteur FF.[5]
Bien des hommages à Monsieur et pour vous mes respects les plus gentils.

Benjamin

9 août 1940

2 So im Original.
3 Roger Martin du Gard: *Les Thibault*, huitième et dernière partie: *Epilogue*, Paris: Gallimard 1940, Stendhal: *Rouge et noir*.
4 Alfred Cohn.
5 Fritz Fränkel.

V.
Dokumente

Sicherung des Nachlasses

1.

Hannah Arendt an Gershom Scholem, 21. Oktober 1940

Lieber Scholem –
Walter Benjamin hat sich das Leben genommen, am 26. 9., an der spanischen Grenze, in Port Bou. Er hatte ein amerikanisches Visum, aber seit dem 23. lassen die Spanier nur noch Inhaber »nationaler« Pässe durch. – Ich weiss nicht, ob diese Zeilen Sie erreichen. Ich habe Walter mehrmals in den letzten Wochen und Monaten gesehen, zuletzt am 20. in Marseille. – Diese Nachricht erreichte uns wie seine Schwester mit fast 4wöchentlicher Verspätung.
Juden sterben in Europa und man verscharrt sie wie Hunde.
Ihre Hannah Arendt.

Alte Synagoge (Hg.), *Hannah Arendt. »Lebensgeschichte einer deutschen Jüdin …«* Essen 1997, S. 104f. [Reproduktion].

Auf dem Brief notierte Scholem: »erhalten Freitag den 8. November 1940«.

2.

Hannah Arendt an Heinrich Blücher, [2. August 1941]

Liebster Stups –
heute früh bekam ich den beiliegenden Unglücksbrief.[1] Ich bin ganz verstört über die Chuzpe und die naive Unverschämtheit, mir das auch noch zu schreiben. Aber das ist ja das mindeste daran. Ich nehme an, daß die Schweinebande[2] der gleichen Meinung ist und sie das Manuskript[3] einfach unterschlagen werden. Es ist noch ein Glück im Unglück, daß ich es habe. Ich war schließlich verpflichtet, es ihnen zu geben, wissend, daß Benji ihnen ein Exemplar geschickt hatte, das nur nicht angekommen ist. Stups, bitte, bitte, sag was. Ich bin ganz allein und so schrecklich verzweifelt und verängstigt, daß sie es nicht drucken wollen. Und so wahnsinnig wütend, daß ich alle miteinander glatt morden könnte. Benji zahlt etwas teuer für Ruhe und Sicherheit. Lieber Gott – mit so etwas Dämlichen hat man sich auch noch abzugeben. G.[4] ist offensichtlich komplett verkommen. Von mir aus.
Wenn man wenigstens nach Palästina schreiben könnte, vielleicht könnte Scholem die Sache anständig bei Schocken herausbringen – der nb. [in] New York ist. Dazu müßte ich aber wissen, daß die Hornochsen die Sache nicht nehmen. Und das werden sie, gemein wie sie sind, nie sagen. Sondern einen hinhalten. Einen Vortrag über Loyalität gegen tote Freunde wird man ihnen ja wohl nicht halten können. Die werden sich rächen, wie sich Benji im Grunde durch Schreiben dieser Sache gerächt hat.
Ich gab Salomon[5] das Manuskript zur Einsicht. Frag ihn doch mal nach seiner Meinung. Und grüß ihn schön. Ich schreibe ihm dieser Tage. Muß mich aber unbedingt erst abkühlen.

1 »Es handelt sich vermutlich um einen Brief von Günther Stern, in dem er berichtete, daß Walter Benjamins letztes Manuskript vorläufig nicht veröffentlicht würde.« (Anmerkung von Lotte Köhler); vgl. die Einleitung d. Hg., S. 37, Anm. 53).

2 Adorno und Horkheimer.

3 Benjamins Thesen »Über den Begriff der Geschichte«.

4 Günther Anders, d. i. Günther Stern.

5 Der Soziologe und Politologe Albert Salomon (1891-1966), 1928 bis 1931 Herausgeber der Zeitschrift *Die Gesellschaft*, in der Arendt und Benjamin publizierten, seit 1935 in den USA, dort Fakultätsmitglied der New School for Social Research.

Liebster, Einziger, man soll sich nicht trennen. Es ist Wahnsinn. Sic.
Deine
Deine.

Hannah Arendt/Heinrich Blücher, *Briefe 1936-1968*. Hg. u. mit einer Einführung von Lotte Köhler. München, Zürich 1996, S. 127f.

3.

Heinrich Blücher an Hannah Arendt, [4. August 1941]
Briefauszug

Liebe kleine Meine,
ich hatte mir die Stellung der Herren Literaten zu [Walter Benjamins] Testament nie anders vorgestellt und bin also nicht erstaunt und schon gar nicht erschrocken: aber nur, weil ich nach langen Erfahrungen mit den Kapuzinern endlich gezwungen war, in geistigen Dingen der Graf Robert von der Normandie[1] zu werden, der in seinem Leben nie erschrak. Dagegen ist es verständlich genug, daß Du erschrickst, herrlich, bezaubernd und süß, aber wie Du es tust, nämlich mit der blitzschnellen Reaktion Deiner prächtigen Wut. Ich sehe Dich mit deinen funkelnden Augen und heftigen Gebärden da vor mir stehn – und ich weiß, daß und wie ich mich im nächsten Augenblick über Dich werfen werde, rasend stolz, Dich zu besitzen.
Aber sieh mal, das alles ist doch Pfaffengezänk, und sie rächen sich doch nur an dem toten Papst, weil er ihrer Gilde eine sie alle degradierende Bulle hinterlassen will, die die Anforderung stellt, ihn heilig zu sprechen, und dabei zu wissen, daß der Heilige sich über sie mokiert hat. Benji hat zuerst dunkel gefühlt, daß er und alle Pfaffen aus dem Paradies vertrieben sind, nämlich aus der paradiesischen Funktion, in der sie jahrhundertelang gesessen haben, organisiert, um die Menschheit zu verhindern an der vollen Realisierung der Einsicht, daß sie wirklich und wahrhaftig aus dem Paradiese vertrieben ist. Nun aber ist die Zeit, wo die Menschheit das ahnt und gewillt ist, den Gedanken voll zu realisieren; sie macht gerade noch den letzten wahnwitzigen Versuch, das Paradies in der Form einer Bluthölle hier auf ihrem Boden zu verwirklichen, und wenn sie davon genug haben wird, muß man mit ihr vernünftig zu reden beginnen. Damit möchte ich den Anfang machen, und schon der Anfang würde genügen, den Beruf des Pfaffen aufzuheben. Einstweilen trösten sich die Herren damit, daß sie ihre eigenen gestrigen und ihre gegenseitigen heutigen Götzen anspucken. Man darf in die Schußrichtungen dieses »Kampfes« nicht hineingeraten. Die einen glauben, den Beruf wieder sichern zu können, indem sie ihre Versuche,

1 Vgl. Ludwig Uhlands Gedicht »Graf Richard Ohnefurcht«: »Graf Richard von der Normandie / Erschrak in seinem Leben nie.«

das Paradies auf Erden zu schaffen, bußfertig bereuen und das Paradies wieder als im Jenseits liegend verkünden, die anderen wollen nun erst recht ein neues Paradies auf Erden und fangen damit an, das Paradies im Jenseits nun diesmal wirklich endgültig als nicht existent erweisen zu wollen. Benji versucht eine Synthese, um die Hölle auf Erden direkt vom Paradiese her mit Hilfe der Teufelskunst des dialektischen Materialismus zu leiten. Allen aber trieft das Ressentiment aus dem Maule, daß es ihren Göttern gefallen hat, ihre Priester brotlos zu machen.

In diesen speichelsprühenden theologischen Debatten passiert es denn auch, daß die »Kategorie« des Fortschritts mitbespuckt wird für den schäbigen Preis von 100 Dollar und durch ihren Tod ein Auto schaffen soll. Das ist mir alles eine Hexenkunst. Da sehen die Kapuziner gar nicht, daß sie unsere Väter bespucken, aber wie könnten sie, da sie geschlechtslos sind, Respekt vor dem Geschlecht haben. Hätten sie, statt die Gedanken der Väter als Doktrin zu predigen, den Respekt aufgebracht, wirklich einmal jahrelang ihre eigenen Gedanken zurückzusetzen und dem Willen der Väter zu dienen, und hätten sie nicht umgekehrt nur getrachtet, den Gedanken der Väter ihre eigenen Einfälle unterzuschieben, so wäre zu merken gewesen, daß unsere Väter zwar recht romantische Kerle waren und, von der Technik besoffen, zum ruchlosen Optimismus wie zum ruchlosen Pessimismus neigten, daß sie aber nicht nur großspurige, sondern auch großartige Männer waren, die den unbändigen Willen hatten, die Einsichten unserer Großväter (18. Jahrhundert) zu verwirklichen. Man ist mit seinem Vater nicht fertig, wenn man ihn erst angebetet und dann angespien hat und nun hingeht, um die Welt aus dem Nichts neu zu schaffen, sondern man hat ihn erst überwunden, wenn man ihm lange genug gehorcht hat, um seinen Willen festzuhalten, indem man sich gezwungen sieht, gerade deswegen seine Mittel zum alten Eisen zu werfen. So habe ich wieder bei den Großvätern, bei Leibniz, Lessing und Kant angefragt, was sie wohl von den Söhnen halten. Die Enkel werden sich mit ihnen darüber einigen können, und erst dann werden wir wissen, woran wir sind. [...]

Hannah Arendt/Heinrich Blücher, *Briefe 1936-1968*. Hg. u. mit einer Einführung von Lotte Köhler. München, Zürich 1996, S. 128-130.

4.

Hannah Arendt an Günther Anders, 7. August 1941
Briefauszug

[...]
Ueber Benjamin werden wir uns schwerlich einigen koennen. Aber davon abgesehen: es scheint mir ganz einfach eine Pflicht der Loyalitaet gegen den toten Freund und Mitarbeiter, der ja schliesslich nicht mehr in der Lage ist, mit den Herren zu diskutieren, jede von ihm zur Veroeffentlichung bestimmte Sache zu publizieren. Ich bitte Dich sehr mir mitzuteilen, was da im weisen Rate beschlossen worden ist, da Wiesengrund es, scheint's, nicht fuer noetig haelt, mich auf dem Laufenden zu halten.
[...]
Gut daß Brecht »gerettet« ist. Er wird ja wissen, daß sich in Benjamins Hinterlassenschaft ein Manuskript »Gespraeche mit Brecht«[1] befand, auf das B. immer grosse Stücke hielt. Ich kenne es nicht. Aber er sollte sich mal drum kuemmern, was daraus geworden ist, bzw. ob es sich in der Kiste befand, die Wiesengrund erwartete.
[...]

Library of Congress, Washington, The Hannah Arendt Papers.

1 Gemeint sind Benjamins Tagebuchaufzeichnungen über Gespräche mit Brecht (vgl. GV VI, 430-441 u. 523-539).

5.

Hannah Arendt an Gershom Scholem, 17. Oktober 1941

Lieber Scholem –
Miriam Lichtheim[1] gab mir Ihre Adresse und schrieb mir Ihre Grüsse. Nun hoffe ich zwar, dass ich auch ohne diesen Anlass mich aufgeschwungen hätte, Ihnen zu schreiben, muss aber zugeben, dass dieser Anstoss doch recht nützlich war.

Wiesengrund sagte mir, dass er Ihnen einen ausführlichen Bericht[2] über Benjamins Tod habe zugehen lassen. Ich habe selbst manche nicht unwichtige Einzelheiten erst hier erfahren. Bin vielleicht überhaupt nicht allzu sehr qualifiziert für eine Darstellung, da ich so wenig mit einer solchen Möglichkeit je gerechnet hatte, dass ich noch wochenlang nach seinem Tode das Ganze für eine Art Emigrantengeklatsch gehalten habe. Und dies, obwohl wir gerade in den letzten Jahren und Monaten sehr nahe befreundet waren und uns regelmässig sahen.

Bei Ausbruch des Krieges waren wir alle zusammen in einem kleinen französischen Nest nahe bei Paris zwecks Sommererholung. Benji war ausgezeichnet in Form, hatte seinen Baudelaire teilweise fertig und war der m. E. berechtigten Meinung, im Begriff zu sein, ausgezeichnete Sachen zu machen. Der Ausbruch des Krieges hat ihn gleich über die Massen erschreckt. Er floh am ersten Tage der Mobilmachung aus Paris nach Meaux aus Angst vor Fliegerangriffen. Meaux war ein berühmter Zentralpunkt der Mobilmachung, mit einem militärisch sehr wichtigen Flughafen und einem Bahnhof, der einen der Knotenpunkte für den ganzen Aufmarsch bildete. Der Erfolg war natürlich, dass dort vom ersten Tage an ein Fliegeralarm den andern ablöste und Benji ziemlich entsetzt umgehend zurückkam. Er kam gerade zur Zeit um sich ordnungsgemäss internieren zu lassen. In dem vorläufigen Lager in Colombes, wo ihn mein Mann

1 Die Ägyptologin und Bibliothekarin, Tochter des Zionisten Richard Lichtheim und Schwester des Philosophen und Politikwissenschaftlers George Lichtheim, der Scholems Manuskript *Die jüdische Mystik in ihren Hauptströmungen* ins Englische übersetzt hat.

2 Vgl. Theodor W. Adorno an Gershom Scholem, 19. November 1940. In: *Frankfurter Adorno-Blätter V.* Im Auftrag des Theodor W. Adorno Archivs hg. von Rolf Tiedemann. München 1998, S. 150-153.

noch ausführlich gesprochen hat, war er ziemlich verzweifelt. Und dies natürlich mit einigem Grunde. Er setzte sofort eine bestimmte Form von Askese ins Werk, rauchte nicht mehr, verschenkte alle seine Schokolade, weigerte sich, sich zu waschen oder zu rasieren oder überhaupt sich zu bewegen. In dem endgültigen Lager angekommen, hat er sich dann eigentlich gar nicht so schlecht gefühlt: er hatte eine Reihe junger Burschen um sich herum, die ihn gerne mochten und von ihm lernen wollten und ihm alles abnahmen. Als er Mitte oder Ende November zurückkam, war er eher zufrieden, dies Experiment gemacht zu haben. Auch seine ursprüngliche Panik war ganz verschwunden. Er schrieb in den folgenden Monaten die geschichtsphilosophischen Thesen, von denen er Ihnen, wie er mir sagte, auch ein Exemplar geschickt hat und aus dem Sie ja ersehen werden, dass er einer Reihe neuer Sachen auf der Spur war. Er hatte allerdings gleich ziemliche Angst vor der Meinung des Instituts. Sie werden ja wissen, dass vor Ausbruch des Krieges das Institut ihm geschrieben hatte, dass sein monatliches Honorar nicht mehr sicher sei und er versuchen solle, sich nach etwas anderem umzusehen. Das hat ihm viel Kummer bereitet, obwohl auch er von der Ernsthaftigkeit dieses Ansinnens nicht sehr überzeugt war. Das machte die Sache eher unangenehmer als besser. Diese Angst nun fiel mit Ausbruch des Krieges weg; aber vor der Reaktion auf seine neuesten und ja recht unorthodoxen Theorien war ihm doch nicht sehr wohl. – Im Januar nahm sich einer seiner jungen Freunde aus dem Lager, der zufällig auch ein Freund oder Schüler meines Mannes war, das Leben. Das hatte im Wesentlichen ganz private Gründe. Diese Sache hat ihn ausserordentlich beschäftigt und er nahm in allen Gesprächen mit wirklich leidenschaftlicher Vehemenz die Partei dieses Jungen und seines Entschlusses. – Im Frühjahr 1940 traten wir alle schweren Herzens den Gang zum Amerikanischen Konsulat an, und obwohl uns dort einstimmig erklärt wurde, dass wir 2 - 10 Jahre warten müssten, bis unsere Quotennummern drankämen, nahmen wir zu dritt englische Stunden. Keiner von uns nahm die Sache sehr ernst, aber Benji hatte nur einen Wunsch, so viel zu lernen, um sagen zu können, dass er die Sprache absolut nicht möge. Das gelang ihm auch. Sein horror vor Amerika war unbeschreiblich, und er soll bereits damals zu Freunden gesagt haben, dass er ein kürzeres Leben in Frankreich einem längeren in Amerika vorzöge.

All dies nahm ein schnelles Ende, als ab Mitte April alle entlassenen

Internierten bis zum Alter von 48 Jahren auf ihre Tauglichkeit zum militärischen Arbeitsdienst untersucht wurden. Dieser Arbeitsdienst war wirklich nur ein anderes Wort für Internierung mit Zwangsarbeit und gegen die erste Internierung in den meisten Fällen eine Verschlechterung. Dass Benji für untauglich erklärt werden würde, war von vorn herein klar, nur ihm nicht. Er hat sich in dieser Zeit furchtbar aufgeregt und mir mehrmals erklärt, dass er das gleiche Theater nicht noch einmal mit machen könne. Er wurde dann natürlich untauglich geschrieben. Unabhängig von dieser Massnahme kam Mitte Mai die zweite und viel gründlichere Internierung, von der Sie ja wissen werden. Wie durch ein Wunder blieben drei Menschen davon verschont, darunter Benji. Bei dem Chaos der Administration konnte er trotzdem nie wissen, ob und wielange die Polizei eine ordre des Aussenministeriums anerkennen würde und ob er nicht einfach verhaftet werden würde. Ich selbst habe ihn damals nicht mehr gesehen, da ich auch interniert war, aber Freunde erzählten, dass er sich überhaupt nicht mehr auf die Strasse gewagt habe und in einer dauernden Panik war. Mit dem letzten Zug, der Paris verliess, gelang es ihm mitzufahren. Er hatte nichts bei sich als eine kleine Koffertasche mit zwei Hemden und Zahnbürste. Er fuhr, wie Sie wissen, nach Lourdes. Als ich Mitte Juni aus Gurs rauskam, kam ich zufällig gleichfalls nach Lourdes und blieb dann mehrere Wochen auf seine Veranlassung dort. Es war im Moment der Niederlage, es gingen nach wenigen Tagen keine Züge mehr; kein Mensch wusste, wo Familien, Männer, Kinder, Freunde geblieben waren. Benji und ich spielten von morgens bis abends Schach und lasen in den Pausen Zeitungen, sofern es welche gab. Das ging alles ganz gut und schön bis zu dem Augenblick, wo der Waffenstillstandsvertrag mit der berühmten Auslieferungsklausel veröffentlicht wurde. Daraufhin war uns beiden natürlich noch erheblich unwohler, aber ich kann nicht sagen, dass Benji in wirkliche Panik geriet. Immerhin erfuhren wir von den ersten Selbstmorden von Internierten auf der Flucht vor den Deutschen. Und Benjamin begann zum ersten Male zu mir und wiederholt von Selbstmord zu reden. Dass dieser Ausweg eben doch bliebe. Auf meine höchst energische Einsprache, dass man dazu immer noch Zeit habe, wiederholte er sehr stereotyp, dass man das nie wissen können und dass man auf keinen Fall damit zu spät kommen dürfe. Andererseits sprachen wir von Amerika. Er schien mit diesem Gedanken ausgesöhnter als früher. Ein Brief vom Institut, in welchem man ihm erklärte, dass man alle Anstrengungen mache ihn rüberzubekommen, nahm er ernst; weniger aber eine weitere Erklärung, dass er mit einem gesicherten Gehalt dem Herausgeberstab der Zeitschrift angehören würde. Dies hielt er für einen Scheinvertrag, um sein Visum zu ermöglichen. Er fürchtete sehr, offenbar zu Unrecht, dass wenn er erst einmal hier sein würde, man ihn im Stich lassen könne. Anfang Juli fuhr ich von Lourdes ab, da ich mich à la recherche de mon mari perdu begeben musste. Benji war darüber nicht gerade begeistert und ich habe lange geschwankt, ob ich ihn nicht mitnehmen solle. Aber das wäre einfach unausführbar gewesen: er war dort den Behörden gegenüber (mit einem Empfehlungsschreiben vom Aussenministerium) so gesichert, wie er es nie mehr irgend wo hätte sein können. Ich habe dann bis September von ihm nur noch brieflich gehört. Inzwischen war die Gestapo in seiner Wohnung gewesen und hatte alles beschlagnahmt. Er schrieb sehr deprimiert. Seine Manuskripte sind zwar inzwischen gerettet worden, damals aber musste er mit Recht alles verloren geben. – Im September kamen wir nach Marseille, weil unsere Visen inzwischen eingetroffen waren. Benji war dort schon seit August, da sein Visum schon Mitte August angekommen war. Er hatte auch bereits das berühmte spanische und natürlich das portugiesische Transit. Das spanische Visum war noch 8 oder 10 Tage gültig, als ich ihn wiedersah. Ein visa de sortie zu bekommen, war damals vollkommen aussichtslos. Er fragte mich verzweifelt, was er tun solle und ob wir nicht die spanischen Visen so rasch bekommen könnten, dass wir alle zusammen über die Grenze gehen könnten. Ich sagte und zeigte ihm, dass das aussichtslos sei und dass er andererseits weg müsse, da damals spanische Visen nicht mehr verlängert wurden. Ich sagte ihm ausserdem, dass es mir höchst fraglich sei, wie lange es diese Visen überhaupt noch geben würde und dass man es doch nicht riskieren könne, es verfallen zu lassen. Dass wir selbstverständlich am besten zu dritt zusammengehen würden, dass er dann zu uns nach Montauban komme solle, aber dass kein Mensch dafür die Verantwortung übernehmen könne. Daraufhin entschloss er sich ziemlich Hals über Kopf doch abzufahren. – Die Dominikaner hatten ihm einen Empfehlungsbrief an irgendeinen spanischen Abt mitgegeben. Der hat uns allen damals mächtig imponiert, war aber vollkommen sinnlos. – In diesen Tagen in Marseille sprach er wieder von Selbstmordabsichten. – Alles weitere werden Sie ja wissen: dass er mit ihm ganz

fremden Menschen losziehen musste, dass sie den längeren Weg wählten, der einen Fussmarsch im Gebirge von ca 7 Stunden bedeutete, dass sie aus vollkommen unerfindlichen Gründen ihre französischen Aufenthaltspapiere vernichteten und sich damit die Rückkehr nach Frankreich abschnitten, dass sie dann genau 24 Stunden nach Schliessung der spanischen Grenze für Leute ohne nationale Pässe – wir hatten alle nur noch die Papiere des Amerikanischen Konsulats – dort ankamen, dass Benji bereits auf dem Hinwege mehrmals zusammengebrochen war, dass sie am nächsten Morgen an die spanische Grenze gestellt werden sollten und er sich in der Nacht, die ihnen zugebilligt war, das Leben genommen hat. Wir haben, als wir Monate später in Port Bou ankamen, vergeblich sein Grab gesucht: es war nicht zu finden, nirgends stand sein Name. Der Friedhof geht auf die kleine Bucht, direkt auf das Mittelmeer; er ist in Terrassen in Stein gehauen; in solche Steinwälle werden auch die Särge geschoben. Es ist bei weitem eine der phantastischsten und schönsten Stellen, die ich je in meinem Leben gesehen.
Das Institut hat den Nachlass, wagt aber vorläufig nichts in deutscher Sprache zu veröffentlichen. Ich frage mich, ob man nicht die geschichtsphilosophischen Thesen unabhängig davon bei Schocken herausgeben könnte. Er hat mir das Manuskript geschenkt und das Institut hat es erst durch mich erhalten.

Lieber Scholem, das ist alles, was ich Ihnen sagen kann, und ich habe es so genau wie möglich und so kommentarlos wie möglich getan.
Ihnen und Ihrer Frau herzliche Grüsse von Monsieur und mir,
Ihre Hannah Arendt
P. S. Da mir alle Exemplare meiner unglücklichen Rahel verloren gegangen sind, habe ich Verwandte gebeten, das Exemplar von Ihnen abzuholen und mir herzuschicken. Das dafür nötige Geld wird Kurt Blumenfeld an seine Frau überweisen. Merci d'avant!

The Jewish and National University Library, Jerusalem, Scholem Archive.

6.

Hannah Arendt: W. B.

Einmal dämmert Abend wieder,
Nacht fällt nieder von den Sternen,
Liegen wir gestreckte Glieder
In den Nähen, in den Fernen.

Aus den Dunkelheiten tönen
Sanfte kleine Melodeien.
Lauschen wir uns zu entwöhnen,
Lockern endlich wir die Reihen.

Ferne Stimmen, naher Kummer –:
Jene Stimmen jener Toten,
Die wir vorgeschickt als Boten
Uns zu leiten in den Schlummer.

Elisabeth Young-Bruehl, *Hannah Arendt. For Love of the World.* New Haven, London 1982, S. 485.

7.

Hannah Arendt an Gershom Scholem, 21. Juni 1942

Liebe Freunde –
ich hoffe, Sie haben meinen letzten Brief, der wenn ich mich recht erinnere, recht ausführlich war, erhalten. Heute schreibe ich nur in Eile, um Ihnen zu sagen, dass das Institut ein mimeographiertes Gedenkheft, das nicht einmal geheftet verschickt wird, im Andenken Benjamins herausgegeben hat. Darin finden sich aber aus dem Nachlass nur die geschichtsphilosophischen Thesen, die ich mitgebracht habe. Ich fürchte sehr, dass dies alles sein wird und sie alles übrige in den Archiven zu begraben gedenken. Das war mit dieser einen Sache etwas schwieriger, weil so viele davon wussten und wussten, dass ich es ihnen gegeben habe. Ansonsten sind da noch ein Aufsatz von Horkheimer und einer von Adorno bei. Ich nehme an, Sie werden in vielen Monaten die Sache auch erhalten. Es wäre sicher gut, wenn Sie sich nachdrücklichst erkundigen würden, was aus dem sonstigen Nachlass geworden sei und auch ruhig erwähnten, dass Sie Ihres Wissens Copien von allem in Ihrem Besitz hätten.
Wir sind hier sehr unruhig Euretwegen. Aber das ist ja klar. Uns geht es ganz ordentlich; Monsieur hat Arbeit in seinem Fach, viel zu tun, aber interessant und vernünftig. Ich schreibe, wovon Sie vielleicht, wenn es möglich ist, gelegentlich etwas bekommen.
Ihnen und Fanja allerherzlichste Grüsse.
Ihre
Hannah.

The Jewish and National University Library, Jerusalem, Scholem Archive.

8.

Hannah Arendt an Gershom Scholem, 4. November 1943

Lieber Freund –
rechten Sie nicht mit mir. Seit ich Ihr Buch[1] las – und ich habe es im Fruehjahr, als ich endlich ein Exemplar zugeschickt bekam, mehrmals gel[e]sen und seither immer wieder darin geschmoekert – habe ich Ihnen viele ›Liebes‹briefe geschrieben. Dann aber wollte ich erst meine Notizen dazu niederschreiben, und dann wollte ich erst mal die ersten Besprechungen sehen. Und nun ist es so spaet geworden. Meine Notizen dazu schicke ich Ihnen mit separater Post: Die Besprechungen sind natuerlich alle des hoechsten Lobes voll – und verstehen von der Sache weniger als gar nichts, soweit ich habe sehen koennen. Dann aber begann ich mich ungeheuer zu aergern, weil naemlich ueberhaupt keine Propaganda fuer die Sache gemacht worden ist, und weil ich erfuhr, dass Ihr edler Herr Schocken trotz aller Liebe nur 250 oder so Exemplare hat drucken lassen. So viele aber haette man allein an Zeitschriften, Universitaeten, Institute und Fachautoritaeten verschicken muessen. Kurz nach dem Kriege muessen Sie das sofort nochmal drucken und mit grossem Klamauk in die Welt schicken.
Ich schicke Ihnen auch die Thesen von Benjamin – obwohl ich nur das eine Exemplar habe. Mit Wiesengrund zu verhandeln ist schlimmer als sinnlos. Was die mit dem Nachlass angestellt haben oder anzustellen gedenken, weiss ich nicht. Ich habe mit Horkheimer, der im Sommer hier war, gesprochen: ohne jedes Resultat. Behauptet die Kiste sei in einem Safe (Dies ist wohl sicher gelogen) und er sei noch gar nicht an sie herangegangen, wisse also nicht, was mit und was nicht mitgekommen sei. Ich bin hier ganz allein, ohne jede Unterstuetzung, und bin diesem Gang in keiner Weise gewachsen. Bitte, glauben Sie mir, dass ich nicht uebertreibe; ich zerbreche mir seit zwei Jahren den Kopf darueber, womit man vernuenftigerweise drohen koenne – dies ist die einzige Sprache, welche die Herren verstehen. Aber Sie koennen sich denken, dass es keinerlei Moeglichkeit gibt, da sie den Nachlass auf ganz legale Weise bekommen haben. Eine Zeitschrift, die sich der Sache annehmen koennte, gibt

1 Gershom G. Scholem, *Major trends in Jewish mysticism. The Hilda Stich Stroock lectures, 1938, delivered at the Jewish Institute of religion, New York*. Jerusalem 1941.

es hier nicht. So what? Benji, der sich ueber die Moralitaet seiner Brotgeber nie dem leisesten Zweifel hingegeben hat, hat sich scheinbar dann doch auf Wiesengrund, der ihm ja geistig nicht mehr als alles verdankt, verlassen. Dies war ein grosser Fehler. Hinzu kommt, dass das Institut selbst auf dem Aussterbeetat ist. Sie haben immer noch Geld, aber sie sind mehr und mehr der Meinung, dass sie sich damit einen ruhigen Lebensabend sichern muessen. Die Zeitschrift kommt nicht mehr heraus; ihr Ruf hier ist nicht gerade erstklassig, sofern man ueberhaupt weiss, dass sie existieren. Wiesengrund und Horkheimer leben in Californien in grossem Stil. Das Institut hier ist rein administrativ. Was administriert wird, ausser Geldern weiss kein Mensch. Sie haben mit Agenten und Intrigen das American Jewish Committee um 10.000 $ erleichtert, um eine Arbeit ueber den Antisemitismus zu machen. Daran arbeiten nun die Ungluecklichen, welchen es trotz Boom nicht geglueckt ist, eine normale Stelle zu erwischen. Ich kenne die Leute persoenlich, sie sind soweit ganz ordentliche Menschen, die eben nicht verhungern wollen, was man wahrhaftig niemals jemandem uebel nehmen sollte. Sie haben mir alle darueber geklagt, dass sie sich doch nie fuer Juden und ihre Feinde interessiert haetten und dass sie sich mit solch nebensaechlichen und verrueckten Dingen abgeben muessten. Wiesengrund und Konsorten schreiben inzwischen die »Flaschenpost fuer die Zukunft«;[2] ich nehme an, dass sie dabei manche Anregung aus dem »Safe« empfangen.

Wenn man Schocken daran interessieren koennte, den Nachlass herauszugeben, koennte man vielleicht etwas machen. Dann koennte man sich z. B. an Thomas Mann wenden und ihn bitten, zu intervenieren. Das wuerde vielleicht helfen. Aber Schocken ist ja auch ein sehr schwieriger Herr, mit einer starken Aversion gegen groessere Ausgaben. Vielleicht schreiben Sie ihm gelegentlich; er liebt Sie immer noch ueber alles und alle. Ich kenne ihn nicht persoenlich, wuerde aber dann ruhig zu ihm gehen. Er hat hier eine Menge Unannehmlichkeiten gehabt mit seinen Friends of the Hebrew University. Vielleicht.

2 *»Flaschenpost fuer die Zukunft«:* Gemeint ist Theodor W. Adorno/Max Horkheimer, *Dialektik der Aufklärung. Philosophische Fragmente.* Amsterdam 1947.

Mir hat Marianne Zittau[3] viel und sehr lebendig von Ihnen erzaehlt, und es hat mich gefreut, dass sie Ihnen Spass gemacht hat.
Ich habe sehr viel gearbeitet. Wenn ich einst mein Buch ueber Antisemitismus schreiben sollte, wird sehr viel und sehr Kurioses drin stehen muessen. Inzwischen schreibe ich nach wie vor Teile und veroeffentliche sie irgendwie in hiesigen Zeitschriften. Monsieur ist »visiting lecturer« in Princeton geworden und ich kuemmere mich zum ersten Mal sei vielen vielen Jahren ueberhaupt nicht um Geldfragen.
Man ist in diesem Lande sehr einsam; das haengt vor allem damit zusammen, dass alle Menschen sehr viel zu tun haben und dass das Beduerfnis nach Musse bei den meisten nach einer gewissen Zeit einfach nicht mehr da ist. Dies bringt eine gewisse staendige Abwesenheit mit sich (absentmindedness meine ich), die den Kontakt zwischen Menschen sehr erschwert. Es ist aus diesem Gefuehl der allgemeinen Vereinsamung heraus (die auesserlich gesehen gar nicht existiert), dass ich mich so schwer entschlossen habe, Ihnen zu schreiben. Ich weiss sehr gut, dass das unverzeihlich ist angesichts Ihres grossen Buches. Und darum moechte ich Sie nochmals bitten: rechten Sie nicht mit mir.
Gruessen Sie Fanja von Herzen. Auf Ihr Buch ueber die Sabbatai Zwi Bewegung[4] bin ich sehr gespannt. Was Sie ueber die Folgen des Zusammenbruchs auf die folgenden Jahrhunderte juedischer Geschichte in Ihrem Buch schreiben, ist absolut das erste, was mich in dieser Hinsicht vollkommen ueberzeugt hat. Dies ist eine Ihrer wesentlichsten Entdeckungen gerade auch fuer die moderne Geschichte und fuer viele Fragen, mit denen ich mich selbst herumschlage.
Monsieur laesst sehr gruessen. Ich bin in alter Freundschaft
Ihre
Hannah.

The Jewish and National University Library, Jerusalem, Scholem Archive.

3 Über Marianne Zittau konnte nichts ermittelt werden.

4 Gershom Scholem, *Schabtai Zwi we-hat'nua haschabta'it bi-jemej chajaw* [*Sabbatai Zwi und die sabbatianische Bewegung zu seinen Lebzeiten*]. 2 Bde. Tel Aviv 1956 (hebr., dt. Frankfurt/M. 1992).

Plan einer Benjamin-Edition im Schocken Verlag

9.

Hannah Arendt an Gershom Scholem, 31. März 1945
Briefauszug

[...]
Schocken erzählt Gott und der Welt, daß er mich kennen lernen will, unternimmt aber dazu keine Schritte. Er scheint immerhin dem Unternehmen näher zu treten, seitdem er meinen Namen in Besprechungen in nicht-jüdischen Zeitschriften entdeckt hat. Daß er hier mit Max Strauß[1] seinen Verlag wieder aufmacht und als erstes Ihr Buch[2] rausbringt, dh. neu verlegt, werden Sie ja wohl wissen. Ich habe ihm durch Strauß vorschlagen lassen, eine anständige jüdische Zeitschrift zu machen. Wäre sehr am Platze. Sobald ich ihn sehe, werde ich ihn natürlich mit der Herausgabe des Benjamin'schen Nachlasses zu löchern beginnen.
[...]

Gershom Scholem, *Briefe I. 1914-1947.* Hg. v. Itta Shedletzky. München 1994, S. 449.

1 Übersetzer, Bruder von Ludwig Strauß.
2 Scholem, *Major trends in Jewish mysticism* (vgl. Dok. 8, Anm. 1). Die zweite, verbesserte Auflage erschien 1946 im New Yorker Schocken Verlag.

10.

Hannah Arendt an Gershom Scholem, 22. September 1945
Briefauszug

[...]
Ihre Bemerkungen über Benjis Nachlaß verstehe ich nicht recht. Die Schwester[1] ist zwar sehr krank, aber soviel ich weiß nicht tot. Sie lebt in der Schweiz [...]. Den Nachlaß von Benjamin hatte die Schwester nie. Er war dem Institut ausdrücklich von ihm hinterlassen worden, in seinem letzten Briefe. Er ist hier angekommen – und niemand hat ihn je zu Gesicht bekommen. Es handelt sich im Wesentlichen um die Kisten, die er selbst in der Bibliothèque Nationale untergestellt hatte und die jemand aus Paris hierhergeschmuggelt hat. Horkheimer behauptet, ihn in einem Safe zu haben; nur wo der Safe ist, ist nicht festzustellen. Wie ich Ihnen schon schrieb, ich bin den Herrschaften nicht gewachsen.
Ich hatte eine kleine Hoffnung, daß Schocken sich vielleicht doch zur Herausgabe entschließt und ich dann einen Druck auf sie ausüben kann. Schocken aber, wie Sie wissen, beschäftigt sich ausschließlich mit den »ewigen Werten« des Judentums, rechnet Benjamin nicht darunter und erklärte mir wörtlich, daß für ihn selbst Kafka schon ein borderline case wäre. Er wird assistiert von Strauß, der erstens nicht viel machen kann und zweitens wohl auch selbst nicht viel Interesse an den paar wichtigen Dingen hat, die Schocken machen müßte, und könnte.
[...]

Gershom Scholem, *Briefe I. 1914-1947.* Hg. von Itta Shedletzky. München 1994, S. 448f.

1 Dora Benjamin (1901-1946).

11.

Hannah Arendt an Gershom Scholem, 25. September 1946
Briefauszug

Lieber Freund –

alle guten Wuensche. Ihnen wuensche ich, dass der Sabbatai Zwi[1] fertig wird; uns allen wuensche ich, dass am Ende des naechsten Jahres keine Juden mehr in Konzentrationslaegern gibt. Glauben Sie nicht, dass dies unser einziges politisches Programm augenblicklich sein sollte? Ich will wirklich nicht ueber Politik reden, bez. schreiben, um unser Einverstaendnis zu trueben. Aber: wenn Sie koennen und wenn Sie auch so denken, for heaven's sake, versuchen Sie dafuer etwas zu tun – eine Zeitung zu gewinnen oder sonst was. Die Konzentrationslaeger sind der Beginn der Vernichtungslaeger. Das liegt in der Logik dieser Sache.
Darueber aber wollte ich nicht schreiben, es ist mir nur in die Maschine gerutscht, weil ich seit Wochen an nichts anderes mehr richtig denken kann. Ich wollte Ihnen etwas sehr Schoenes zum Neuen Jahr schreiben, und das ist dass Schocken sich entschlossen hat, einen Band gesammelter Essays von Benji herauszugeben. Im Laufe des naechsten Jahres; ich bin sehr fuer so rasch wie moeglich.

Bitte, schreiben Sie mir schnell, wie Sie ueber folgende Auswahl denken:
1. Wahlverwandtschaften;
2. Baudelaire;
3. Kafka in Ihrer erweiterten Form, ev. mit einem Auszug aus den letzten Seiten des grossartigen Briefes an Sie;
4. Kunst des Erzaehlens (in Lieb's Zeitschrift veroeffentlicht);
5. Karl Kraus (aus der Frankfurter Zeitung);
6. Eventuell: Das Kunstwerk im Zeitalter seiner Reproduktion (Ich mag den Essay nicht, aber er war Benjamin sehr wichtig);
7. Aus dem Nachlass die Geschichtsphilosophischen Thesen und
8. die Gespraeche mit Brecht (die B. Gott sei Dank den Haifischen vom Institut irgendwie entrissen hat).

1 Scholem, *Schabtai Zwi we-hat'nua haschabta'it bi-jemej chajaw* (vgl. Dok. 8, Anm. 4).

Ferner: Wuerden Sie einen einleitenden Essay schreiben?
[...]

Von Herzen Ihre
Hannah.

The Jewish and National University Library, Jerusalem, Scholem Archive.

12.

Hannah Arendt an Bertolt Brecht, 15. Oktober 1946

Lieber Herr Brecht,
als Bluecher mit Ihnen vor einiger Zeit ueber Benjamins Nachlass sprach, unterhielten Sie sich auch ueber die Moeglichkeit fuer Benjamin einen Verleger zu finden. Der Schocken-Verlag, den Sie ja vermutlich noch aus Deutschland kennen und der Kafka's Werke jetzt in einer deutschen Gesamtausgabe herausbringt, will einen Band gesammelter Essays von Benjamin auf Englisch publizieren. Hierzu brauch ich natuerlich Ihre Hilfe.
Sie werden wohl wissen, dass Dora, Benjamins Schwester, diesen Sommer in der Schweiz gestorben ist. Ich habe nicht die leiseste Ahnung, wer die Rechte fuer den Benjaminschen Nachlass hat, bez. ob irgendjemand sie hat. Vielleicht wissen Sie etwas darueber.
Fuer den Essay-Band wuerde ich das Folgende vorschlagen:
1. Wahlverwandtschaften; 2. Baudelaire; 3. Kafka (in einer erweiterten Fassung); 4. Kunst des Erzaehlens (bei Lieb kurz vor dem Kriege veroeffentlicht); 5. Karl Kraus (Frankfurter Zeitung, 1932); 6. Eventuell: Das Kunstwerk im Zeitalter seiner Reproduzierbarkeit; 7. die Geschichtsphilosophischen Thesen; 8. Die Gespraeche mit Brecht. – Von Ihnen moechte ich gerne Kritik an meinen Vorschlaegen oder zusaetzliche Vorschlaege. Ferner natuerlich die »Gespraeche mit Brecht« mit Ihren Anmerkungen (wie Sie sie damals Bluecher in Aussicht stellten). Und last not least wenn Sie irgend moegen, einen Essay ueber Benjamin (oder wie immer Sie so etwas nennen wollen).
Ich weiss, dass Sie so gut wie nie auf Briefe antworten. (So jedenfalls ist Ihr Ruf.) Was soll ich machen? Die Toten koennen schlecht insistieren und ich bin eine schlechte Stellvertreterin.
Mit besten Gruessen
Ihre
HANNAH ARENDT

Erdmut Wizisla, *Benjamin und Brecht. Die Geschichte einer Freundschaft.* Frankfurt/M. 2004, S. 275.

13.

Hannah Arendt an Gershom Scholem, 27. November 1946
Briefauszug

Lieber Gerhard –
Ihr Brief liegt mir seit wenigen Wochen so auf der Seele, als haette er da schon seit Jahren gelegen. Ich antworte nur – obwohl Sie eigentlich die Antwort halb abschneiden – weil ich nicht warten will, bis sich meine Seele gewoehnt.
In einem gewissen Sinne bin ich natuerlich erleichtert, weil ich sehe, dass Sie auch wissen, dass dies die Sintflut ist, nachdem die Welt untergegangen ist. Nun sitzen wir also, die paar Ueberlebenden (die wir ja nicht eigentlich etwas dafuer koennen, dass wir noch am Leben sind, und daher ruhig dessen wieder – nicht froh – aber gewiss werden sollten) wie Noah in seiner Arche, in die wir noch nicht einmal das Noetigste haben retten koennen; schlimmer ist, dass wir paar Noahs auch noch mit dem zusaetzlichen Ungeschick behaftet scheinen, unsere Archen genau aneinander vorbei und ins Nicht-Treffbare zu steuern. Und wenn ich auch dagegen bin, alle Noahs in eine Arche zu bringen, was leider angesichts der geringen Zahl derer, die wissen was los ist, ein leichtes waere, so haette ich es doch mehr als gerne gesehen, wenn man ein paar Schiffchen aneinander haette binden koennen oder wenigstens so steuern, dass man sich noch Hallo und Wie geht's zurufen kann.
Ach Gerhard, flicken Sie sich Ihr Herz wieder zusammen. Machen Sie es wie Odysseus; dem konnten die Goetter auch nur ein untreffbares Herz geben, weil er so voller Listen es sich immer wieder erneute. Sie wissen doch, dass dies noch nicht das Ende ist; es kann doch immer noch schlimmer kommen. Und selbst das Ende sollte man imstande sein zu ueberstehen (das heisst nicht unbedingt ueberleben).
Ihr Plan, Walter's Brief ueber Brods Elaborat[1] zu drucken, hat mich richtig erheitert und erleichtert. Es waere ein so himmlischer Streich. Wir sollten es vorlaeufig nicht tun, weil ich Angst habe, dass entweder Brod dann Schwierigkeiten mit dem Nachlass, den er ja bearbeitet, macht oder dass Schocken mir meinen Benjamin-Plan kaputt

1 Vgl. Walter Benjamin an Gershom Scholem, 12. Juni 1938 (GB VI, 105-114).

macht. Sobald das gesichert ist und der Nachlass Herrn Brod's Fingern entzogen, sollten wir es gleich machen. Was die Sachen von Benjamin anlangt, so werde ich unsagbare Schwierigkeiten haben, sie mir hier zu beschaffen, wenn Sie nicht Ihr Archiv aufmachen. Ich brauche vor allem: Wahlverwandtschaften, Karl Kraus (wenn irgend moeglich), die Kunst des Erzaehlens (unbedingt), und die von Ihnen erwaehnten kleineren Stuecke ueber Keller, Julien Green etc. Von diesen weiss ich nicht einmal mehr, wo sie erschienen sind. Hier erscheint demnaechst W.'s Aufsatz ueber das epische Theater von Brecht in der Zeitschrift VIEW[2]: schlecht uebersetzt, ausserdem ist der Artikel selbst m. E. nicht wirklich gut. Er hat sich da von Brecht zu sehr beeinflussen lassen. Aber vielleicht irre ich mich. Wenn die Koffer aus Paris nicht abgesandt sind, dann hat das Institut ungeheuer gelogen; das aber wuerde alle inconsistencies mit einem Schlage aufklaeren, klingt also wahrscheinlich. Dass Sie keine Antwort bekommen, liesse sich auch mit jener den Herrschaften eigentuemlichen Mischung aus Hochmut, Angst und Geheimnistuerei erklaeren. – Was Ihre Vorrede anlangt, so werde ich Sie damit vorlaeufig nicht weiter behelligen.
Ueber Deutschland haben Sie unbesehen recht.
[...]

The Jewish and National University Library, Jerusalem, Scholem Archive.

2 Gemeint ist vermutlich: »Notes on Brecht's Epic Theatre«. In: *The Western Review* 12 (1947/48), S. 167-173.

14.

Theodor W. Adorno an Hannah Arendt, 1. März 1947

Sehr geehrte Frau Doktor Arendt,
darf ich mich heute an Sie in einer Angelegenheit wenden, die mir objektiv von erheblicher Wichtigkeit scheint, und an der ich zugleich persönlich aufs tiefste interessiert bin?
Von mehreren Seiten habe ich gehört, dass der Schockenverlag eine Ausgabe der Schriften Benjamins plant, und Frau Maier[1] hat mir jetzt mitgeteilt, dass der Plan in Ihre Abteilung fällt. Ich muss Ihnen kaum sagen, wie sehr ich eine solche Ausgabe begrüssen würde. Vielleicht ist es nicht unwichtig für den Plan, zu wissen, dass Walter Benjamin mir seinen gesamten literarischen Nachlass anvertraut hat und dass gerade jetzt die Konvolute der Passagenarbeit, die in Paris während des Krieges verborgen waren und die wahrscheinlich die wichtigsten theoretischen Entwürfe seiner Spätzeit enthalten, in New York eingetroffen sind und dort verwahrt werden, bis sich ein absolut sicherer Weg findet, dass ich das unersetzliche Material empfange.[2] Ich selbst habe die Teile von Benjamins Archiv in Verwahrung, die er selber mit sich führte.
Noch als ich Benjamin zum letzten Mal sah, Januar 1938 in San Remo, war zwischen uns vereinbart, dass ich eine grössere Gesamtdarstellung seiner philosophischen Intentionen geben sollte. Mir erscheint die Ausführung dieses Plans, den wir bis in Einzelheiten erörtert hatten, nicht bloss die Erfüllung einer bindenden Pflicht, sondern ich glaube überdies nicht unbescheiden zu sein, wenn ich mich als qualifizierter für die Aufgabe betrachte denn irgendeinen anderen – sowohl wegen meiner intimen Vertrautheit mit Benjamins geistiger Landschaft wie wegen der zentralen Übereinstimmung unserer Philosophie. Vielleicht würde die Aufgabe den Anlass bieten, jenen Plan zu verwirklichen.

1 Konnte nicht ermittelt werden.
2 Adorno lebte 1947 in Los Angeles.

Auf jeden Fall wäre ich Ihnen dankbar, wenn Sie mir bald ein paar Worte zukommen liessen.
Mit den freundlichsten Empfehlungen auch von meiner Frau
Ihr ergebener
(signed) T. W. Adorno

The Jewish and National University Library, Jerusalem, Scholem Archive, Briefabschrift.

15.

Gershom Scholem an Hannah Arendt, 16. März 1947

Dear Dr. Arendt:
I am writing you in connection with Dr. Adorno's letter concerning his possible part in the Schocken edition of Benjamin's Essays.
It seems to me that Adorno supposes that Schocken Books are planning a complete edition of Benjamin's writings in several volumes. While a comprehensive essay on Adorno's part on Benjamin's philosophical ideas would be in its place and possibly not out of proportion, yet I doubt very much if anything would be gained by a too voluminous essay on his part. I think I wrote you last week that at any rate I would favour an introduction by him only in case you need him sorely for handing over some parts of the manuscripts in his possession, or if you yourself are not willing to write the introductory essay. In that case, it might be advisable to limit his introduction for a fait proportion of the whole volume.
The curios wording of Adorno's letter makes me think that he is »afraid« I might write the introduction, though he does not say so expressis verbis. I suppose you have given him some information as to the real purpose of this volume, and if you want to make him cooperate, by all mean do so. Anyhow, it could do no harm.
I understand from his letter that I was correct in my assumption that the manuscripts were only this winter still in Paris, and not at all in the possession of the Institute. Thus they cannot have hidden it away, and I hope they will make a study of it in the near future.
With kindest regards,
Yours,
G. Scholem

The Schocken Institute for Jewish Research, Jerusalem, SchA 371/32.

16.

Hannah Arendt an Gershom Scholem, 19. März 1947
Briefauszug

[...]
Benjamin: Sie koennen mir schwerlich vor Adorno miesser machen als mir ohnehin ist. Aber: Ich schrieb Ihnen ja schon, dass die Bande die Passagen-Arbeit jetzt aus Paris bekommen hat, und ich moechte sehr gern, im Anschluss an den Baudelaire, daraus auch drucken, werde es aber natuerlich nicht kriegen, wenn der nicht dazu schmusen darf. Ich habe ihm sehr vorsichtig geschrieben, nachdem er sich bereits offiziell beworben hat, dass ich so sehr gern mal erst die nachgelassenen Manuskripte sehen moechte. Daraufhin keine Antwort mehr.
Was mich selbst anlangt, – da gibt es viele Gruende dagegen, vor allem sachlich den, dass ich Benji doch nur in den letzten Jahren kannte, dass ich von ihm biographisch sehr wenig weiss und dass ich, was noch mehr ins Gewicht faellt, den ganzen Kreis zu dem er gehoerte, oder besser die Kreise, die er in den verschiedenen Zeiten seines Lebens beruehrte, nicht kannte. Sehen Sie, leider ist doch an einer etwas boesartigen Bemerkung meines Freundes Jonas, vor vielen vielen Jahren, dass ich nur Philosophie-Professoren kennte oder solche die es werden wollen, ein Koernchen (nur ein Koernchen) Wahrheit gewesen. Mein persoenlicher Einwand ist noch viel plausibler: ich habe mich mit Walters Tod nie abfinden koennen und habe infolgedessen in all den Jahren, die seit seinem Tod verstrichen sind, niemals die noetige Distanz gewonnen, um »ueber« ihn schreiben zu koennen. Wenn es aber zu Freundespflicht kommt, so wissen Sie ganz genau, dass Sie der naechste sind. Uebrigens: ich habe von Guenter [sic!] Stern ein herrliches Bild bekommen von Benjamin als er 13 Jahre alt war.[1] Wenn Sie es nicht haben, lasse ich Ihnen eine Kopie machen.
Der Gottfried-Keller-Aufsatz und der Lesskow sind beide grossartig, aber ich moechte vorschlagen, nur den Lesskow zu nehmen, weil Keller hier eine voellig unbekannte Groesse ist und man auch in der englischen Literatur nichts aehnliches kennt. Das wuerde einfach zu

1 Das Bild befindet sich im Nachlaß von Günther Anders (vgl. die Abb. 4 in *Walter Benjamin 1892-1946*. Bearb. von Rolf Tiedemann u. a., Marbach a. N. 1996, S. 15.

fremd wirken. Das Gleiche gilt, wenn auch im verminderten Massstab fuer den Wahlverwandtschaften-Aufsatz, den man aber doch auf jeden Fall bringen muss. Eventuell in etwas gekuerzter Fassung. Die Gesellschaft will ich noch mal durchsehen. Ich habe uebrigens hier eine Bibliographie von allem was Benji je geschrieben hat, die bis 1930 reicht. (Woher ich das habe, will ich lieber nicht sagen. Geklaut.) Wir versuchen, das hier zu vervollstaendigen. Vermutlich besitzen Sie die ohnehin, wenn nicht, lasse ich Ihnen eine Abschrift machen, unter der Bedingung, dass Sie aus dem Archiv vervollstaendigen. (Ich meine: »Unter der Bedingung« nicht ernst. Du lieber Gott, Sie machen mich noch pedantisch, nur weil Sie mir sagen, ich waere Ihnen auf die Fuesse getreten. Ich habe keine Ahnung, was ich geschrieben habe, sicherlich aber nicht gemeint, was Sie meinen ich haette gemeint. Ssof![2] Sie koennten mir aber ruhig auch mal was schicken, wenn ich Ihnen gerade nicht auf den Fuessen rumgetrampelt bin.)
[…]

The Jewish and National University Library, Jerusalem, Scholem Archive.

2 Ssof (hebr.): Ende

17.

Hannah Arendt an Gershom Scholem, 26. Januar 1948

Lieber Gerhard –

dies nur rasch um zu melden, dass Schocken nun endgueltig beschlossen hat, Benjamin nicht zu drucken. Offizieller Grund, dass er zu high-brow ist und vermutlich nicht »juedisch« genug. (So juedisch wie der juedische Bismarck duerfte er auch noch sein; doch dies nur nebenbei.) Wirklicher Grund ist natuerlich ein Gemisch von Motiven. Es spielt Rankuene gegen mich herein und vielleicht auch, obwohl ich das nicht weiss, auch gegen Sie. Wichtiger noch ist, dass der Alte naturgemaess Benjamin nicht richtig verstehen kann; ist einfach zu schwer; und dass er gegen Leute die so schreiben, dass er sie nicht versteht, und waere es Kant persoenlich, eine starke Rankuene hat und vermutet, dass selbige das nur getan haben, um ihm eins auszuwischen. Voilà. Was tun, spricht Zeus. Ich werde Schoen[1] schreiben, er soll es um Gottes willen in der Schweiz versuchen und werde hier mit Broch sprechen, der gute Schweizer Beziehungen hat. Ausserdem habe ich zwei Essays hier untergebracht, der eine ueber Brecht und der andere ueber Baudelaire. Letzterer wird gerade unter meiner Aufsicht uebersetzt und erregt hier ausserordentliches Interesse. Es ist natuerlich Unsinn, dass Benjamin hier unverkaeuflich waere. Das Gegenteil ist richtig: gerade augenblicklich herrscht hier eine Art Interesse, das unmittelbar fuer Benji fruchtbar zu machen waere. Natuerlich koennte das nicht ein Bestseller sein. – Das bringt mich auf Ihren alten Vorschlag, den Brief an Sie ueber Brod in Form einer Rezension zu veroeffentlichen. Ich habe jetzt nichts mehr dagegen; wollte nur damals es nicht mit dem Alten verderben, weil ich doch hoffte, dass er Benjamin drucken wuerde.

Ueber eine Sache noch wollte ich nicht vom Buero aus schreiben. Mir ist es doch nicht ganz klar, warum Ihr nicht das Geld von Schocken nehmt, auf jeden Fall mal erst, und herkommt. Ich ver-

1 Ernst Schoen, Benjamins Jugendfreund, hatte angeboten, an der Herausgabe von Benjamins Nachlaß mitzuarbeiten (vgl. Alfred Cohn an Hannah Arendt, 1. Dezember 1946, The Jewish and National University Library, Jerusalem, Scholem Archive).

stehe Fanja's Vornehmheit und billige sie nicht. Allein fuer Ihren Artikel im Haaretz haette er Ihnen gut und gern 2.000 Dollar zahlen duerfen. Wozu ist solch eine Art Geld eigentlich da, wenn Leute wie Sie sich nicht bemuehen, es auf anstaendige Art und Weise zum Fenster rauszuschmeissen. Wenn der Alte erst mal tot ist, wird es mit Grosszuegigkeit jeder Art ohnehin vorbei sein.

Das ist alles fuer heute. Und nun hoffe ich, dass Sie mit diesem Brief nicht dasselbe machen werden, was Sie mit Ihrem Zionismusbrief gemacht haben, naemlich ihn dem Alten zeigen. Das war, unter uns gesagt, nicht sehr klug im Interesse vieler Dinge, unter anderem Benjamin.

Herzlichst Ihnen beiden

Hannah.

The Jewish and National University Library, Jerusalem, Scholem Archive.

18.

Hannah Arendt an Theodor W. Adorno, 30. Januar 1967

Sehr geehrter Herr Adorno,
ich bin im Begriff, eine Auswahl aus Benjamins Schriften für Amerika zu edieren. Sie werden sich erinnern, dass ich Ihnen im Jahre 1941 das Manuskript »Geschichtsphilosophische Thesen«, das Benjamin mir kurz vor seinem Tode gegeben hatte, in New York übergab und dass Sie, bzw. das Institut, mir dieses Manuskript nach Abschrift oder Photokopierung wieder aushändigten. Mir fiel jetzt auf, dass Ihr Nachdruck in den »Schriften« sowie in der mimeographischen Veröffentlichung des Instituts vom Jahre 1942 einige, nicht unerhebliche Abänderungen aufweist. Nahezu alle diese Varianten lassen sich als notwendige redaktionelle Eingriffe erklären, aber es findet sich eine Textstelle in der VII. These, die in meinem Manuskript nicht vorhanden ist. Ich wüsste gern, ob Ihnen noch ein anderes Manuskript für den Text vorgelegen hat – eventuell das von Tiedemann erwähnte »Typoskript« – und ob Sie diese Vorlage datieren können. Die Manuskriptblätter lassen sich datieren, da eine Reihe von ihnen aus Kreuzbändern bestehen, in denen Zeitungen verschickt wurden, deren Poststempel noch entzifferbar sind.
Mit vielem Dank im voraus und den besten Empfehlungen
Hannah Arendt

Theodor W. Adorno Archiv, Frankfurt am Main, Br 30/1.

Auf dem Brief notierte Gretel Adorno: »unsere Typoskripte sind nicht zu datieren«.

19.

Theodor W. Adorno an Hannah Arendt, 3. Februar 1967

Sehr verehrte Frau Arendt,
schönsten Dank für Ihren Brief.
Von den Geschichtsphilosophischen Thesen Benjamins gab es eine ganze Reihe von Exemplaren, die mir von den verschiedensten Seiten zugingen, und ich kann beim besten Willen heute, nach mehr als 25 Jahren, nicht mehr sagen, was als Publikationsvorlage diente. Die erste Publikation erfolgte, wenn ich mich nicht sehr täusche, in dem mimeographierten Band »Walter Benjamin zum Gedächtnis«, den Horkheimer und ich 1942 in sehr beschränkter Auflage herausgaben. Selbstverständlich haben wir nicht in den Text eingegriffen; wo Abweichungen bestehen, handelt es sich um Varianten zwischen den verschiedenen Vorlagen. Die uns hier vorliegenden Typoskripte sind nicht mehr zu datieren.[1] Soweit meine Frau, unter deren Obhut diese Dinge sich befinden, feststellen konnte, handelt es sich um die folgenden Lesarten:

VII. These, S. 497: 2. Typoskript anderes Motto: »Wir brauchen die Historie, aber wir brauchen sie anders als sie der verwöhnte Müßiggänger im Garten des Wissens braucht.«

Zeile 4/5 Druck historischer Materialismus, Man: historische Dialektik.

Zeile 2 v. u. Druck historischen Materialisten, Man: historischen Dialektiker.

S. 498, Zeile 5 Druck Materialisten Man: Dialektiker

Zeile 3 v. u. Druck Materialist Man: Dialektiker.

1 In der Textgrundlage steht »nicht nicht mehr zu datieren«.

Vielleicht darf ich hinzufügen, daß die zweibändige Ausgabe der Schriften durchaus ein Provisorium darstellt und daß sie – wie ich es in meiner Einleitung nachdrücklich hervorhob – wissenschaftlich philologischen Ansprüchen nicht gerecht wird. Nach einer sehr komplizierten Vorgeschichte, die sich zum großen Teil abspielte, während ich auf ein Jahr in Los Angeles war, entschloß mein verstorbener Freund Suhrkamp sich plötzlich doch noch zur Herausgabe, stellte mir aber eine relativ sehr kurze Frist. Vor die Erwägung gestellt, ob ich lieber auf die Ausgabe verzichten oder etwas mehr oder minder Improvisiertes tun sollte, entschloß ich mich, nach Konsultation von Scholem, für das letztere. Maßgebend war für uns beide der Gedanke, daß Benjamin in der gleichen Situation nicht anders würde gehandelt haben. Ich habe mich darauf beschränkt, einen einzigen Text so durchzuarbeiten, daß ich glaube, ihn als einigermaßen authentisch, will sagen, von Druck-, Schreib- und Tippfehlern gereinigt ansehen zu dürfen. Es handelt sich dabei um den Text »Schicksal und Charakter«, den Benjamin immer als eine Art Schlüssel seines gesamten œuvres betrachtete. Außerdem dürfte unterdessen Tiedemanns Ausgabe des Barockbuchs für dieses geleistet haben, was in den »Schriften« nicht geleistet wurde und nicht geleistet werden konnte, und was wohl erst von der projektierten Gesamtausgabe erwartet werden kann, deren Realisierung noch vieler Jahre bedarf. Für die Beurteilung aller mit den »Schriften« zusammenhängenden Fragen ist es vielleicht nicht unerheblich, das zu wissen.
Mit den freundlichsten Empfehlungen
Ihr aufrichtig ergebener

Theodor W. Adorno Archiv, Frankfurt am Main, Br 30/2-3.

20.

Hannah Arendt an Theodor W. Adorno, 19. Februar 1967

Sehr geehrter Herr Adorno,
vielen Dank für Ihre prompte Antwort auf meine Anfrage. Da sich der Hauptteil der Benjamin-Handschriften bei Ihnen befindet, würde ich Ihnen, falls Sie darauf Wert legen, gern eine Fotokopie des Manuskripts (kein Typoskript), das Benjamin mir gegeben hat, zur Verfügung stellen. Lassen Sie mich wissen, ob es Sie interessiert.
Selbstverständlich hatten Sie völlig recht, nicht darauf zu warten, bis man eine kritische Ausgabe hätte besorgen können. Ich bedauere nur eines, nämlich, dass Sie den ursprünglichen Baudelaire-Essay, den Sie sich damals nicht entschliessen konnten, zu publizieren, nicht in die Ausgabe mit hineingenommen haben, da er ja, nach Tiedemann zu schliessen, von der zweiten Fassung toto coelo verschieden ist.
Mit den besten Empfehlungen
Ihre
Hannah Arendt

Theodor W. Adorno Archiv, Frankfurt am Main, Br 30/4.

21.

Theodor W. Adorno an Hannah Arendt, 22. Februar 1967

Sehr verehrte Frau Arendt,
schönsten Dank für Ihren freundlichen Brief.
Natürlich bin ich Ihnen außerordentlich dankbar, wenn Sie mir eine Fotokopie Ihres Manuskripts für unser Archiv hier geben.
Was den ursprünglichen Benjaminessay anlangt – also den Text, den ich damals in der Zeitschrift nicht abgedruckt habe –, so handelt es sich dabei nicht etwa um eine erste Fassung des später publizierten, sondern um einen ganz anderen Teil der projektierten Schrift, die sich mit dem endgültigen kaum wohl auch nur überschneidet. Die Gründe, die mich bewogen, ihn in die ihrem Umfang nach arg beschränkte Ausgabe der Schriften nicht hineinzunehmen, sind einfach genug: daß nämlich dieser Text mir dem ungeheueren Anspruch, der objektiv von Benjamins Konzeption ausgeht, nicht gerecht zu werden schien. Ich denke aber sehr daran, ihn jetzt zu drucken, gerade auch im Anschluß an die Kontroverse, die sich an die beiden Bände Briefe angeschlossen hat.
Mit den freundlichsten Empfehlungen
stets Ihr

Theodor W. Adorno Archiv, Frankfurt am Main, Br 30/5.

22.

Hannah Arendt an Theodor W. Adorno, 17. März 1967

Sehr geehrter Herr Adorno,
anbei die versprochene Photokopie des Benjamin-Manuskripts für Ihr Archiv. Das Papier, auf dem es geschrieben ist, ist sehr schlecht, und die Schrift stellenweise schon richtig verblasst. Ich hoffe, es kommt trotzdem raus. Wir haben uns hier grosse Mühe gegeben. Ich habe Ihnen auch die Rückseiten photokopieren lassen, damit im Archiv eine Möglichkeit der Datierung besteht.
Ich weiss aus den Briefen und auch von Benjamin selber, dass der ursprüngliche Baudelaire-Essay ganz anders war als der später publizierte, und ich glaube, ich habe auch Ihre Einwände verstanden, obwohl ich das Manuskript nie gelesen habe, jedenfalls erinnere ich mich nicht.
Sie schreiben von einer Kontroverse im Anschluss an die beiden Briefbände, von der ich hier natürlich nichts weiss. Ich schrieb wohl, dass ich selber im Begriff bin, zum ersten Mal etwas über Benjamin zu schreiben, wobei ich natürlich auch die Briefbände benutze. Ich hoffe sehr, dass ich nicht mit in eine Kontroverse, gleich auf welcher Seite, gerate. Ich schätze Ihre Einleitung zu den »Schriften« sehr hoch, habe aber trotzdem nicht dasselbe Bild von Benjamin wie Sie. Es könnte schon passieren, dass weder Sie noch Scholem mit mir zufrieden sein werden.
Mit freundlichen Grüssen
Ihre
Hannah Arendt

Anlage
P. S.: Da die erste Seite sehr schlecht herauskam, haben wir von ihr drei Kopien gemacht, die sich in gewissem Sinne für den Leser ergänzen – ein Wort, das man auf der einen nicht lesen kann, ist dann wieder auf der anderen klarer.
d. O.

Theodor W. Adorno Archiv, Frankfurt am Main, Br 30/6.

23.

Theodor W. Adorno an Hannah Arendt, 2. Mai 1967

Sehr verehrte Frau Arendt,
schönsten Dank für Ihren Brief und die Fotokopie des Benjamin-Manuskripts für unser Archiv. Es ist rührend von Ihnen, welche Mühe Sie sich mit dieser Angelegenheit gemacht haben. Sehr begierig bin ich natürlich auf das, was Sie über die Briefbände zu schreiben vorhaben. Abweichungen Ihrer Auffassung über Benjamin von der meinen können der Sache nur dienlich sein. Für mich ist axiomatisch, wodurch Benjamins Bedeutung in meiner eigenen geistigen Existenz umschrieben wird: das Wesen seines Denkens als eines philosophischen. Nie habe ich unter einem anderen Gesichtspunkt seine Sachen sehen können, und es will mir scheinen, daß sie dadurch allein ihr ganzes Gewicht finden. Wie sehr das freilich von aller traditionellen Auffassung von Philosophie sich entfernt, ist mir gegenwärtig, und darüber hinaus: daß Benjamin es einem nicht leicht gemacht hat, eben diese Ansicht von ihm festzuhalten. Immerhin meine ich, nach genauester Kenntnis und einem bis zum Ende ständig sich intensivierenden Kontakt, daß die nach außen so schroffen Änderungen von Benjamins Position in Wahrheit viel geringer sind. Er wäre nicht die große Figur, die er gewesen ist, wenn es sich anders verhielte.
In Wien habe ich diesmal leider Günther Stern versäumt, der an einer Grippe erkrankt war. Sonst aber hat, seit einigen Jahren, ein freundlicher Kontakt zwischen ihm und mir sich wiederhergestellt.
Mit freundlichen Grüßen
stets Ihr

Theodor W. Adorno Archiv, Frankfurt am Main, Br 30/7.

24.

Hans Paeschke an Hannah Arendt, 27. Oktober 1967
Briefauszug

Liebe gnädige Frau,

es fällt mir schwer, nicht pathetisch zu werden. Aus 21 »Merkur«-Jahren wüßte ich nur ganz wenige Beispiele zu nennen, die sich dieser magistralen und Maßstäbe setzenden Deutung an die Seite stellen lassen (Bubers große Auseinandersetzung mit C. G. Jung über Religion und Psychologie vielleicht, oder aus den letzten Jahren Herbert Lüthys große Studie über die Epochen der Kolonisation) – und nicht eine einzige, die auf dem Felde deutscher Literatur Ähnliches leistete. Das ist die Heimholung eines großen Geistes unserer Sprache in unser Bewußtsein. Ein gründender Akt – und für den »Merkur«, der seinen 22. Jahrgang nun auf etwas gesünderer finanzieller Basis im Klett-Verlag beginnen wird, wie ein Taufakt und hoffentlich ein gutes Omen.
Ich danke Ihnen und bin richtig ein bißchen stolz, daß ich diese Arbeit bringen kann, in den Heften Januar bis März 1968. Auch ohne Verlagswechsel und eine neue, repräsentativere Drucktype im neuen Jahr hätte sich eine Veröffentlichung in drei Teilen über zwei Jahrgänge nicht empfohlen, von der Terminnot im Dezemberfall abgesehen. Nun kann ich die drei Teile zusammen in Satz geben, und Sie haben alle Zeit für die Korrekturen. Das Januar-Heft wird Anfang Dezember umbrochen. Die nicht in den Anmerkungen zitierten Hinweise sollten m. E. in Klammern mitgedruckt werden.
Zu meinem Dank nur eine einzige Bitte: könnte ich bei einigen sehr lang geratenen Passagen, wo der Kontext es erlaubt, Absätze neu anbringen? Wo es Ihnen nicht einleuchtet, wäre das in den Korrekturen ja leicht rückgängig zu machen.
Auf Erwiderungen von Scholem und Adorno werden Sie vorbereitet sein.
Mit Herrn Heißenbüttel debattierte Adorno ausführlich wegen des Merkur-Aufsatzes über die Brief-Edition. Gottlob war die Debatte so von Detailfragen bestimmt, daß ich den Merkur in Erwartung Ihrer Arbeit leicht heraushalten konnte. Ihrem fortiter in re, suaviter

in modo gegenüber möchte ich vermuten, daß jedenfalls Adorno nicht viel Laut gibt.
[...]

Deutsches Literaturarchiv Marbach am Neckar, Redaktionsarchiv *Merkur*.

25.

Hannah Arendt an Hans Paeschke, 11. Dezember 1967

Lieber Herr Paeschke,
ich bin ganz ungewöhnlich stolz, dass ich Ihnen die Korrekturen, von denen ich einen Teil erst am Sonntag per Express bekommen habe, schon wieder zurückschicken kann. Ich möchte Ihnen aber doch erst auf Ihren Brief antworten.
Ob Sie Scholem und Adorno den Aufsatz ankündigen wollen oder erst das Heft schicken, überlasse ich ganz Ihnen. Mir scheint es fast richtiger, nicht anzukündigen.
Was Ihre redaktionelle Notiz betrifft: Ich kannte Benjamin in Paris. Er hat immer behauptet, wir hätten uns bereits in Deutschland gekannt, was gut möglich ist, da er der Cousin meines ersten Mannes war. Ich jedenfalls besinne mich darauf nicht. In Paris aber waren wir nahe Freunde, zumindest seit 1934 oder 35. Im Jahre 1940, während des französischen Zusammenbruchs, waren wir beide mehrere Wochen in Lourdes, wohin er sich geflüchtet hatte und wohin ich zufällig kam, nachdem ich mich von Gurs »befreit« hatte. Ich habe ihn wenige Tage, bevor er nach Spanien ging in Marseille gesehen und ausführlich gesprochen. Das alles können Sie benützen, wie Sie wollen. Was aber nun kommt, bitte ich Sie vertraulich zu behandeln, oder, wie man hier sagt, als »background material«: Ich kenne die Konflikte mit Adorno und Horkheimer sehr gut, weil mir Benjamin in seiner Verzweiflung die New Yorker Briefe zeigte und mich mehrmals bat, ihm bei der Formulierung der Antwortbriefe behilflich zu sein. Ausserdem war damals in der französischen Zweigstelle des Instituts eine sehr nahe Freundin von mir Sekretärin bei Horkheimer.[1] Ich weiss also, was sich hinter den Kulissen abspielte, da Horkheimer keine Ahnung hatte, dass seine Sekretärin sehr genau wusste, wer Benjamin war und überhaupt, wie das so in der Emigration zu gehen pflegte, die erheblich besseren Beziehungen in Frankreich hatte. Dies alles bitte ich Sie, nicht zu publizieren. Scholem ist einigermassen davon unterrichtet, vor allem weiss er, dass Benjamin und wir eng befreundet waren.
[...]

1 Wahrscheinlich Hilde Schröder, deren Mann Rudolf seit 1935 ebenfalls Mitarbeiter der Pariser Zweigstelle war (vgl. GB VI, 480 f.).

Sie werden sehen, dass ich einige wenige Sätze hinzugefügt habe. Im übrigen, glaube ich, ist alles leicht verständlich. Bittschön, nehmen Sie sich der Korrekturen an. Sie wissen ja, Autoren haben es nicht gern, wenn nachher Zeilen ausfallen oder ähnliche Unglücke passieren.

Nun lassen Sie uns gelassen dem kommenden Sturm entgegensehen!

Mit herzlichen Grüssen
Ihre
Hannah Arendt

Deutsches Literaturarchiv Marbach am Neckar, Redaktionsarchiv *Merkur.*

26.

Gershom Scholem an Theodor W. Adorno, 29. Februar 1968
Briefauszug

[...]
Über Hannah Arendts Aufsatz wird sich am besten erst urteilen lassen, wenn das Ganze vorliegt. In dem ersten Stück gehen Originalitätssucht (Benjamin kein Philosoph!!!), Missverständnisse und auch diskutable Behauptungen, über die man jedenfalls reden könnte, durcheinander. Die erste Eigenschaft überwiegt, wie so oft in ihren Schriften. Offensichtlich war der Aufsatz in sehr vorsichtiger Form fertig geschrieben, bevor die neue Hetzerei begann, wie man ja aus den offensichtlich nachträglich zugefügten Anmerkungen sieht. Ich hätte eher einen viel gehässigeren Ton Ihnen gegenüber erwartet und war eigentlich überrascht, aber vielleicht kommt das dicke Ende noch nach. Viel skandalöser finde ich die neuen Seiten von Heissenbüttel. Über die unverschämte Äusserung über Ihren »Publikationseifer« beabsichtige ich einige Worte an Herrn Paeschke zu richten, der mir das Heft seinerseits zugeschickt hat.[1]
[...]

Gershom Scholem, *Briefe II. 1948-1970.* Hg. von Thomas Sparr. München 1995, S. 206.

1 Vgl. Helmut Heissenbüttel, »Zu Walter Benjamins Spätwerk«. In: *Merkur* 22 (1968), H. 1/2, Nr. 238, S. 184: »Daß, um auf Benjamins Spätwerk zurückzukommen, dessen Exkurse zu Baudelaire (wenn man die drei Ansätze so nennen darf) unmittelbar mit den Begriffen der Reproduktion, des Ausstellungswerts, des plumpen Denkens (wie es an Brecht ›Dreigroschenroman‹ erläutert wird) usw. verbunden sind und daß sich dahinter der Entwurf für eine Definition der Kunst im 20. Jahrhundert verbirgt, wie sie Adorno bei allem Publikationseifer nicht hat liefern können.«

27.

Gershom Scholem an Hans Paeschke, 7. März 1968
Briefauszug

[...]
Die Vorwürfe gegen Tiedemann sind nur ihrer (H. A.'s) eigenen Unexaktheit entsprungen. Nehmen Sie S. 57:[1] Die Angabe im Register des Briefbandes nennt Adorno als einen der jetzigen Direktoren des Frankfurter Instituts, aber nicht als Direktor des damaligen Instituts in Genf oder New York in den 30er Jahren, was er (wie sie genau wissen müsste, wenn sie sich darum gekümmert hätte) nicht war. Aber so geht es mit diesen Polemiken ja durchweg – keiner liebt genau hinzuschauen; man hat das Gefühl, daß eine in Jahren angesammelte Wut auf Adorno, die wohl ihre tiefen Gründe haben muß, sich jetzt Luft macht.
Amüsant ist natürlich der Kontrast zwischen H. A.'s Einschätzung und der im selben Heft gedruckten von der entgegengesetzten Ecke kommenden Polemik von Heissenbüttel. Ich kenne mich in den neudeutschen Literaturverhältnissen mit den intrikaten Verwicklungen und Ressentiments nicht aus – vielleicht kriege ich deswegen, weit vom Schuß, auch weniger Bosheiten gesagt? – aber Sie werden mir doch ein gewisses Gefühl für Tonfall zubilligen. Und da muß ich schon sagen, daß der Ton von Heissenbüttel, vom Sachwert seiner Deduktionen abgesehen, mir widerwärtig ist. Er war es schon in den halbverklausulierten Insinuationen der ersten Rezension, die ja auch schon vor allem Adorno im Auge hatten (mich nur so nebenbei, da ich für die jetzt aufkommenden Beschützer des Marxismus keine Zielscheibe bin). Was da an Mißdeutungen und vorsichtig formulierten Unterstellungen geleistet war, wunderte mich schon damals. Die inzwischen publizierten weiteren Vergröberungen durch andere Streiter und der zweite Angriff von Heissenbüttel zeigt wohin die Reise geht. Erlauben Sie mir ein offenes Wort: es wundert mich sehr, daß Sie, der im Merkur Adorno oft gedruckt haben, einen Satz wie den auf S. 184 über den »Publikationseifer« Adornos durchgelassen haben. Ich verstehe, daß es nicht Ihre Sache sein kann, die Richtigkeit der Angaben Ihrer Autoren nachzuprüfen, aber klingt Ihnen

1 Scholem bezieht sich auf die von Arendt später teilweise gestrichene Fußnote 4 in *Merkur* 22 (1968), H. 3, Nr. 239, S. 56f.

nicht der niederträchtige Tonfall eines solchen Satzes in den Ohren? Mir gab das einen kleinen Ruck. Durch solche Wortwahl sieht man doch tiefer in einen Autor hinein. Über die Interpretation der Benjaminschen Schriften kann man legitimerweise verschiedener Ansicht sein, und als ich den Gedanken an die Briefauswahl fasste, dachte ich, daß wir damit aufs anständigste das Material für solche Diskussionen vorlegen würden und grade durch den laufenden Kommentar zu seinem Denken und Schreiben liefern (und es ist ganz unwahr, daß wir das zensiert hätten), aber wenn ich jetzt lese, was daraus gemacht wird, fasst mich ein Grauen an.

Gershom Scholem, *Briefe II. 1948-1970*. Hg. von Thomas Sparr. München 1995, S. 313.

28.

Gershom Scholem an Hans Paeschke, 24. März 1968

Sehr geehrter Herr Paeschke,
ich glaube, es wird für eine allfällige Auseinandersetzung über meine Zurückhaltung von der Mitarbeit an Ihrer Zeitschrift gut sein, wenn ich Ihnen einiges zu einem Satz in der Fortsetzung von H. Arendts Aufsatz im »Merkur« S. 215[1] sage, die ich jüngst von Ihnen freundlicherweise zugeschickt erhielt. Es ist das totale Sich-Vergreifen im Ton, durch das saubere und vielleicht auch (oft genug) aufregende oder ergreifende Umstände zu Gemeinheiten umgeformt werden, welches seit dem Arendt'schen Eichmannbuch, in dem diese Methode der arroganten und forschen Frechheit ad nauseam geübt wurde, die mich von ihr entfernt hat.
Sie haben zweifellos Kenntnis von den gedruckten Briefen Walter Benjamins, die von seinem jahrelangen Ringen um den (unausgeführten) Beschluß, Hebräisch zu lernen, handeln. Dennoch haben Sie den wahrhaft schmachvollen, um nicht zu sagen gemeinen Satz im »Merkur« drucken lassen, für den die Autorin einstehen muß, daß W. B. bereit war, oder doch glaubte es zu sein, »hebräisch zu lernen für 300 Mark im Monat, wenn die Zionisten sich davon etwas versprachen, oder dialektisches Denken mit allen vermittelnden Schikanen für 1000 französische Franken, wenn die Marxisten anders nicht mit sich reden ließen« (S. 215). Was soll ich, der die genauen Umstände dieser Vorgänge miterlebt und in dem Fall, in dem ich involviert war, in der Ausgabe der Briefe z. T. sehr genau dokumentiert habe, zu solcher Sicht auf dieses Leben sagen? Ich will es Ihnen nicht verhehlen: ich wende mich davon ab. Ich habe Hannah Arendt gekannt, als sie Sozialistin oder Halbkommunistin war, und habe sie gekannt, als sie Zionistin war. Ich bestaune die um Lichtjahre entfernte Distanz, mit der sie über diese Bewegungen, die sie einmal so tief betrafen, aus souveräner Höhe sich äußern kann. Mir ist das nicht gegeben, und um die Wahrheit zu sagen, glaube ich auch ihr diese Souveränität nicht, hinter der sich ein bitteres Ressentiment aufs durchsichtigste verstellt, aber in allem hervorscheint, was sie etwa auch in diesem Aufsatz über den Zionismus und die

1 In dieser Ausgabe S. 73.

Zionisten geschrieben hat: Nicht etwa weil sein Denken ihn an diese zwei Positionen, das Hebräische und den Marxismus, heranbrachte – auf wie immer problematische Weise heranbrachte –, wollte er Hebräisch lernen oder marxistisch denken, sondern für 300 Mark im Monat bezw. für 1000 (damalige) Franken. Ja, so *kann* man natürlich die Briefe auch lesen, ich erfahre es aus diesem Aufsatz, aber ich verachte den, der so liest.
Die Tribüne, auf der *solche* Auseinandersetzungen gepflogen werden, hat wenig Anziehungskraft auf mich, und ich kann, Ihrer günstigen Meinung über meine Freiheit ungeachtet, Adorno wohl verstehen, wenn er sie meiden will. Sie sprechen von den beschränkten Möglichkeiten eines Redakteurs. Wahrscheinlich haben Sie Recht. Daß Sie aber verächtliche Lumpereien nicht auszuschließen im Stande sein sollten, kann ich mir nun einmal nicht vorstellen.
Mit wehmütigen Empfindungen schreibt dies
Ihr sehr ergebener
Gershom Scholem

Gershom Scholem, *Briefe II. 1948-1970*. Hg. von Thomas Sparr. München 1995, S. 209f.

29.

Friedrich Pollock: Zu dem Aufsatz von Hannah Arendt über Walter Benjamin

Als Leiter der Verwaltung des Instituts für Sozialforschung während seiner New Yorker Zeit möchte ich folgendes richtigstellen:
Adorno war während der Emigration des Instituts in New York eines seiner Mitglieder, nicht Direktor des Instituts. Der Hinweis im Register des Briefwechsels bezieht sich auf seine heutige Stellung. Auch Frau Arendts Vermutung, daß das New Yorker Institut drei Direktoren hatte, ist irrig, es waren nur zwei, nämlich Horkheimer und ich. Herausgeber der Zeitschrift für Sozialforschung war, wie aus dem Titelblatt hervorgeht, Horkheimer. Über die Aufnahme von Beiträgen entschied der Herausgeber nach vorheriger Aussprache mit den New Yorker Mitarbeitern des Instituts.
Adorno hat stets befürwortet, daß Benjamin ein Stipendium des Instituts erhielt und schließlich als Mitarbeiter nach New York berufen wurde. Dort war ein normales Gehalt für ihn budgetiert. Auch hatte das Institut die Kosten für die Reise nach Amerika zugesichert und ihn mit allen für die Flucht notwendigen Geldmitteln versehen.
Zeitpunkt und Höhe des Stipendiums waren in keiner Weise in Meinungsverschiedenheiten über Benjamins theoretische Stellung begründet, sondern hingen lediglich mit der Verfügbarkeit von Mitteln des Instituts zusammen.
Angesichts der philologischen Akribie, mit der die Polemik gegen Adorno geführt wird, teile ich Ihnen mit, daß für die Stellung Benjamins im Rahmen des Instituts dokumentarischer Beweis zur Verfügung steht. Ich besitze noch einige Briefbogen des New Yorker Instituts, auf denen unter der Überschrift »Research Staff« zunächst die beiden Direktoren und dann die Namen der Mitglieder (members) in alphabetischer Reihenfolge genannt sind. Die Reihe beginnt mit den Namen: Theodor W. Adorno, Walter Benjamin ...
Es liegt mir nichts ferner, als mich in die ganze Polemik einmischen zu wollen. Immerhin möchte ich meiner Verwunderung darüber Ausdruck geben, daß Adorno derartigen Angriffen ausgesetzt ist, nachdem ohne seine großen Bemühungen für die Herausgabe der Benjaminschen Schriften und des Briefwechsels in Deutschland wahr-

scheinlich nur ein paar Fachleute etwas von unserem unglücklichen Mitarbeiter wissen würden.

Merkur 22 (1968), H. 6, Nr. 242, S. 576.

30.

Hannah Arendt: Walter Benjamin und das Institut für Sozialforschung – noch einmal

Von der Zuschrift Friedrich Pollocks (*Merkur*, Juni 1968) zu meinem Benjamin-Essay erhielt ich sehr verspätete Kenntnis (ein Brief war verlorenengegangen, und das Juniheft erreichte mich erst im August). Was die sachliche Richtigstellung anlangt: »Adorno war während der Emigration des Instituts in New York eines seiner Mitglieder, nicht Direktor des Instituts« – so erübrigt sie sich, da ich in einer Nachbemerkung im Aprilheft dies bereits richtiggestellt hatte.[1] Daß er dennoch nicht »wie Benjamin Mitarbeiter des Instituts« (R. Tiedemann) war und daß nicht nur Max Horkheimer, der Herausgeber der Zeitschrift, über die »Aufnahme von Beiträgen entschied«, geht aus dem Briefwechsel deutlich hervor. Adorno schreibt in dem Brief vom 10. November 1938 (Briefe [1966], Bd. II, S. 782ff.), in dem die Baudelaire-Arbeit abgelehnt wird, im Namen von »uns allen«; er ist dagegen, einzelne Kapitel daraus zu publizieren, und die Zeitschrift publiziert daraufhin nicht. Benjamin entschied gar nichts, und er hat nie im Namen des Instituts sprechen können oder wollen. Er ist als »Mitarbeiter des Instituts nach New York« mit einem »normalen Gehalt« erst nach Ausbruch des Krieges berufen worden.
Bis dahin lebte er, wie man im Briefband II, S. 801 nachlesen kann, in einer »anormalen Abhängigkeit von der Aufnahme, die das, was ich mache, findet.« Diese war seiner Meinung nach der »Isolierung in der ich (in Paris) lebe« geschuldet. Das Institut legte ihm nahe,

1 Sie lautet: »Zum Abschluß dieser Studie schrieb uns Hannah Arendt am 17.3.1968, mit der Bitte um Mitteilung an die Leser: / ›Meine Arbeit wurde abgeschlossen, bevor ich den in der *Neuen Rundschau* (4. Heft 1967) veröffentlichten Benjamin-Essay *Der Flaneur* lesen konnte. Ich hätte sonst daraus zitiert, statt nur in einer Fußnote (*Merkur*, Heft 238, S. 57) darauf Bezug zu nehmen. / Wie ich soeben erfahre, gehörte Theodor W. Adorno nicht, wie in dieser Fußnote angegeben, zu den Direktoren des Instituts für Sozialforschung in Amerika. Er hat in Emigrantenkreisen immer dafür gegolten, und Benjamin hat stets von Horkheimer und Adorno als den Leitern des Instituts gesprochen. Was immer Adorno in den Jahren der Emigration formell war, er war nicht wie ›Benjamin Mitarbeiter des Instituts‹ (vgl. Rolf Tiedemann in seiner Einführung zu der Publikation in der *Neuen Rundschau*); er entschied, welche Arbeiten von Benjamin publiziert wurden; Benjamin entschied nicht, welche Arbeiten von Adorno publiziert wurden.‹«

zusätzliche Geldquellen in Frankreich zu mobilisieren – darauf bezieht sich auch der Passus (Briefe II, S. 810), in dem er mich erwähnt – und da ihm das nicht gelang, lebte er jedenfalls in der Vorstellung, daß er allen »Grund habe, mich den Anregungen des Instituts gegenüber gefügig zu zeigen« (II, S. 683). Er fühlte sich vor allem nach dem Baudelaire-Konflikt finanziell unmittelbar bedroht und meinte: »Eben die Umstände die meine europäische Situation so sehr bedrohen, werden meine Übersiedlung nach den U. S. A. unmöglich machen« (II, S. 810). Daß das Stipendium des Instituts durchaus von der Aufnahme abhing, die Benjamins Arbeiten dort fanden, war wohl von Anfang an klar. Sonst hätte er ja nicht an Horkheimer im Jahre 1935 geschrieben, daß ihm seine »Stellungnahme zum Exposé von so großer Wichtigkeit ist und mir eine Hoffnung eröffnet« (II, S. 689).

All dies ist nicht als Angriff gemeint. So war es, so jedenfalls stellte es sich Benjamin dar. Abschließend wäre noch zu sagen, daß Friedrich Pollock vollkommen recht hat, wenn er sagt, daß »ohne (Adornos) große Bemühungen für die Herausgabe der Benjaminschen Schriften [...] wahrscheinlich nur ein paar Fachleute« heute noch etwas von ihm wissen würden. Man darf hinzufügen, daß trotz aller Konflikte es eben doch das Institut war, das allein ihm das Leben ermöglichte, und daß mit Ausbruch des Krieges das Institut wirklich alles nur Menschenmögliche unternommen hat, um ihn zu retten.

Merkur 22 (1968), H. 10, Nr. 246, S. 968.

31.

Hannah Arendt: Neue Einleitung zum Benjamin-Essay

Unter den vielen Sorten von Ruhm, den billigen und den erhabenen, ist der Nachruhm wohl der traurigste. Si vivi vicissent qui morte vicerunt, wie Cicero in der herrlich unsentimentalen Prägnanz des Lateinischen sagte, »hätten sie doch im Leben gesiegt, die im Tode den Sieg davontrugen«. So jedenfalls nimmt es sich für den aus, der einem also Berühmten im Leben nahegestanden hat. Benjamin war in dem Jahrzehnt vor Hitlers Machtergreifung in Deutschland bekannt, aber nicht berühmt, als regelmäßiger Mitarbeiter der *Frankfurter Zeitung*, der *Literarischen Welt* und des Frankfurter Rundfunks, und er hatte drei Bücher veröffentlicht, die kaum an die Öffentlichkeit gelangt waren: *Ursprung des deutschen Trauerspiels*, *Der Begriff der Kunstkritik in der deutschen Romantik* (seine Dissertation) und eine Sammlung von aphoristisch kurzen Essays unter dem Titel *Einbahnstraße*. Als er sich im Jahre 1940 in Port Bou, an der französisch-spanischen Grenze, das Leben nahm, war er bereits so gut wie vergessen. Im Jahre 1955 erschienen dann, von Adorno herausgegeben, zwei Bände *Schriften*, die neben den erwähnten Büchern die wichtigsten kritischen Essays enthalten – den großen und frühen Aufsatz über *Goethes Wahlverwandtschaften*, den späteren über Karl Kraus, die Arbeiten über Baudelaire und Proust, über Kafka, Brecht und Lesskow, die Essays über das Übersetzen, das Kunstwerk im Zeitalter seiner Reproduzierbarkeit und schließlich das Letzte, was er geschrieben hat, die geschichtsphilosophischen Thesen, um nur das Wichtigste zu erwähnen. Der »succès d'estime« dieser Veröffentlichung erreichte sogleich einen erheblich weiteren Kreis als die Anerkennung, die Benjamin zu Lebzeiten gefunden hat, und es liegt natürlich nahe, hieraus zu schließen, daß der Nachruhm eben der Preis derer ist, die ihrer Zeit vorauseilten – als sei die Geschichte eine Art von Rennbahn, auf der diejenigen, die im Rennen ganz vorn liegen, so schnell laufen, daß die Augen der Zuschauer ihnen nicht folgen können. Aber so einfach ist die Sache nicht. Es gibt keine Art von Nachruhm, dem nicht die höchste Anerkennung vorausgegangen wäre. Nur ist Ruhm eben nicht eine Angelegenheit der Wenigen, die wirklich urteilen können; die Meinung von einzelnen, wie Seneca bereits bemerkte, ist nicht genug. Die Anerkennung kam von den Besten der zeitgenössischen Autoren, von Hofmannsthal und Brecht, den Besten der zeitgenössischen Leser, von denen einige dann Autoren wurden, von Adorno zum Beispiel und von Gerhard Scholem, dem Jugendfreund. Ob es wirklich das schlechthin verkannte Genie gibt oder ob dies nur der Wunschtraum derer ist, die eben keine sind, ist nicht zu ermitteln, sicher aber ist, daß Nachruhm ihnen nicht beschieden sein wird. Wenn wir heute in deutschen Zeitschriften nahezu beliebig von Benjamins »berühmten« Aufsätzen oder auch im englisch-amerikanischen Schrifttum (George Steiner) lesen, Benjamin gehöre mit Lukács, Edmund Wilson und F. R. Leavis zu den Vertretern des »most vital of modern criticism«, so bestätigen diese Urteile nur, was einige, nicht sehr viele, aber auch nicht gar so wenige, seit dem Erscheinen des Wahlverwandtschaftenaufsatzes im Jahre 1924 wußten.

Ruhm ist ein gesellschaftliches Phänomen, und die Gesellschaft, um überhaupt funktionieren zu können, besteht darauf, Menschen in Kategorien und Typen, in Klassen und Schichten zu teilen. Was sie in keinem Fall akzeptieren und daher nur im nachhinein anerkennen kann, ist das in seiner Weise Einzigartige. Dies ließe sich an dem Fall des Kafkaschen Nachruhms, und es läßt sich im nachhinein unschwer an dem Fall von Benjamin exemplifizieren. Entscheidend war, daß Hofmannsthal wortwörtlich recht hatte, wenn er den Wahlverwandtschaftenaufsatz des damals gänzlich unbekannten Autors »schlechthin unvergleichlich« nannte. Und schlechthin »unvergleichlich«, nämlich durchaus sui generis, war alles, was Benjamin machte. Sollte ich Ihnen zum Beispiel sagen, in welche der uns geläufigen Kategorien der Literatur Benjamin gehört, so würde ich mich sofort in eine Reihe von negierenden Aussagen verstricken, von denen ich Ihnen doch einige anführen möchte. Ich könnte sagen, daß er sehr gelehrt, aber durchaus kein Gelehrter war; daß sein Hauptthema Texte und Textinterpretationen waren, aber daß er kein Philologe war; daß ihn nicht Religion, aber Theologie und theologische Auslegung, die immer die Unantastbarkeit, die Heiligkeit des Textes voraussetzt, fasziniert hat, aber er war weder ein Theologe noch sonderlich an der Bibel interessiert; daß er ein Schriftsteller war, sein größter Ehrgeiz aber darin bestand, einen nur aus Zitaten zusammengesetzten Text herzustellen. Er hat Proust und Baudelaire ins Deutsche übersetzt, aber er war kein Übersetzer; er hat unzählige Buchbesprechungen und eine Reihe klassischer Essays über tote und zeitgenössische Schriftsteller und Dichter verfaßt, aber er war kein Literaturkritiker; er hat Bücher über das deutsche Barock und die deutsche Romantik geschrieben, und er starb über einem groß angelegten Werk über das französische neunzehnte Jahrhundert, aber weder war er ein Historiker noch ein Literaturhistoriker. Ich werde hier zu zeigen versuchen, daß er dichterisch dachte, aber er war weder ein Dichter noch ein Philosoph.

<Nachruhm scheint also das Los der Nichtklassifizierbaren zu sein, das heißt derjenigen, deren Werk sich weder in die gegebene Ordnung einfügt noch ein neues, für die künftige Klassifikation geeignetes Genre ankündigt. Unzählige Versuche, wie Kafka zu schreiben (die alle traurige Fehlschläge waren), haben nur dazu gedient, Kafkas Einzigartigkeit herauszustellen, jene absolute Originalität, für die kein Vorläufer zu finden ist und die unter keinem Jünger leidet. Dies ist es, womit die Gesellschaft so gar nicht zurechtkommen kann und wo sie ihren Genehmigungsstempel immer nur sehr zögernd vergibt. Benjamin als Literaturkritiker oder Essayist zu empfehlen wäre heute, schlicht und einfach gesagt, ebenso irreführend, als wenn man 1924 Kafka als Kurzgeschichten- oder Romanschreiber empfohlen hätte ...
Und dennoch, in den wenigen Augenblicken, in denen es ihm wichtig war, das, was er tat, zu definieren, begriff sich Benjamin als Literaturkritiker, und wenn er in seinem Leben überhaupt eine Stellung angestrebt haben sollte, so wäre es – nach einer Formulierung Scholems in einem der wenigen veröffentlichten, sehr schönen Briefe an den Freund – die »des einzig wahren Kritikers der deutschen Literatur« gewesen, wobei allerdings hinzugefügt werden muß, daß der bloße Gedanke, auf diese Weise ein nützliches Glied der Gesellschaft zu werden, Benjamin zuwider gewesen wäre. »Être un homme utile m'a paru toujours quelque chose de bien hideux« – darin stimmte er zweifellos mit Baudelaire überein. Was er als die Aufgabe des Literaturkritikers ansah, hat er in den ersten Abschnitten seines Essays über *Goethes Wahlverwandtschaften* ausgeführt. Gleich zu Beginn unterscheidet er zwischen Kommentar und Kritik (wobei er, ohne dies zu erwähnen, vielleicht sogar ohne sich dessen bewußt zu sein, den Begriff »Kritik« wie Kant, wenn jener von einer *Kritik der reinen Vernunft* sprach, gebrauchte):
»Die Kritik sucht den Wahrheitsgehalt eines Kunstwerkes, der Kom-

mentar seinen Sachgehalt. Das Verhältnis der beiden bestimmt jenes Grundgesetz des Schrifttums, demzufolge der Wahrheitsgehalt eines Werkes, je bedeutender es ist, desto unscheinbarer und inniger an seinen Sachgehalt gebunden ist. Wenn sich demnach als die dauernden gerade jene Werke erweisen, deren Wahrheit am tiefsten ihrem Sachgehalt eingesenkt ist, so stehen im Verlaufe dieser Dauer die Realien dem Betrachtenden im Werk desto deutlicher vor Augen, je mehr sie in der Welt absterben. Damit aber tritt der Erscheinung nach Sachgehalt und Wahrheitsgehalt, in der Frühzeit des Werkes geeint, auseinander mit seiner Dauer, weil der letzte immer gleich verborgen sich hält, wenn der erste hervordringt. Mehr und mehr wird für jeden späteren Kritiker die Deutung des Auffallenden und Befremdenden, des Sachgehaltes, demnach zur Vorbedingung. Man darf ihn mit dem Paläographen vor einem Pergamente vergleichen, dessen verblichener Text überdeckt wird von den Zügen einer kräftigeren Schrift, die auf ihn sich bezieht. Wie der Paläograph mit dem Lesen der letztern beginnen müßte, so der Kritiker mit dem Kommentieren. Und mit einem Schlag entspringt ihm daraus ein unschätzbares Kriterium seines Urteils: nun erst kann er die kritische Grundfrage stellen, ob der Schein des Wahrheitsgehaltes dem Sachgehalt oder das Leben des Sachgehaltes dem Wahrheitsgehalt zu verdanken sei. Denn indem sie im Werk auseinandertreten, entscheiden sie über seine Unsterblichkeit. In diesem Sinne bereitet die Geschichte der Werke ihre Kritik vor, und daher vermehrt die historische Distanz deren Gewalt. Will man, um eines Gleichnisses willen, das wachsende Werk als den flammenden Scheiterhaufen ansehn, so steht davor der Kommentator wie der Chemiker, der Kritiker gleich dem Alchimisten. Wo jenem Holz und Asche allein die Gegenstände seiner Analyse bleiben, bewahrt für diesen nur die Flamme selbst ein Rätsel: das des Lebendigen. So fragt der Kritiker nach der Wahrheit, deren lebendige Flamme fortbrennt über den schweren Scheiten des Gewesenen und der leichten Asche des Erlebten.«

Der Kritiker als Alchimist, der die dunkle Kunst des Verwandelns nichtiger Bestandteile des Wirklichen in das glänzende, beständige Gold der Wahrheit, besser: des Beobachtens und Interpretierens des solch magische Umformung bewirkenden historischen Prozesses, ausübt: Was immer wir über diese Figur denken, sie läßt sich wohl kaum mit irgend etwas in Verbindung bringen, das uns vorschwebt, wenn wir einen Schriftsteller als Literaturkritiker klassifizieren.>

Nun kann man aber die Sache des Nachruhms noch von einer anderen, weniger objektiven Seite betrachten, wie ich in dem Cicero-Zitat bereits anzudeuten versuchte. Was nämlich den Betroffenen anlangt, vor allem wenn er nicht über ein arbeitsloses Einkommen verfügt, so ist eine solche lebenslange Vorbereitung auf den Nachruhm nichts anderes als ein Mißgeschick. Und dieses »keine fortune haben«, wie Napoleon und Helene Wolff es gerne nennen, war nun in der Tat so charakteristisch für Person und Leben, so eng auch verbunden mit dem Werk, daß ich es hier nicht ganz übergehen kann.

Hannah Arendt, »Walter Benjamin«. In: Dies., *Menschen in finsteren Zeiten*. Hg. v. Ursula Ludz. München, Zürich 1989, S. 185-190.

Der Text geht auf die Einleitung eines Vortrags zurück, den Arendt am 16. Januar 1968 auf deutsch im New Yorker Goethe-Institut gehalten hat. In erweiterter Form wurde er in die englische Fassung des Essays übernommen (vgl. die Einleitung d. Hg., S. 42, Anm. 70). Der in spitzen Klammern stehende Textteil war nicht Bestandteil des Vortrags, sondern wurde von Ursula Ludz aus der englischen Fassung des Essays übersetzt.

VI.
Arendt und Benjamin – eine Chronik

Hannah Arendt am Beginn ihres Vortrages »Hinweis auf Walter Benjamin« im Goethe-Institut New York am 15. Januar 1968 (mit dem von Siegfried Unseld zusammengestellten Band *Illuminationen*, Suhrkamp Verlag 1961)

»Meine Damen und Herren, liebe Freunde,
der beste ›Hinweis auf Walter Benjamin‹ ist natürlich Walter Benjamin. Ich habe hier dieses mitgebracht, damit Sie sehen, daß er käuflich auf deutsch und bald auch auf englisch zu erwerben ist. Und da die zweibändige Ausgabe seiner *Schriften* vergriffen ist, seit Jahren bereits, hat der Suhrkamp Verlag diese billigere Ausgabe veröffentlicht, auf die ich als erstes hinweisen möchte und die ich Sie bitte, über meinem ›Hinweis‹ nicht zu vergessen.«

1892-1928
Walter Benjamin (WB) wird am 15. Juli 1892 in Berlin geboren, geht dort zur Schule und studiert von 1912 bis 1919 Philosophie in Freiburg, Berlin und Bern, wo er 1919 promoviert; 1925 scheitert sein Habilitationsversuch; seither arbeitet er als freier Autor.
Hannah Arendt (HA) wird am 14. Oktober 1906 in Hannover geboren, geht nach Übersiedelung der Familie in Königsberg zur Schule und studiert von 1924 bis 1928 Philosophie in Marburg, Freiburg und Heidelberg, wo sie 1928 promoviert.

1929
HA heiratet Günther Stern, WBs Großcousin, der sich als Publizist Günther Anders nennt. Das Paar lebt in Frankfurt und Berlin.

1930
In der Zeitschrift *Die Gesellschaft* erscheinen Aufsätze von HA und WB zum Status des Intellektuellen, Beiträge zur Debatte um Karl Mannheims Buch *Ideologie und Utopie* (1929).

1933
März: WB emigriert nach Paris.
Juli: HA wird in Berlin von der Gestapo vorübergehend verhaftet und emigriert nach ihrer Freilassung im August über die Tschechoslowakei nach Paris; Anders war bereits nach dem Reichstagsbrand am 27. Februar nach Paris geflohen.

1934-1938
In den Jahren 1934, 1936 und 1938 lebt WB im Sommer zum Teil mehrere Monate in Skovsbostrand bei Svendborg in unmittelbarer Nähe Bertolt Brechts. WB verfaßt hier u. a. Notizen über die Gespräche mit Brecht. In ihrem 1967 verfaßten Benjamin-Essay für die Zeitschrift *Merkur* erwähnt HA die Aufenthalte WBs in Dänemark.

Um 1935
WB und HA, die sich vermutlich schon in Berlin begegnet sind, kommen in Pariser Emigrantenkreisen näher in Kontakt.

1939

Februar: WB empfiehlt Gershom Scholem HAs Manuskript *Rahel Varnhagen*, das auf ihn großen Eindruck gemacht hat.
September: Nach der Kriegserklärung Frankreichs an Deutschland am 3. September wird WB im Stade Colombes bei Paris interniert. Unter den internierten Emigranten ist auch Heinrich Blücher, der Lebensgefährte HAs. Nach einigen Tagen wird WB in ein Lager in Nevers überführt. Von dort kommt er durch diplomatische Hilfe am 16. November frei.

1940

Januar: HA und Blücher heiraten in Paris (die Scheidung von Anders war 1937).
Mai: HA wird im Lager Gurs in Südfrankreich interniert und flüchtet nach fünf Wochen von dort nach Lourdes.
Juni: WB flieht nach dem Einmarsch der deutschen Truppen in Frankreich aus Paris ebenfalls nach Lourdes. Er trifft dort Mitte Juni HA, die Anfang Juli abreist, um ihren Ehemann zu suchen.
August: WB reist nach Marseille, um ein Visum für die USA abzuholen, das das Institut für Sozialforschung (mit Sitz in New York seit 1933) in der amerikanischen Botschaft für ihn hinterlegt hat.
20. September: HA und Blücher treffen WB in Marseille.
25./26. September: WB überquert mit einer kleinen Gruppe von Emigranten vom südfranzösischen Banyuls aus die Pyrenäen, um über Spanien nach Lissabon zu fliehen, wo er ein Schiff nach New York erreichen will. Da er kein Ausreisevisum aus Frankreich hat, weisen ihn die spanischen Grenzbeamten in Port Bou zurück. WB stirbt am 26. September an einer Überdosis Morphium.

1941

Mai: Nach der Flucht aus Südfrankreich über Port Bou und Lissabon erreichen HA und Blücher mit dem Schiff die USA. Sie bleiben in New York, wo HA bis zu ihrem Tod als Journalistin, Lektorin, Buchautorin und Universitätsdozentin arbeitet.

1942
Das Institut für Sozialforschung veröffentlicht ein mimeographiertes Heft mit dem Titel *Walter Benjamin zum Gedächtnis*. Es enthält erstmals WBs Thesen »Über den Begriff der Geschichte«, deren Manuskript Theodor W. Adorno von HA erhalten hat.

1945
HA plant eine englischsprachige Ausgabe der Schriften WBs, für die sie den aus Jerusalem stammenden Verleger Salman Schocken in New York gewinnen möchte.

1946
Im Juli wird HA Mitarbeiterin des Schocken Verlags und beginnt mit der Vorbereitung der Ausgabe, die auf mehrere Bände angelegt ist; sie stellt Scholem und Brecht die Konzeption in Briefen vor.

1948
Der Verleger Schocken entscheidet sich aus finanziellen Gründen gegen die Publikation der Benjamin-Ausgabe.

1951
In New York erscheint HAs Buch *The Origins of Totalitarianism*, mit dem sie international bekannt wird (deutsch 1955).

1955
Im Suhrkamp Verlag erscheint, herausgegeben von Adorno und seiner Frau Gretel, eine zweibändige Ausgabe der *Schriften* WBs, die auch unveröffentlichte Arbeiten aus dem Nachlaß enthält.

1966
Der Suhrkamp Verlag publiziert eine von Adorno und Scholem zusammengestellte zweibändige Ausgabe der *Briefe* WBs, in der auch ein Brief an HA gedruckt ist und HA in weiteren Briefen erwähnt wird.

1967
März: Helmut Heißenbüttel veröffentlicht im *Merkur* eine umfangreiche Besprechung der Briefausgabe, die Auslöser einer Benjamin-Kontroverse wird.
Juli: HA hält in Freiburg einen Vortrag über WB; anwesend ist auch Martin Heidegger, der sich in einem Brief positiv äußert.

1968
16. Januar: HA hält im Goethe-Institut in New York auf deutsch einen Vortrag über WB, der auf dem Freiburger Vortrag basiert.
Januar bis April: Der Vortragstext erscheint in erweiterter Form in drei Teilen im *Merkur*.
Ende des Jahres: Der von HA herausgegebene Band *Illuminations* mit WBs Essays erscheint in New York. HAs umfangreiche Einleitung basiert auf dem *Merkur*-Essay; sie erscheint im selben Jahr ebenfalls in der Zeitschrift *The New Yorker* und in HAs Essay-Band *Men in Dark Times* (dt. 1989).

1971
Publikation des *Merkur*-Essays in der Buchausgabe *Walter Benjamin – Bertolt Brecht* im Piper Verlag.

1975
HA stirbt am 4. Dezember an einem Herzinfarkt in New York.

Namenregister*

* Verfasser von Forschungsliteratur (in den Anmerkungen der Einleitung) sind nicht erfaßt.

Rechtenachweise

Wir danken für die erteilten Abdruckgenehmigungen:

Dem Hannah Arendt Bluecher Literary Trust für den Text II, die Briefe 1, 2, 3, 5 und 6 aus der Abteilung IV und die Dokumente 1, 4, 5, 6, 7, 8, 11, 13, 16, 17, 18, 20, 22, 25 und 30 aus der Abteilung V.

Der Hamburger Stiftung zur Förderung von Wissenschaft und Kultur für den Text III, die Briefe 4, 7 und 8 aus der Abteilung IV und die Dokumente 14, 19, 21 und 23 aus der Abteilung V.

Dem Piper Verlag für die Dokumente 2, 3 und 31 aus der Abteilung V.

Den Erben Hans Paeschkes, dem Deutschen Literaturarchiv Marbach und der Stiftung Merkur für das Dokument 24 aus der Abteilung V.

Der Nachlaßverwaltung von Friedrich Pollock (Universitätsbibliothek Frankfurt/M.) für das Dokument 29 aus der Abteilung V.

NF 102/1/5.19

Einzelausgaben

Angelus Novus. Ausgewählte Schriften. st 1512. 560 Seiten

Aura und Reflexion. Schriften zur Kunsttheorie und Ästhetik. Ausgewählt und mit einem Nachwort von Hartmut Böhme und Yvonne Ehrenspeck. stw 1843. 490 Seiten

Berliner Kindheit um neunzehnhundert. Mit einem Nachwort von Theodor W. Adorno. Fassung letzter Hand und Fragment aus früheren Fassungen. BS 966. 117 Seiten. st 3759. 116 Seiten

Berliner Kindheit um neunzehnhundert. Gießener Fassung. Hg. und mit einem Nachwort von Rolf Tiedemann. 132 Seiten

Charles Baudelaire. Ein Lyriker im Zeitalter des Hochkapitalismus. Zwei Fragmente. Herausgegeben und mit einem Nachwort von Rolf Tiedemann. stw 47. 214 Seiten

Einbahnstraße. BS 27. 126 Seiten

Erzählen. Schriften zur Theorie der Narration und zur literarischen Prosa. Ausgewählt und mit einem Nachwort von Alexander Honold. stw 1841. 349 Seiten

Illuminationen. Ausgewählte Schriften. Ausgewählt von Siegfried Unseld. st 345. 417 Seiten

Kairos. Schriften zur Philosophie. Ausgewählt und mit einem Nachwort von Ralf Konersmann. stw 1842. 355 Seiten

Das Kunstwerk im Zeitalter seiner technischen Reproduzierbarkeit. Drei Studien zur Kunstsoziologie. es 28. 156 Seiten

NF 102/2/5.19

Das Kunstwerk im Zeitalter seiner technischen Reproduzierbarkeit. Kommentar von Detlev Schöttker. stb 1. 254 Seiten

Medienästhetische Schriften. Mit einem Nachwort von Detlev Schöttker. stw 1601. 448 Seiten

Passagen. Schriften zur französischen Literatur. Ausgewählt und mit einem Nachwort von Gérard Raulet. stw 1839. 455 Seiten

Das Passagen-Werk. Zwei Bände. Herausgegeben von Rolf Tiedemann. es 1200 und stw 935. 1354 Seiten

Ursprung des deutschen Trauerspiels. Herausgegeben von Rolf Tiedemann. Revidierte Ausgabe. stw 225. 234 Seiten

Wahlverwandtschaften. Aufsätze und Reflexionen über deutschsprachige Literatur. Ausgewählt und mit einem Nachwort von Jan Philipp Reemtsma. stw 1840. 500 Seiten

Werke und Nachlaß.
Kritische Gesamtausgabe

Band 3: Der Begriff der Kunstkritik in der deutschen Romantik. Herausgegeben von Uwe Steiner. 398 Seiten. Halbleinen

Band 7: Charles Baudelaire, Tableaux Parisiens. Herausgegeben von Antonia Birnbaum und Michel Métayer. 511 Seiten. Halbleinen

Band 8: Einbahnstraße. Herausgegeben von Detlev Schöttker unter Mitarbeit von Steffen Haug. 610 Seiten. Halbleinen

NF 102/3/5.19

Band 9: Rundfunkarbeiten. Herausgegeben von Thomas Küpper und Anja Nowak in zwei Teilbänden. 1544 Seiten. Halbleinen

Band 10: Deutsche Menschen. Herausgegeben von Momme Brodersen. 542 Seiten. Halbleinen

Band 11: Berliner Chronik/Berliner Kindheit um neunzehnhundert. Herausgegeben von Burkhardt Lindner (†) und Nadine Werner in zwei Teilbänden. 1118 Seiten. Halbleinen

Band 13: Kritiken und Rezensionen. Herausgegeben von Heinrich Kaulen in zwei Teilbänden. 2000 Seiten. Halbleinen

Band 16: Das Kunstwerk im Zeitalter seiner technischen Reproduzierbarkeit. Herausgegeben von Burkhardt Lindner. 722 Seiten. Halbleinen

Band 19: Über den Begriff der Geschichte. Herausgegeben von Gérard Raulet. Mit vierfarbigen Faksimiles. 380 Seiten. Halbleinen

NF 102/4/5.19

- Band 18: Musikalische Schriften V. stw 1718. 841 Seiten
- Band 19: Musikalische Schriften VI. stw 1719. 665 Seiten
- Band 20: Vermischte Schriften. Zwei Bände. stw 1720. 877 Seiten

Nachgelassene Schriften
Herausgegeben vom Theodor W. Adorno Archiv

Abteilung I: Fragment gebliebene Schriften
- Band 3: Current of Music. Elements of a Radio Theory. Herausgegeben von Robert Hullot-Kentor. 690 Seiten. Gebunden

Abteilung IV: Vorlesungen
- Band 2: Einführung in die Dialektik. Herausgegeben von Christoph Ziermann. 439 Seiten. Gebunden
- Band 3: Ästhetik. Herausgegeben von Eberhard Ortland. 522 Seiten. Gebunden
- Band 4: Kants »Kritik der reinen Vernunft«. Herausgegeben von Rolf Tiedemann. 440 Seiten. Gebunden
- Band 6: Philosophie und Soziologie. Herausgegeben von Dirk Braunstein. 459 Seiten. Gebunden
- Band 7: Ontologie und Dialektik. Herausgegeben von Rolf Tiedemann. 448 Seiten. Gebunden
- Band 9: Philosophische Terminologie. Herausgegeben von Henri Lonitz. 912 Seiten. Gebunden
- Band 10: Probleme der Moralphilosophie. Herausgegeben von Thomas Schröder. 318 Seiten. Gebunden
- Band 12: Philosophische Elemente einer Theorie der Gesellschaft. Herausgegeben von Tobias ten Brink und Marc Phillip Nogueira. 278 Seiten. Gebunden
- Band 13: Zur Lehre von der Geschichte und von der Freiheit. Herausgegeben von Rolf Tiedemann. stw 1785. 491 Seiten
- Band 14: Metaphysik. Begriff und Probleme. Herausgegeben von Rolf Tiedemann. 320 Seiten. Gebunden

NF 138/2/12.16

- Band 15: Einleitung in die Soziologie. Herausgegeben von Christoph Gödde. 330 Seiten. Gebunden
- Band 16: Vorlesung über negative Dialektik. Herausgegeben von Rolf Tiedemann. 464 Seiten. Gebunden
- Band 17: Kranichsteiner Vorlesungen. Herausgegeben von Klaus Reichert und Michael Schwarz. Mit einer DVD. 600 Seiten. Gebunden

Briefe und Briefwechsel
Herausgegeben vom Theodor W. Adorno Archiv

- Band 1: Theodor W. Adorno – Walter Benjamin. Briefwechsel 1928-1940. Herausgegeben von Henri Lonitz. 501 Seiten. Gebunden
- Band 2. Theodor W. Adorno – Alban Berg. Briefwechsel 1925-1935. Herausgegeben von Henri Lonitz. 380 Seiten. Gebunden
- Band 3: Theodor W. Adorno – Thomas Mann, Briefwechsel 1943-1955. Herausgegeben von Christoph Gödde und Thomas Sprecher. 179 Seiten. Gebunden
- Band 4.1: Adorno – Max Horkheimer. Briefwechsel I. 1927-1937. Herausgegeben von Christoph Gödde und Henri Lonitz. 612 Seiten. Gebunden
- Band 4.2.: Adorno – Max Horkheimer. Briefwechsel II. 1938-1944. Herausgegeben von Christoph Gödde und Henri Lonitz. 662 Seiten. Gebunden
- Band 4.3.: Adorno – Max Horkheimer. Briefwechsel III. 1945-1949. Herausgegeben von Christoph Gödde und Henri Lonitz. 589 Seiten. Gebunden
- Band 4.4 Adorno – Max Horkheimer. Briefwechsel IV. 1950-1969. Herausgegeben von Christoph Gödde und Henri Lonitz. 1078 Seiten. Gebunden
- Band 5: Briefe an die Eltern. 1939-1951. Herausgegeben von Christoph Gödde und Henri Lonitz. Mit einem vierfarbigen Bildteil. 576 Seiten. Gebunden

NF 138/3/12.16

- Band 7: Adorno – Siegfried Kracauer. Briefwechsel 1923-1966. »Der Riß der Welt geht auch durch mich ...«. 772 Seiten. Gebunden
- Band 8: Theodor W. Adorno – Gershom Scholem. Briefwechsel. 1939-1969. »Der liebe Gott wohnt im Detail«. Herausgegeben von Asaf Angermann. 548 Seiten. Gebunden

»So müßte ich ein Engel und kein Autor sein«. Adorno und seine Frankfurter Verleger. Der Briefwechsel mit Peter Suhrkamp und Siegfried Unseld. Herausgegeben von Wolfgang Schopf. 650 Seiten. Gebunden

Einzelausgaben. Eine Auswahl

Beethoven. Philosophie der Musik. Fragmente und Texte. Herausgegeben von Rolf Tiedemann. stw 1727. 392 Seiten

Einleitung in die Soziologie. Herausgegeben von Christoph Gödde. stw 1673. 336 Seiten

Erziehung zur Mündigkeit. Voträge und Gespräche mit Hellmut Becker 1959 bis 1969. Herausgegeben von Gerd Kadelbach. st 11. 148 Seiten

Jargon der Eigentlichkeit. Zur deutschen Ideologie. es 91. 139 Seiten

Minima Moralia. Reflexionen aus dem beschädigten Leben. BS 236. 339 Seiten

Negative Dialektik. stw 1706. 531 Seiten

Studien zum autoritären Charakter. Übersetzt von Milli Weinbrenner. stw 1182. 483 Seiten

NF 138/4/12.16

Traumprotokolle. Herausgegeben von Christoph Gödde und Henri Lonitz. Mit einem Nachwort von Jan Philipp Reemtsma. BS 1385. 122 Seiten

Zu einer Theorie der musikalischen Reproduktion. Herausgegeben von Henri Lonitz. stw 1750. 400 Seiten

Zur Lehre von der Geschichte und von der Freiheit. stw 1785. 491 Seiten

NF 138/5/12.16

Literatur- und Kulturwissenschaft im Suhrkamp Verlag Eine Auswahl

Michail M. Bachtin

- Die Ästhetik des Wortes. Herausgegeben und eingeleitet von Rainer Grübel. Übersetzt von Rainer Grübel und Sabine Reese. es 967. 366 Seiten
- Autor und Held in der ästhetischen Tätigkeit. Herausgegeben von Rainer Grübel, Edward Kowalski und Ulrich Schmid. Aus dem Russischen von Hans-Günter Hilbert, Rainer Grübel, Alexander Haardt und Ulrich Schmid. stw 1878. 356 Seiten
- Chronotopos. Aus dem Russischen von Michael Dewey. Mit einem Nachwort von Michael C. Frank und Kirsten Mahlke. stw 1879. 242 Seiten
- Rabelais und seine Welt. Volkskultur als Gegenkultur. Übersetzt von Gabriele Leupold. Herausgegeben und Vorwort von Renate Lachmann. stw 1187. 546 Seiten

Roland Barthes

- Fragmente einer Sprache der Liebe. Übersetzt von Hans-Horst Henschen. st 1586. 279 Seiten
- Die helle Kammer. Bemerkungen zur Photographie. Übersetzt von Dietrich Leube. Mit zahlreichen Abbildungen. st 1642. 138 Seiten
- Die Körnung der Stimme. Interviews 1962-1980. Übersetzt von Agnès Bucaille-Euler, Birgit Spielmann und Gerhard Mahlberg. es 2278. 404 Seiten
- Mythen des Alltags. Übersetzt von Helmut Scheffel. es 92. 152 Seiten
- Das Neutrum. Übersetzt von Horst Brühmann. es 2377. 342 Seiten

Roland Barthes. Eine Biographie. Von Louis-Jean Calvet. Übersetzt von Wolfram Beyer. Mit zahlreichen Abbildungen. 376 Seiten. Gebunden

Karl Heinz Bohrer
- Plötzlichkeit. Zum Augenblick des ästhetischen Scheins. es 1058. 261 Seiten

Pierre Bourdieu. Die Regeln der Kunst. Genese und Struktur des literarischen Feldes. Übersetzt von Bernd Schwibs und Achim Russer. stw 1539. 552 Seiten

Peter Bürger. Theorie der Avantgarde. es 727. 147 Seiten

Arthur C. Danto. Die Verklärung des Gewöhnlichen Eine Philosophie der Kunst. Übersetzt von Max Looser. stw 957. 321 Seiten

Jacques Derrida
- Grammatologie. Übersetzt von Hans-Jörg Rheinberger und Hanns Zischler. stw 417. 541 Seiten
- Die Schrift und die Differenz. Übersetzt von Rodolphe Gasché. stw 177. 451 Seiten

Jacques Derrida/Hans-Georg Gadamer. Der ununterbrochene Dialog. es 2357. 112 Seiten

John Dewey. Kunst als Erfahrung. Übersetzt von Christa Velten, Gerhard vom Hofe und Dieter Sulzer. stw 703. 411 Seiten

NF 104/2/3.13

NF 104/3/3.13